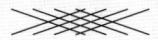

Für meine beste Freundin,
meine Mama.

Danke für deine Stärke und
unendliche Liebe.
I love you to the moon
and back.

PAULINE BOSSDORF

Living The Healthy Choice

einfach
natürlich
kochen

24   62   86

FRÜHSTÜCK   HOMEMADE   UNTER DER WOCHE

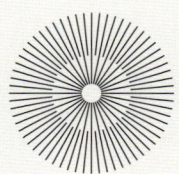      

28 Granola:	66 Nussbutter:	90 Frühlings-Bowl
Schokoladen-Granola	*Haselnuss-Schoko-*	92 Sommer-Bowl
Kokos-Pecannuss-	*Creme*	94 Herbst-Bowl
Granola	*Mandelbutter*	96 Winter-Bowl
32 Frühstücks-Smoothie	*Cashew-Vanille-Butter*	98 Super grüne Pasta
36 Bananen-Kakao-Shake	70 Pflanzenmilch:	100 Limetten-Curry
38 Früchte-Porridge	*Hafermilch*	102 Dal
40 Nuss- und Samen-Brot	*Mandelmilch*	104 Pak-Choi-Suppe
42 Süße Beläge	74 Cashew-Käse	mit Zucchini-
40 Herzhafte Beläge	76 Grünkohlchips	Karotten-Nudeln
46 Pancakes:	mit Paprika	108 Gerösteter Kurkuma-
Bananen-Pancakes	78 Pesto:	Blumenkohl
Grüne Pancakes	*Petersilien-Hanf-Pesto*	110 Wurzelgemüse mit
50 Herzhaftes Fühstücks-	*Basilikum-Sonnen-*	Zwiebeln und Rosmarin
Porridge	*blumenkern-Pesto*	112 Glasnudel-Salat mit
52 Grüne Smoothies:	*Paprika-Walnuss-Pesto*	Erdnussdressing
Protein Grün	82 Hummus:	114 Polenta-Tomaten-Tarte
Fruchtig Grün	*Original*	118 Grünkohl-Quinoa-Salat
Sehr Grün	*Rote-Bete-Hummus*	122 Chili-Bohnen-Mango-Salat
54 Bananenbrot	*Süßkartoffel-Hummus*	124 Wassermelonensalat
56 Bohnenfrühstück		126 Hirsesalat
58 Goldene Milch		
60 Apfel-Crumble		

9 Vorwort
13 Meine Küche
15 Meine Vorräte

128

AM WOCHENENDE

132 Wildreissalat mit Sommergemüse
136 Geröstete Karotten mit Blumenkohlreis und grünem Pesto
138 Grüne Chia-Pizza
142 Kürbis-Vanille-Suppe mit Zartbitterschokolade
144 Falafel auf Tomaten-Taboulé
148 Kürbishälften mit Blumenkohlrisotto
152 Quinoa-Bohnen-Burger
156 Buchweizennudeln mit Kohlgemüse und Ingwer-Dressing
158 Süßkartoffel-Gnocchi mit Thymian-Zitronen-Ghee
162 Auberginen-Lasagne
166 Gebackene Süßkartoffel mit Cashew-Käse

168

UNTERWEGS

172 Bunte Platte:
Guacamole
Hummus
Rote-Bete-Bohnen-Dip
176 Leinsamen-Cracker
178 Chili-Kichererbsen
180 Limetten-Thymian-Gazpacho-Shots
182 Thymian-Muffins
184 Salat im Glas:
Quinoa-Rote-Bete-Fenchel
186 Süße Sommerrollen
190 Mandel-Ingwer-Trüffel
192 Fruchtsalat mit Cashew-Vanille-Sauce
194 Frucht-Kräuter-Cocktails:
Basilikum und Limette
Blaubeer und Rosmarin
Mango und Kokos
198 Popcorn:
Dunkle-Schokolade-Meersalz-Popcorn
»Käse«-Popcorn

202

NATÜRLICH SÜSS

206 Mango-Minz-Lassi
208 Bananeneis mit Schokoguss
210 Geschichtetes Chia-Beeren-Dessert
212 Schwarzer Reis mit Mangopüree
214 Doppelter Schokoladenkuchen im Glas
216 Ice Pops:
Joghurt-Frucht
Pfirsich-Kokos
Schokofudge
220 Schokoladen-Walnuss-Brownies mit Schokoladen-Ganache
222 Blaubeer-Muffins
224 Zimtschnecken mit Nuss-Dattel-Füllung
228 Schoko-Orangen-Tarte
230 Avocado-Limetten-Kuchen
232 Erdbeer-Eiscreme-Torte

234 Register

VORWORT

Ganz einfach natürlich kochen?

Mein Leben veränderte sich schlagartig, als ich vor fünf Jahren von zu Hause auszog. Wie sehr es sich ändern würde, war mir damals noch nicht bewusst, als ich meine Sachen packte, in eine andere Stadt und in eine Wohnung zog, die ich mit vier anderen teilen würde. Ich hatte keine Ahnung, dass ich eine neue Leidenschaft entdecken würde: Kochen.

Ich liebte Essen, aber hasste kochen. Es interessierte mich einfach nicht. In meiner Familie wurde schon immer gut und gerne gegessen. Obst und Gemüse gab es täglich auf dem Tisch, aber wertzuschätzen wusste ich es nicht wirklich. Und selbst zu kochen, kam für mich nie in Frage. Meine größte kulinarische Errungenschaft war bis dato Nudeln mit Käse und wann immer meine Mutter einen Salat zum Abendessen vorbereitete, fragte ich, wo sie bitte das »richtige Essen« versteckt hatte. Doch als ich mich dann alleine in der neuen Stadt wiederfand und mit einem Kühlschrank, der sich nicht magisch füllte, fing ich an, mich mit dem Thema Ernährung auseinanderzusetzen. Zum Essengehen fehlte das Geld und bei Freunden konnte ich mich auch nicht ständig einladen. Es blieb also nur das Selberkochen und wenn ich mich nun schon selbst versorgen muss, dann richtig. Halbe Sachen mach ich nicht.

Ich begann mit offeneren Augen durch den Supermarkt zu gehen und meine Gewohnheiten zu hinterfragen. Ich hatte das Glück, in eine tolle Wohngemeinschaft gezogen zu sein, in der Essen eine große Rolle spielte. Wir trafen uns täglich in der Küche und kochten entweder gemeinsam oder jeder bereitete sich sein eigenes Essen zu. Einer meiner Mitbewohner aß »vegan«. Ich war nahezu schockiert, als er mir das Prinzip dahinter erklärte. »Du isst also keinen Käse? Keinen Joghurt? Keine Schokoriegel?«, wollte ich entsetzt wissen. »Aber was isst du denn dann überhaupt?«

Die Thematik auf Tierprodukte zu verzichten, ließ mich nicht los und anstelle von Fertiggerichten und Tiefkühlprodukten begann ich meinen Tisch nach und nach mit gesunden, hochwertigen Lebensmitteln zu füllen – Gemüse, Früchte, Hülsenfrüchte, Saaten und Nüsse gehörten nun zu meinem Alltag. Dass ich teilweise ziemlich überfordert war, ist beinahe eine Untertreibung. Bei meinen Recherchen im Internet stieß ich auf Zutaten über Zutaten – von den meisten hatte ich zuvor noch nie etwas gehört. Superfood-Pulver und merkwürdig klingende Getreidesorten wurden hoch angepriesen, die – wie ich nach einem kurzen Besuch in meinem lokalen Biomarkt feststellte – ich mir nicht immer leisten können würde. Ich beschloss, meine eigenen Rezepte zu kreieren und somit selbst über jegliche Zutaten entscheiden zu können.

Auf meiner ständigen Suche nach Inspiration wandte ich mich der damals recht neuen App Instagram zu. Dort entdeckte ich eine ganze »Healthy-Food-Community« – Menschen, die ihr tägliches Essen als Inspiration in Szene setzen. Ich war auf der Suche nach einer neuen Herausforderung und merkte, dass ich meine Liebe zur Fotografie ebenfalls mit dem Kochen verbinden konnte. Menschen fotografierte ich schon immer gerne, aber Food war nochmal eine ganz andere Nummer. Nach und nach wurde aus meinem WG-Zimmer ein kleines Küchenstudio und ich nutzte jede Gelegenheit, um mir Rezepte auszudenken, zu kochen und anschließend zu fotografieren. Meine Mitbewohner wurden zu meinen Rezepttestern und der WG-Hund bekam alles, was nicht so wurde wie geplant. (Okay, nicht alles, das meiste aß ich tapfer selber.)

Immer mehr Menschen begannen online meinen kulinarischen Kreationen und meiner Food-Fotografie zu folgen und sich für meine Ernährungsweise zu begeistern. Und während eine größere Followerschaft mitunter ziemlich einschüchternd sein kann, so bin ich dennoch unglaublich dankbar für die Möglichkeiten, die sich dadurch entwickelten.

Als ich dann vor zwei Jahren meine Ausbildung abschloss und zurück nach Berlin zog, entschied ich mich, es zu wagen und mich meinem Blog voll und ganz zuzuwenden. Es war eine Erleichterung im Tageslicht arbeiten zu können und mich voll und ganz auf meine Rezepte und die Fotografie konzentrieren zu können. Ich will es aber auch nicht schönreden. Das erste Jahr Selbstständigkeit ist hart. Und die Sache mit der Work-Life-Balance habe ich auch immer noch nicht ganz gemeistert. Aber ich bin so unglaublich froh, etwas gefunden zu haben, das nicht nur mich glücklich macht, sondern auch so viele Leute auf der ganzen Welt erreicht und inspiriert.

Mein Leben hat sich in den letzten Jahren sehr verändert. Ich habe so viele tolle Menschen und Orte kennengelernt. Im November 2014 flog ich nach London, um dort für Jamie Oliver's Foodtube Channel zwei Videos zu produzieren. Ein Jahr später traf ich ihn in Berlin wieder; am Tag darauf bewarb er mich auf seinem Instagram Account. Letztes Jahr arbeitete ich mit dem World Food Programme der UN zusammen und flog für einige Tage in den Südosten der Türkei. Dort lernte ich zwei syrische Flüchtlingsfamilien kennen und kochte mit ihnen. Es entstand ein Kurzfilm, der mir sehr am Herzen liegt. Und, dass ich nun ein eigenes Kochbuch herausbringen kann – das erscheint mir noch immer unglaublich surreal.

Es ist nicht wichtig, ob man ein »Pro« oder totaler Anfänger in der Küche ist. Natürliches und gesundes Kochen ist nicht schwer. Ich hoffe sehr, dass ich euch gerade das mit meinem Buch vermitteln kann. Wir wissen doch eigentlich alle, was gesund ist und was nicht. Gemüse und Obst sind wichtig, das wird uns schon früh erklärt. Doch der Schritt, wenn man plötzlich selbstständig ist, und es darum geht, dies auch umzusetzen, kann ein weitaus schwierigerer sein. Sich ausgewogen und gesund zu ernähren scheint kompliziert, zeitaufwendig und teuer. Doch eigentlich ist es ganz einfach und muss keine große Investition sein. Man braucht keine jahrelange Erfahrung, sondern einfach einen offenen Blick und die Bereitschaft, ein wenig rumzuexperimentieren. Und wenn ich – die »Nudeln-mit-Käse-Köchin« – es schaffe, in der Küche kreativ zu werden, dann schafft es jeder andere auch.

PAULINE

Meine Küche

Als ich vor einigen Jahren damit anfing, meine Ernährung zu überdenken und mehr Gemüse, Obst und Vollkornprodukte zu mir zu nehmen, war ich in erster Linie überfordert. Es gibt so unglaublich viele alte und neue Zutaten und jede soll besser sein als die andere.

Über die Jahre habe ich vieles ausprobiert und gelernt, dass es meistens ausreicht, frisches Gemüse und Obst, ein paar Vollkornprodukte und Hülsenfrüchte im Vorrat zu haben.

Es liegt mir sehr am Herzen, zu vermitteln, dass eine gesunde Ernährung nicht teuer, kompliziert und zeitintensiv sein muss.

Die Bio-Sache

Biologisch zertifizierte Produkte sind natürlich eine gute Sache. Auch ich bevorzuge Lebensmittel, die mit rein natürlichen Wirkstoffen, ohne Chemikalien groß geworden sind. Doch wie realistisch ist es, sich rein biologisch zu ernähren? Über viele Jahre hinweg hatte ich ein knappes monatliches Budget und da ist Bio nun mal nicht immer drin. Falls man Obst und Gemüse in konventioneller Qualität kauft, sollte man diese auf jeden Fall gründlich waschen und wenn möglich schälen.

Ein Thema, das ich genauso wichtig finde, ist Regionalität. Regionale und saisonale Produkte sind nicht nur eine Entlastung für die Umwelt (da sie nicht eine kleine Weltreise hinter sich haben), sondern auch oft billiger! Und hätte ich einen Balkon, wäre ich wohl die Erste, die Kräuter, Tomaten oder Gurken anbaut.

Das Einkaufen

Ich werde oft gefragt, woher ich meine Lebensmittel beziehe und ich muss sagen, dass ich über die Jahre hinweg einen kleinen »Einkaufstanz« erlernt habe. Das heißt, dass ich mir genau herausgearbeitet habe, wo ich welche Lebensmittel in guter Qualität und zu einem erschwinglichem Preis bekomme: Bio-Supermarkt, Drogeriemarkt, Reformhaus, Wochenmarkt, orientalische und asiatische Läden und aus dem Internet. Mir ist bewusst, dass mir in einer Stadt wie Berlin ein großes Angebot zur Verfügung steht, auf das nicht jeder zurückgreifen kann. Daher habe ich mich in diesem Buch und in meinen Rezepten (fast komplett) auf Zutaten beschränkt, die es überall zu kaufen gibt. Natürlich kommt man um den ein oder anderen Besuch in ausgewählten Läden nicht herum, aber es ist schön, zu beobachten, dass gerade viele Drogeriemärkte sich in den letzten Jahren ein sehenswertes Sortiment an bezahlbaren, vollwertigen Produkten aufgebaut haben.

Die Küchengeräte

Ich habe schon immer entweder in Wohnungen mit kleinen Küchen gelebt oder hatte nur sehr begrenzt Platz für meine Utensilien, weshalb ich selbst nur (fast peinlich für eine Foodbloggerin, aber hey!) wenige, aber essenzielle Küchengeräte besitze. In meinen Rezepten achte ich darauf, es so simpel wie möglich zu halten. Wer aber noch keines der folgenden drei Geräte besitzt, kommt um eine kleine Investition nicht herum. Sie vereinfachen das Kochen wirklich sehr – lasst sie euch doch zu bestimmten Anlässen schenken:

— Standmixer (also ein Smoothie-Maker, der stark genug ist, um Nüsse zu zerkleinern)
— Pürierstab, Stabmixer oder auch Zauberstab genannt.
— Zerkleinerer. Im Englischen nennt man dieses Gerät »Food Processor« (Preis und Größe können stark variieren). Ich habe immer noch denselben, den ich vor fünf Jahren von meinen Eltern geschenkt bekommen habe. Er sollte am besten zwei Klingen besitzen und mindestens 450 Watt drauf haben, um Nussbutter, Pesto und Kuchenteig aus z. B. Datteln zerkleinern zu können.

Meine Vorräte

Ich fülle meine Vorräte am liebsten in (Einmach-)Gläser. So bleiben sie nicht nur länger frisch, man kann auch alles mit einem Blick erfassen und zuordnen. Wer sich keine neuen Gläser zulegen möchte, kann einfach recyceln und alte Einmachgläser verwenden (z. B. Gurken-, Oliven-, Apfelmusgläser).

Neben frischem Obst und Gemüse besteht meine Ernährung zu einem großen Teil aus Vollkornprodukten, Nüssen, Samen und Hülsenfrüchten.

Es ist meistens günstiger, sich größere Packungen einer Zutat für den Vorrat zu kaufen, anstatt immer wieder kleinere Mengen an z. B. Nüssen und Saaten besorgen zu müssen. Im Folgenden habe ich eine kleine Übersicht der wichtigsten Lebensmittel in meiner Küche zusammengestellt.

Körner, Getreide, Kerne und Saaten

QUINOA ist ein uraltes nährstoffreiches Grundnahrungsmittel aus Inkazeiten. Eine proteinreiche Ergänzung zu Salaten und eine tolle Alternative zu anderen sättigenden Beilagen wie Reis, Nudeln etc.

HIRSE, ein weiteres erschwingliches Getreide und heimisches »Superfood« mit zahlreichen gesundheitsförderlichen Eigenschaften, das in den letzten Jahren zum Glück eine Renaissance erlebte. Besonders gut als Frühstücksbrei oder Beilage zu einem Gemüsegericht.

BUCHWEIZEN ist trotz des Namens nicht mit Weizen verwandt, sondern ein Knöterichgewächs. Ich verwende es meist als Beilage oder Mehlersatz.

NATURREIS ist die gesündere Alternative zu weißem Reis, da dieser nach dem Ernten nicht geschält wird und somit alle seine Nährstoffe behält.

SCHWARZER REIS, ein ebenfalls ungeschälter Naturreis, der eine tolle nussige Note in Gerichte bringt.

HAFERFLOCKEN verwende ich häufig, besonders zum Frühstück und Backen. Haferflocken sind übrigens nicht mit Weizen verwandt, demnach glutenfrei. Sie werden allerdings teilweise in Fabriken, die ebenfalls Weizen verarbeiten, produziert. Wer also wegen einer Unverträglichkeit auf Nummer sicher gehen möchte, greift zu zertifizierten glutenfreien Haferflocken.

HANFSAMEN, nicht vom Namen irreführen lassen – sie sind besonders lecker als kleinen Crunch über den Salat gestreut oder in einem Pesto verarbeitet.

SONNENBLUMENKERNE können zu Mehl zerkleinert, im Granola oder leicht angeröstet über Salaten verwendet werden.

LEINSAMEN enthalten viele Omega-3-Fettsäuren und regen die Verdauung an. Ich füge sie oft Smoothies und Salaten hinzu. Am besten geschrotete Leinsamen verwenden (oder selbst im Mixer zerkleinern), so entfalten sie ihre Wirkung komplett.

CHIA SAMEN sind ebenfalls ein »Superfood«. Sie enthalten viele Omega-3-Fettsäuren, gehen in Verbindung mit Wasser auf und können als Ei-Ersatz verwendet werden!

Nüsse

Nüsse sind für mich eine tolle Bereicherung für die verschiedensten Gerichte. Am liebsten verwende ich sie beim Backen und mische sie mit Mehl. Zwar können sie durchaus kostspielig sein, für mich sind sie jedoch eine Zutat, für die ich gerne ein wenig mehr ausgebe. Meine Top 3 sind: Mandeln, Walnüsse und Cashewkerne. Mandeln verwende ich häufig als Mehl beim Backen oder in Form von Nussbutter. Und wenn man Cashewkerne in Wasser einweicht und fein zerkleinert, entsteht eine köstlich cremige Konsistenz, die sich besonders für Süßspeisen, Saucen oder als Dip eignet.

Hülsenfrüchte

Hülsenfrüchte sind eine super pflanzliche Eiweißquelle. Ich esse sie gerne als Beilage in Salaten, »Bowls« und in Eintöpfen und Suppen. Besonders günstig sind sie im getrockneten Zustand zu kaufen und können einfach zu Hause eingeweicht und gekocht werden.
Ich verwende gerne Kidneybohnen, weiße Bohnen und schwarze Bohnen. Mein Favorit ist und bleibt aber wohl die Kichererbse. Sie hat einen tollen Eigengeschmack und passt nahezu zu allen herzhaften Gerichten. Daneben ist sie ganz universell in der Zubereitung: gekocht, geröstet oder zerkleinert, jede dieser Zubereitungsformen findet ihr in diesem Buch!
Auch Rote Linsen mag ich sehr gerne: Sie haben eine geringe Kochzeit, sind ganz unkompliziert und werden ungemein cremig.

Mehl

In meinen Rezepten verzichte ich auf Weizenmehl und greife viel lieber auf unkonventionelle, aber sehr aromatische Mehlarten zurück. Es ist nämlich durchaus möglich, beispielsweise Nüsse, Samen, sogar Hülsenfrüchte in Mehl zu verwandeln, indem man sie in einem guten Mixer oder Zerkleinerer verarbeitet.

DINKELVOLLKORNMEHL verwende ich gerne für Kuchen und Muffins. Es geht noch am ehesten auf und lässt Backwaren schön fluffig werden!

BUCHWEIZENMEHL ist ein ziemlich gutes Mehl für glutenfreies Backen. Der Geschmack ist allerdings recht intensiv, weshalb ich es gerne mit anderen Mehlsorten (z. B. Mandelmehl) vermische.

MANDELMEHL sollte man am besten selber im Zerkleinerer mahlen (nur aufpassen, dass es sich nicht in Mandelbutter verwandelt!), es kann aber auch fertig gekauft werden. Ich verwende es gerne beim Backen, da es eine wunderbar reiche, nussige (welch Überraschung!) Note hat.

VOLLKORN- / BRAUNES REISMEHL ist ein recht mildes Mehl, das sich gut für herzhafte Gerichte wie zum Beispiel mein Pizzateig-Rezept eignet!

Milch

Pflanzenmilch ist eine super (und sehr leckere) Alternative zu Kuhmilch und kann ganz leicht und für wenig Geld zu Hause hergestellt werden. Es gibt mittlerweile ein großes Angebot an Pflanzenmilch in fast jedem Supermarkt. Am besten nur zu den Sorten ohne Zuckerzusatz greifen.

HAFERMILCH ist die Milch, die ich am meisten verwende, sie hat einen leicht süßen Geschmack und ist zudem noch sehr erschwinglich.

MANDELMILCH enthält mehrfach ungesättigte Fettsäuren, ist aber auch recht reichhaltig. Mandelmilch lässt sich wie normale Milch gut aufschäumen.

HASELNUSSMILCH hat einen etwas dunkleren Farbton als Kuhmilch, ist geschmacklich etwas dominanter, nussiger und süßer.

CASHEWMILCH ist recht cremig, nussig und hat einen mild-süßen Geschmack. Sie passt sehr gut zum Müsli, in Smoothies oder in Süßspeisen.

Natürliche Süßungsmittel

Das Gute an natürlichen pflanzlichen Süßungsmitteln ist, dass sie nicht nur interessanter schmecken. Sie beinhalten auch mehr Nährstoffe und werden vom Körper langsamer aufgenommen und verarbeitet. Klar, Fruktose ist auch Zucker und zu viel Süßungsmittel jeglicher Art sind nicht gerade gesundheitsfördernd, aber ein gewissenhafter Umgang mit ihnen ist eine tolle Bereicherung für alle möglichen Süßspeisen.

AHORNSIRUP hat einen intensiven süßen Geschmack, den ich gerne beim Backen und ganz allgemein beim Süßen von Gerichten einsetze. Er ist leider ein wenig teurer, aber auf jeden Fall sein Geld wert.

HONIG (IN BIO-QUALITÄT) ist eine gute Alternative zu Ahornsirup (und andersherum). Worauf ich beim Kauf von Honig achte ist, dass er möglichst unverarbeitet ist, da er durch Erhitzen leicht Nährstoffe verliert. Am besten nach einem Imker in der Nähe umschauen!

KOKOSBLÜTENZUCKER wird aus dem Nektar der Kokospalme gewonnen. Er ist weitaus milder als Ahornsirup und Honig und schmeckt nicht nach Kokos, sondern leicht karamellartig. Gibt es mittlerweile in vielen Drogeriemärkten für einen geringen Preis zu kaufen.

BANANEN sind gut geeignet, um eine gewisse Süße in Backwaren zu erreichen. Je reifer die Banane, desto süßer! Ich verwende sie beispielsweise in Pancakes, wo sie für einen mild-süßen Geschmack sorgen.

MEDJOOL-DATTELN, die frischen, saftigen Datteln schmecken nach Karamell pur – wie ich finde. Ich verwende sie häufig zum Süßen von Backwaren, Smoothies oder esse sie so (in Tahini getunkt!) als Snack. Ich kaufe meine Medjool-Datteln meistens in türkischen oder arabischen Lebensmittelmärkten, wo sie weitaus günstiger (und saftiger) sind.

APFELMARK verwende ich nicht nur gerne auf meinem Porridge oder Pancakes, man kann es auch gut in den Backteig mischen und somit eine milde Süße erreichen. Der Unterschied zum Apfelmus ist der, dass beim Apfelmark auf zusätzlichen Zucker verzichtet und lediglich die Frucht verwendet wird.

ZARTBITTER SCHOKOLADE, mein Plan, immer eine Tafel zu Hause zu haben, geht nicht immer auf. Aber wenn, dann hat sie mindestens 75% Kakaoanteil und wird in Desserts als Schokoladen-Kick verwendet.

Öle und Essig

Eine Sache, die ich gelernt habe ist: Bei Ölen und Essig wird nicht gespart! Guten nativen kaltgepressten Ölen (und Essigen) schmeckt man Qualität sofort an. Ich bewahre sie tatsächlich meist im Kühlschrank auf, da sie dort ihre Nährstoffe am besten halten und am längsten frisch bleiben.

OLIVENÖL ist bei herzhaften Speisen mein Favorit unter den Ölen. Ich achte immer darauf, natives Olivenöl zu kaufen, da es durch seinen hohen Anteil an ungesättigten Fettsäuren starker Hitze gut standhält!

KOKOSÖL ist ein tolles, natürliches Öl aus der Kokosnuss, das sich besonders gut für Süßspeisen eignet. Es kann auch gut zum Braten verwendet werden, da es ein sehr stabiles Öl ist und hoch erhitzt werden kann.

GHEE, auch »geklärte Butter« oder »Butterschmalz«. Durch langes Köcheln von Butter wird der Milchzucker und Milcheiweiß entfernt und es entsteht reines, hocherhitzbares, nahrhaftes (und laktosefreies!) Butterfett.

APFELESSIG verwende ich gerne zum Würzen von Dressings, Marinaden und Dips, aufgrund seines frischen Geschmacks. Darauf achten, unpasteurisierten Apfelessig zu kaufen, um auch wirklich alle Nährstoffe abzustauben!

(BRAUNER) REISESSIG: Wird aus braunem fermentiertem Reis hergestellt, was ihn recht nährstoffreich macht. Da er ein ziemlich milder Essig mit wenig Säure ist, benutze ich ihn gerne für asiatisch inspirierte Speisen.

Pasta

Ich liebe (wie vielleicht schon ein, zwei Mal erwähnt) Nudeln in jeglicher Form. Ich habe mich jedoch schon lange von Weizennudeln entfernt und neue, nahrhaftere Nudelsorten für mich entdeckt. (Und ständig kommen neue hinzu!)

VOLLKORNDINKELNUDELN haben eine dunkle Farbe und liefern deutlich mehr Vitamine und Mineralstoffe als »normale« Pasta aus Hartweizen. Außerdem machen sie weitaus länger satt.

BUCHWEIZENNUDELN, »SOBANUDELN«, es gibt einige Sorten im Angebot, die nicht zu 100% aus Buchweizen bestehen, sondern denen zu Teilen Weizen beigemengt wird. Also am besten auf das Etikett schauen. Sie sind super unkompliziert, schnell gekocht und geschmacklich sehr vielseitig.

REISNUDELN bestehen aus Reismehl, manche Sorten auch zu Teilen aus Tapiokamehl oder Maisstärke. Ich mag an ihnen besonders die Konsistenz und bereite sie gerne als Salat mit viel Gemüse und einem asiatischen Touch zu.

Aromen, Würzmittel und Gewürze

Gerade wenn man viel mit Gemüse kocht, ist die richtige Würze wichtig!

TAMARI ist eine naturbelassene und weizenfreie Sojasauce und eignet sich besonders (aber nicht nur) bei asiatischen Gerichten hervorragend als salziges Würzmittel.

TAHINI besteht aus gemahlenen Sesamsamen. Die Paste ist zwar relativ bitter, kommt aber besonders in Salatdressings gut zur Geltung und ist u. a. eine Grundzutat für Falafel!

GEMÜSEBRÜHE gibt Gemüse und Pseudogetreide beim Kochen eine würzige Note. Darauf achten, welche zu kaufen, die nicht mit Zucker versetzt ist.

HEFEFLOCKEN haben eine ganze Menge an guten Nährstoffen, weshalb sie auch ein Nahrungsergänzungsmittel sind. Ich verwende sie aber vor allem wegen ihres tollen Geschmacks als Würzmittel. Angenehm aromatisch, erinnern sie im Geschmack an Käse. Mehr dazu in meinem Lieblingsrezept für herzhaftes »Käse«-Popcorn (siehe S. 198).

VANILLE ist nicht die günstigste Zutat im Einkaufskorb, dafür aber eine besonders lohnenswerte. Ich füge fast zu jedem Dessert eine Prise Vanille hinzu und sogar hin und wieder zu herzhaften Speisen! (Siehe S. 142). Ich empfehle sehr, einmal in eine größere Packung gemahlene Vanille zu investieren (Kann leicht über das Internet bezogen werden).

ZIMT gibt vielen Süßspeisen erst das richtige Aroma. Auch fernab von Weihnachten ist Zimt für mich ein wichtiger Bestandteil, der in der richtigen Dosierung den Gerichten den optimalen Geschmack verleiht.

KURKUMA gehört zur Ingwer-Familie und färbt Speisen (und Finger) leuchtend gelb. Sie hat eine entzündungshemmende und antioxidative Wirkung und ein pfeffriges, leicht scharfes Aroma. Nur darauf achten, dass man stets auch ein wenig schwarzen Pfeffer hinzufügt. Denn nur in Verbindung kann Kurkuma optimal vom Körper aufgenommen werden.

INGWER ist mein ständiger Begleiter, besonders durch die kalten Wintermonate. Ingwer wirkt u.a. beruhigend auf den Magen, schmerzlindernd und ist eine Wohltat für das Immunsystem. In Form von Pulver verwende ich Ingwer auch gerne in süßen und herzhaften Speisen, da es den Gerichten eine gewisse Würze verleiht.

ROHES KAKAOPULVER kommt direkt von der Kakaobohne und ist meine erste Wahl, wenn ich etwas Schokoladiges backen möchte. Rohkakaopulver ist gefüllt mit Antioxidantien, verbessert Konzentration und Verdauung und sorgt für gute Stimmung!

Joghurt/Milchprodukte

Ab und an verwende ich in meinen Gerichten Milchprodukte. Ich bin hier nicht so dogmatisch und habe einfach noch keine gute Alternative z.B. zu Kuhmilch-Joghurt (da ich nicht der größte Soja-Fan bin) gefunden. Dabei achte ich darauf, alle tierischen Produkte aus biologischen und regionalen Quellen zu beziehen.

SOJA-JOGHURT, man kann anstelle von normalen Kuhmilchjoghurt auch auf pflanzliche Alternativen zurückgreifen. Joghurt aus der Sojabohne schmeckt zwar anders als normaler Joghurt, ist aber angenehm mild und von der Konsistenz her schön cremig.

KOKOS-JOGHURT ist leider in Deutschland noch nicht so verbreitet. Reiner Kokos-Joghurt ist ebenfalls ein guter pflanzlicher Joghurt. Dabei darauf achten, dass er wirklich nur aus Kokos besteht, da es viele Soja/Kuhmilch-Joghurts gibt, denen bloß ein Kokosgeschmack untergemischt ist.

FRÜHSTÜCK

Das Frühstück ist meine absolute Lieblingsmahlzeit. Die erste (und durchaus wichtige) Gelegenheit, dem Körper eine nährstoffreiche Grundlage für den Rest des Tages zu geben. Der Stoffwechsel wird angekurbelt und wenn man mit einer guten Mahlzeit in den Tag startet, ist es später viel einfacher, diese Schiene beizubehalten.

In diesem Kapitel findet ihr eine bunte Mischung. Von schnell zubereiteten Smoothies und Porridge über Pancakes und selbst gebackenes Brot bis hin zu herzhaften Leckereien für einen ausgewogenen Brunch am Wochenende.

FRÜHSTÜCK

Granola

Ich habe Granola schon immer geliebt. Als ich mich entschloss, auf künstlichen Zucker zu verzichten, gab es lange kein Müsli mehr in meinem kleinen Haushalt. Dabei ist es ein Leichtes, Granola selbst zu machen und man hat die komplette Freiheit über Zutaten, Geschmack und Süße!
Außer standardmäßig mit Pflanzenmilch, streue ich Granola gerne über Pancakes und Smoothie Bowls oder esse es mit Joghurt und Beeren, was dem Ganzen einen tollen Crunch verleiht!

Schokoladen-Granola

Für 1 großes Glas

150 g Mandeln
150 g Haferflocken
50 g Sonnenblumenkerne
30 g Kürbiskerne
20 g Rohkakaopulver
2 EL Kokosöl
4 EL Ahornsirup oder Honig

**Zubereitungszeit:
etwa 25 Minuten**

Den Backofen auf 180 °C Umluft vorheizen.

Die Mandeln in kleine Stücke hacken.

Haferflocken, Sonnenblumen- und Kürbiskerne, Rohkakaopulver und gehackte Mandeln in einer großen Schüssel miteinander vermengen.

Das Kokosöl in einem kleinen Topf schmelzen. Mit Ahornsirup oder Honig mischen und zu den trockenen Zutaten in die Schüssel geben. Gut verrühren, bis alles mit der Kokosölmischung überzogen ist. Wenn sich dabei kleine Cluster bilden, umso besser!

Das Granola gleichmäßig auf einem mit Backpapier ausgelegten Backblech verteilen und im Ofen 12–15 Minuten backen. Alle 5–10 Minuten mit einem Löffel leicht umrühren, damit es nicht verbrennt. Sobald alles knusprig ist, aus dem Ofen nehmen und abkühlen lassen. In ein Schraubglas füllen und im Vorrat verstauen oder sofort essen.

Kokos-Pekannuss-Granola

Für 1 großes Glas

2 EL Kokosöl
100 g Haferflocken
80 g Pekannüsse
½ TL gemahlene Vanille
2 TL Zimt
40 g Sonnenblumenkerne
4 EL Kokosblütenzucker

**Zubereitungszeit:
15 Minuten**

Den Backofen auf 180 °C Umluft vorheizen. Das Kokosöl in einem kleinen Topf schmelzen.

Haferflocken und ganze Pekannüsse in eine Schüssel geben. Die restlichen Zutaten dazugeben und alles gut miteinander vermengen.

Das Granola gleichmäßig auf einem mit Backpapier ausgelegten Backblech verteilen und im Ofen 10–12 Minuten backen. Nach der Hälfte der Zeit einmal gründlich umrühren, dann fertig rösten.

Mit den selbst gemachten Granolarezepturen lassen sich allerhand Leckereien aufpeppen: Knuspriges Topping auf Pancakes, in Kokosjoghurt eingerührt, einfach mit frischen Beeren genießen oder auch sehr lecker mit Apfelmus servieren!

Frühstücks-Smoothie

Ich habe es schon mal gesagt und stehe immer noch dazu: Frühstück ist wichtig! Ich selbst verlasse das Haus nie ohne oder nehme mir wenigstens etwas für den Weg mit. Aber – ich verstehe es auch, wenn Leute sagen, dass sie früh morgens einfach nichts runter bekommen. (Kann übrigens auch antrainiert werden!) All diejenigen, denen es vielleicht so geht, empfehle ich immer dieses Rezept. In 5 Minuten zusammen gemixt und kann zu Hause oder auf dem Weg getrunken werden.

Für 1 Glas

1 Banane
125 g Himbeeren, (tiefgekühlt) oder andere Beeren nach Belieben
125 ml Pflanzenmilch
20 g Haferflocken
¼ Avocado (optional)
2–3 Datteln (optional)

Für das Topping:
Kokosflocken
Goji-Beeren
Blütenpollen

**Zubereitungszeit:
5 Minuten**

Alle Zutaten in einen leistungsstarken Mixer geben und auf hoher Stufe kräftig pürieren, bis keine Stückchen mehr enthalten sind. Falls der Smoothie zu fest und cremig erscheint, etwas Wasser hinzufügen und nochmals aufmixen.

In ein Glas umfüllen und nach Belieben mit zum Beispiel Kokosflocken, Goji-Beeren, Blütenpollen oder ein paar weiteren Beeren servieren.

Für mehr Süße können auch noch einige Datteln hinzugefügt werden. Einfach zwischendurch probieren, um die Süße abzuschmecken.

※ Wer noch eine Portion ungesättigte Fettsäuren zu sich nehmen möchte, fügt dem Smoothie etwas mehr Avocado hinzu. Herauszuschmecken ist die Avocado nicht, da sie von Banane und Beeren überdeckt wird.

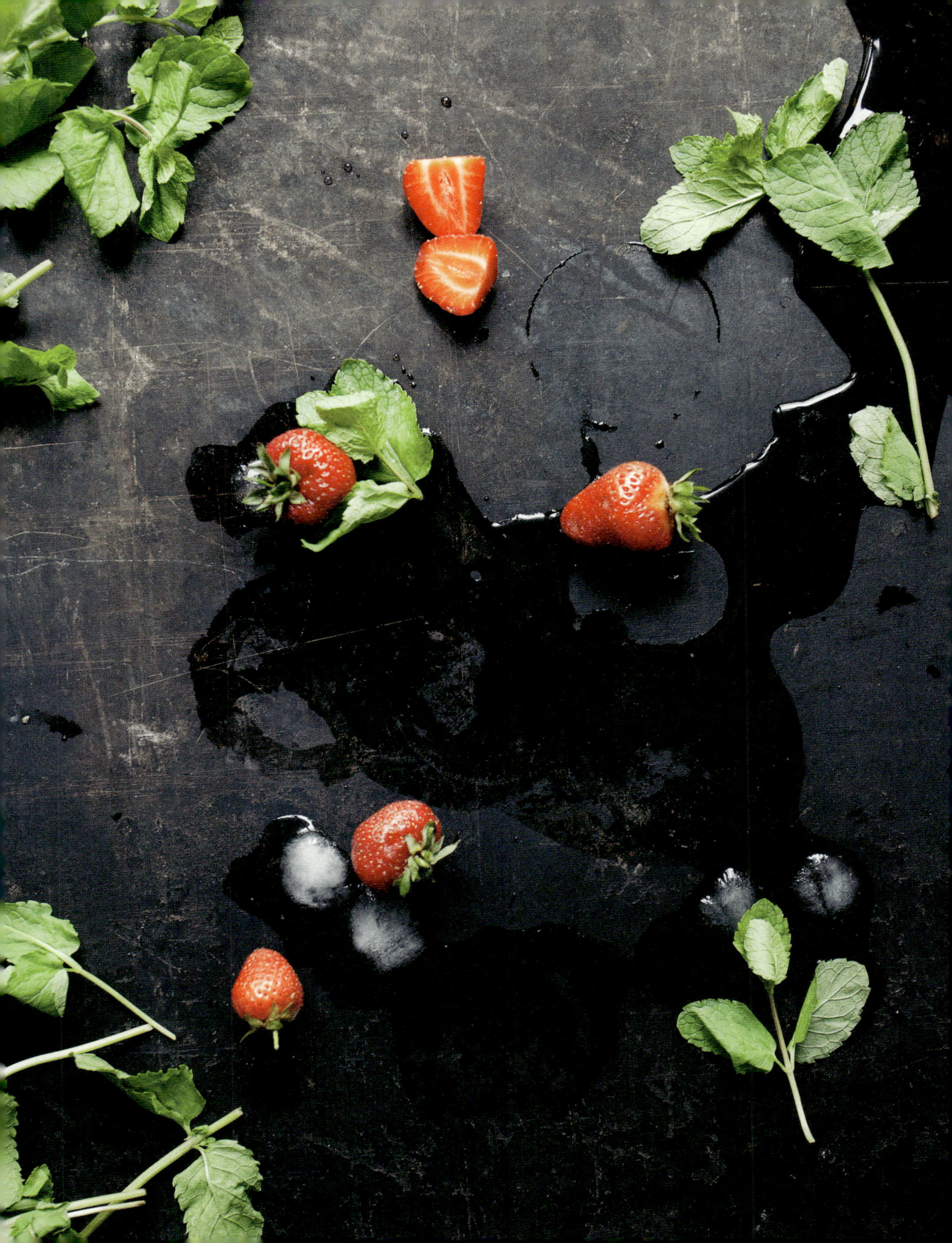

FRÜHSTÜCK

Bananen-Kakao-Shake

Wie man im Laufe des Buches merken wird, bin ich ein sehr großer Schokoladen-Fan. Diesen Smoothie gibt es bei mir oft, wenn ich morgens nur wenig Zeit habe, aber ohne Frühstück das Haus nicht verlassen möchte. Als kleinen Kick gebe ich gerne noch ein paar Cashews hinzu, die für eine schön cremige Konsistenz sorgen. Aber keine Sorge, wer keine zur Hand hat – schmeckt auch ohne super!

Ergibt 1 Glas

1 Handvoll Cashewkerne
1½–2 Bananen
½ EL Rohkakaopulver
250 ml Pflanzenmilch

Die Cashews wenn möglich mindestens 3 Stunden, am besten über Nacht, in Wasser einweichen. Kurz vor der Zubereitung Wasser abgießen und Cashews abspülen.

Mit den restlichen Zutaten in einen leistungsstarken Mixer geben und mindestens 1 Minute auf hoher Stufe kräftig pürieren.

Um dem Smoothie einen kühlen Kick zu geben, können auch gut gefrorene Bananen verwendet werden. Andernfalls können auch ein bis zwei Eiswürfel mit in den Mixer gegeben werden.

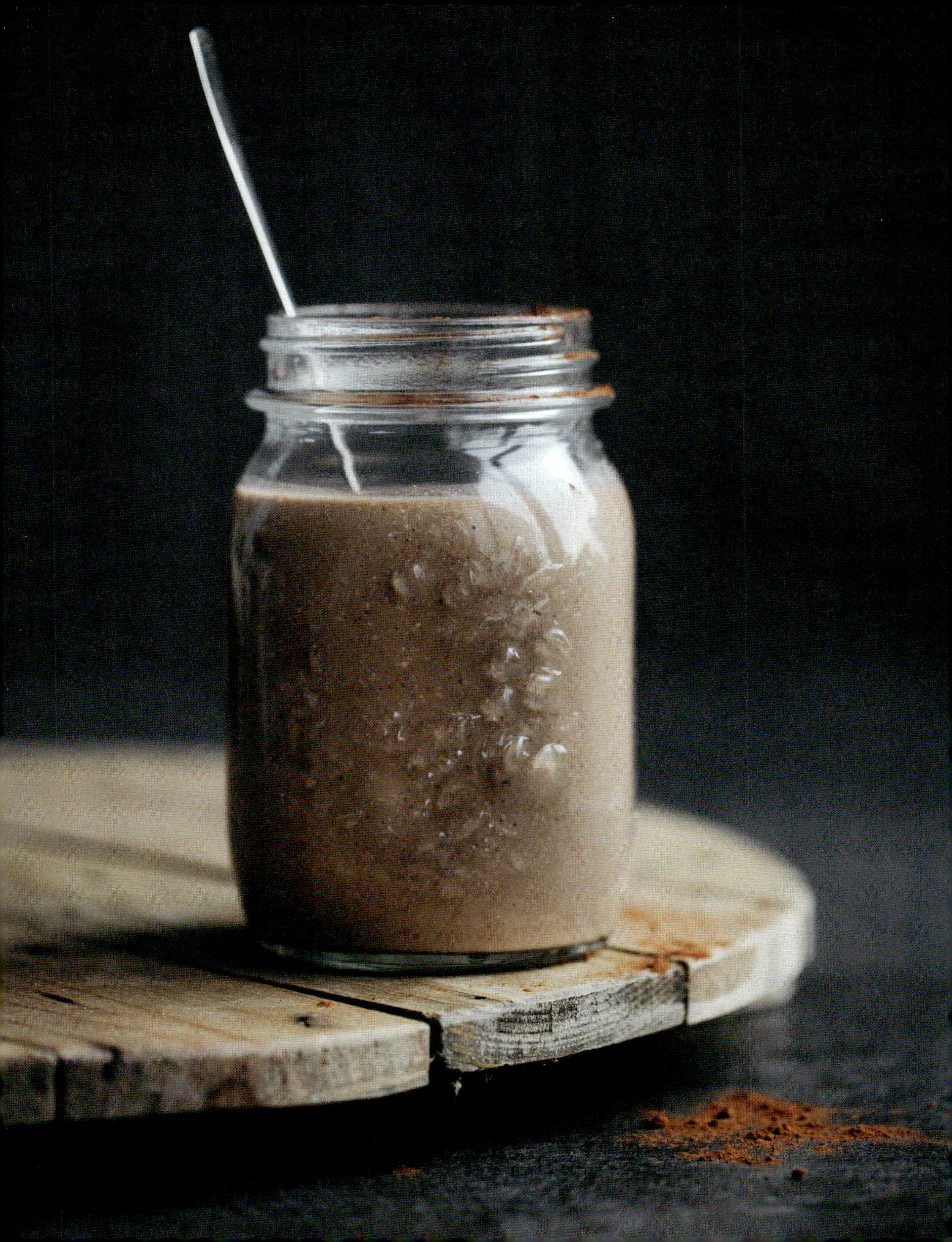

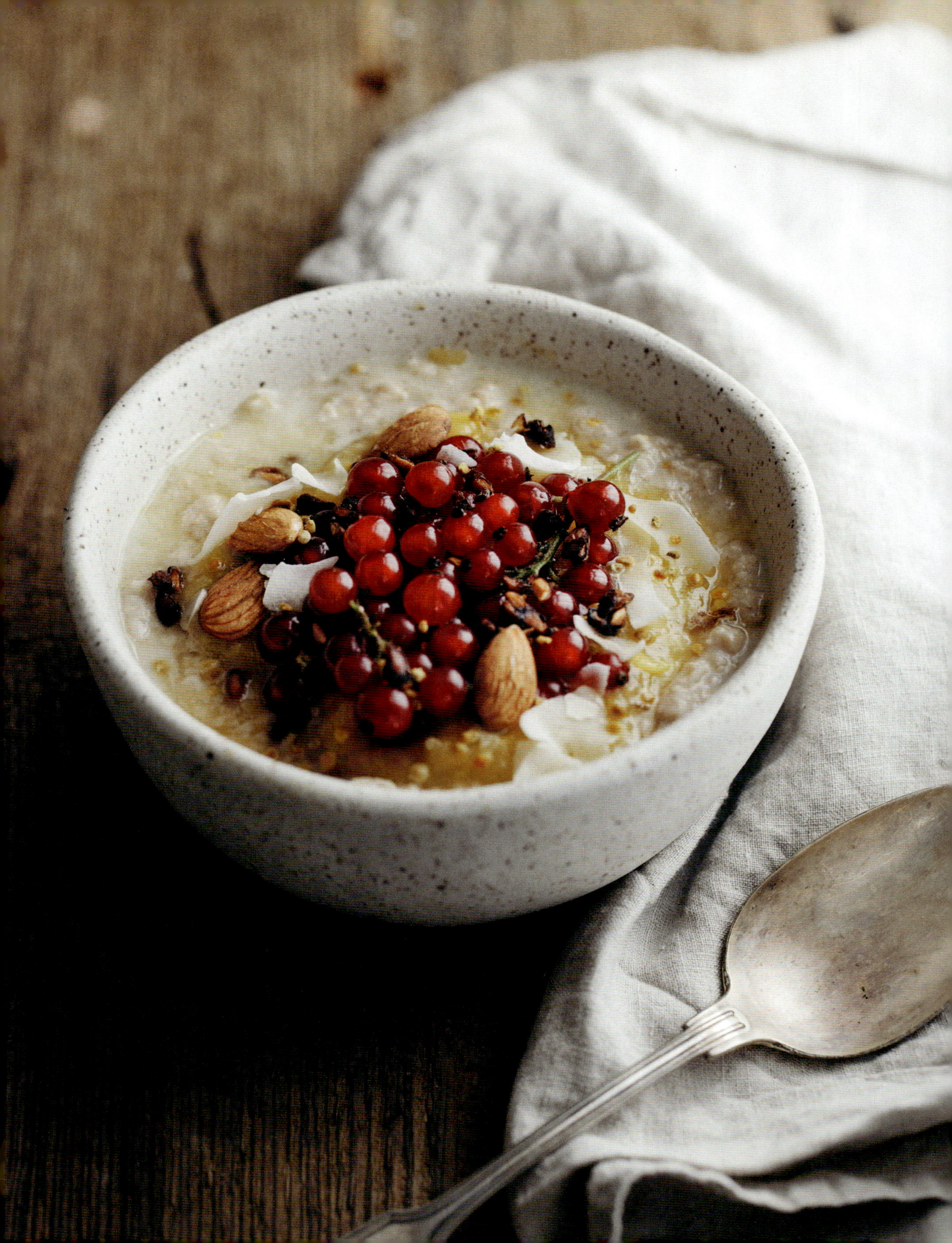

FRÜHSTÜCK

Früchte-Porridge

Porridge – auf Deutsch »Haferbrei«, aber das klingt nicht so toll – gibt es bei mir mehrmals die Woche. Das Schöne dabei ist, dass das Topping mit den Jahreszeiten variiert. Im Sommer esse ich das Porridge gerne auch mal kalt und toppe es mit frischen Beeren wie Johannisbeeren, Blaubeeren, Erdbeeren, Himbeeren usw. Im Herbst und Winter verwende ich gerne Birnen und Äpfel und im Frühling liebe ich Rhabarber.

Für 1 Portion

½ Apfel
80 g zarte Haferflocken
150 ml Pflanzenmilch (z.B. Hafer- oder Mandelmilch)
¼ TL gemahlene Vanille
¼ TL gemahlener Zimt (optional)

Für das Topping:
1 Handvoll Beeren
1 EL Nüsse
1 TL Ahornsirup oder Honig
½ EL Kokosflocken

Zubereitungszeit:
10–15 Minuten

Apfel waschen und mit einer Küchenreibe reiben.

In einem Topf Haferflocken, Pflanzenmilch und 100 ml Wasser zum Kochen bringen. Die Hitze auf mittlere Temperatur reduzieren und den geriebenen Apfel hinzufügen. Für 3–8 Minuten köcheln lassen, je nachdem wie cremig das Porridge werden soll.

Von der Herdplatte nehmen und Vanille und Zimt unterrühren.

In eine Schüssel füllen und nach Belieben toppen!

Ich verwende am liebsten zarte Haferflocken, da diese weitaus cremiger werden als die grobkörnige Variante.

FRÜHSTÜCK

Nuss- und Samen-Brot

Dieses Brot ist nicht nur unglaublich lecker und nährstoffreich, es ist auch ziemlich einfach zu machen. Es besteht aus Samen und Nüssen und ist zudem für alle, die unter Glutenunverträglichkeit leiden, geeignet. Die Schlüsselzutat hier sind Flohsamenschalen, die den Teig zusammenhalten. Außerdem kann man das Brot gut für den Vorrat backen, einfrieren und nach Bedarf auftauen und verspeisen.

Für 1 Brotlaib, Kastenform

3 EL Flohsamenschalen
200 g Sonnenblumenkerne
100 g Mandeln
100 g Kürbiskerne
100 g Haselnüsse

100 g Leinsamen
100 g Haferflocken
1½ TL Salz
1½ TL Cayenne-Pfeffer
1½ TL Thymian
etwas Muskat
70 ml Olivenöl
50 ml Apfelessig

Handvoll Kürbis- und Sonnenblumenkerne zum Bestreuen

Zubereitungszeit:
20 Minuten,
plus 30 Minuten Ruhezeit
und 1 Stunde Backzeit

Die Flohsamenschalen in eine kleine Schüssel geben und mit 350 ml Wasser 15 Minuten quellen lassen.

In der Zwischenzeit die Hälfte der Sonnenblumenkerne, die Mandeln sowie die Hälfte der Kürbiskerne im Mixer kräftig zerkleinern, sodass ein Mehl entsteht.

Die Haselnüsse klein hacken.

Haferflocken, gehackte Haselnüsse, die restlichen Sonnenblumen- und Kürbiskerne, Leinsamen, Kräuter, Gewürze und flüssige Zutaten in einer großen Schüssel miteinander vermischen.

Backofen auf 175 °C vorheizen.

Die Flohsamenschalen mit 50 ml Wasser gut in den Brotteig einarbeiten. Die Kastenform mit Backpapier auslegen und den Teig einfüllen. Die befüllte Form etwas hin und her rütteln und leicht auf die Arbeitsfläche klopfen, damit der Teig gleichmäßig verteilt ist. Den Brotteig 30 Minuten im Kühlschrank ruhen lassen.

Das Brot mit Kernen bestreuen und für 60 Minuten im Ofen backen. Anschließend auskühlen lassen und vorsichtig aufschneiden.

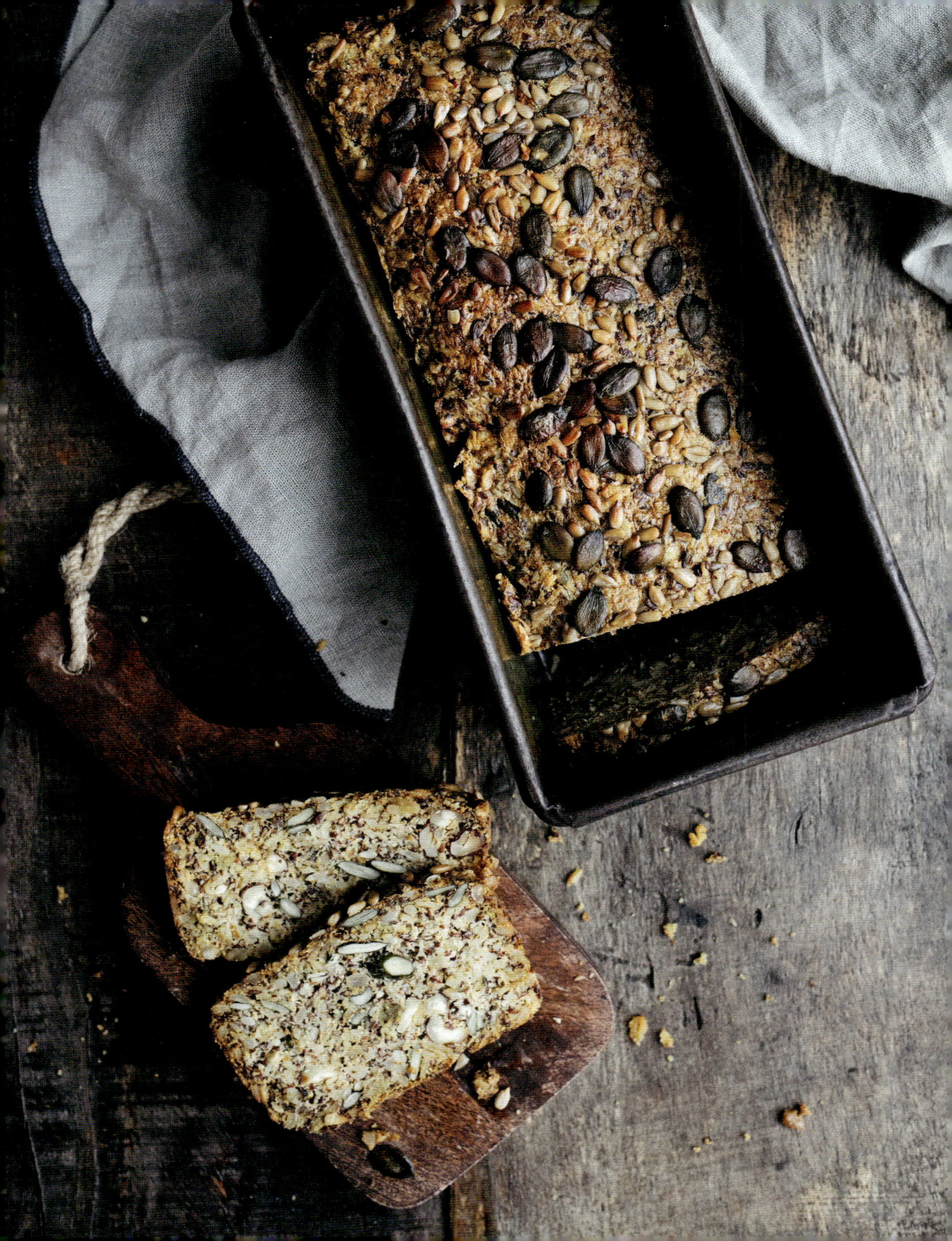

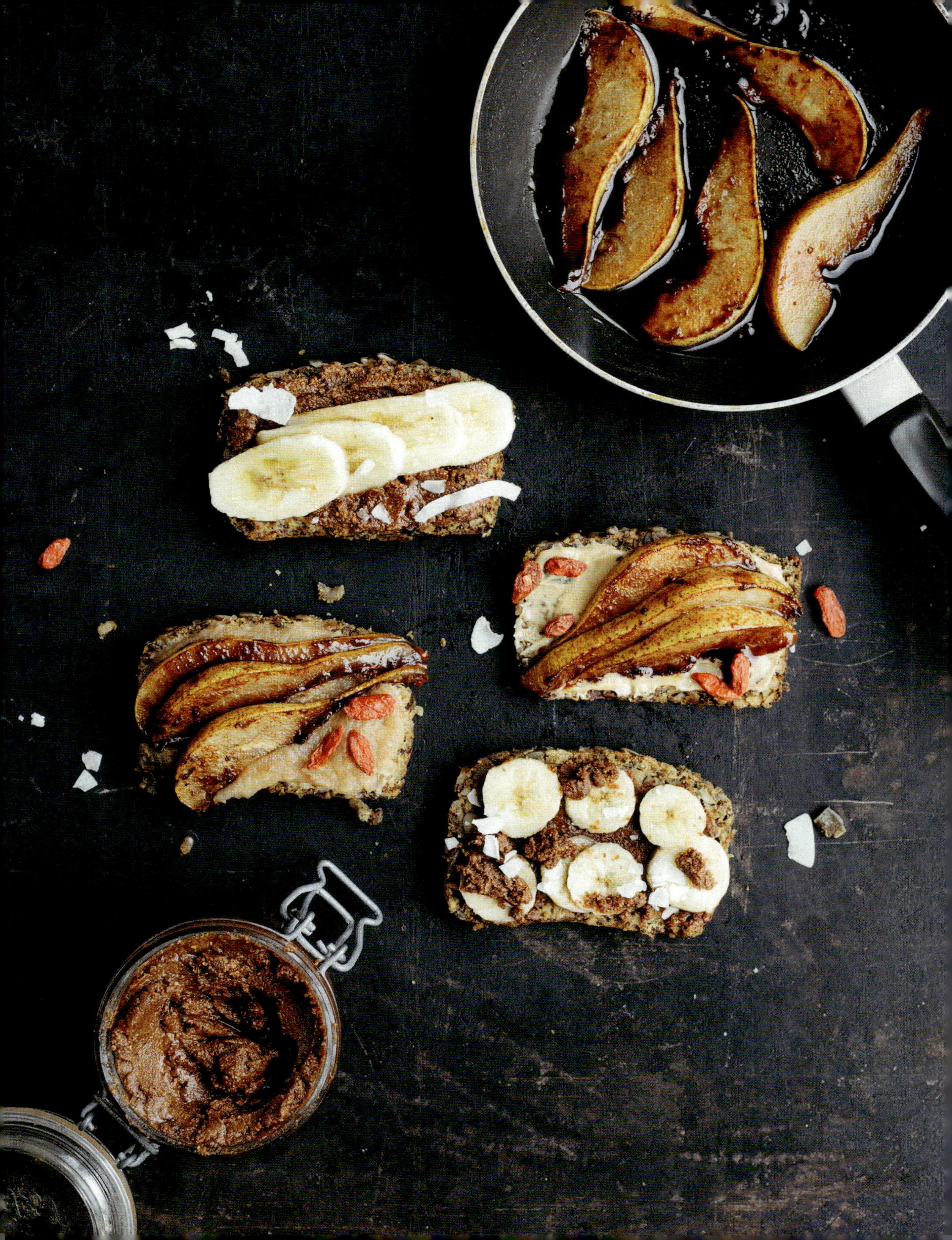

Süßer Brotbelag

Karamellisierte Birne

Für 2 Brote

1 Birne
½ TL Zitronensaft
½ EL Kokosöl
¼ TL gemahlener Zimt
1 Prise gemahlene Vanille
1½ TL Ahornsirup / Honig
2 Brotscheiben »Nuss- und Samen Brot« (siehe S. 40)
1–2 EL Nussbutter (z. B. Cashew-Vanille, siehe S. 68) oder Apfelmark

Zubereitungszeit: etwa 10 Minuten

Die Birne waschen und in Scheiben schneiden, mit Zitronensaft beträufeln.

Kokosöl schmelzen und in einer kleinen Schüssel zusammen mit Zimt, Vanille und Ahornsirup vermischen. In einer Pfanne auf mittlerer Temperatur erwärmen. Birnenscheiben hinzufügen und auf jeder Seite jeweils 3–4 Minuten anbraten lassen.

Brotscheiben mit Nussbutter (oder Apfelmark) bestreichen und mit gebratenen Birnenscheiben belegen. Optional mit Goji-Beeren oder Nüssen und Kernen toppen.

Schoko und Banane

Für 2 Brote

1 Banane
2 Brotscheiben
1–2 EL Haselnuss-Schoko-Creme (siehe S. 67)

Zubereitungszeit: etwa 5 Minuten

Banane schälen und in Scheiben schneiden.

Die Brotscheiben mit Haselnuss-Schoko-Creme bestreichen und mit Bananenscheiben belegen. Optional mit Kokosraspeln oder Kakaonibs toppen.

Herzhafter Brotbelag

Avocado und Meerrettich

Für 2 Brote

1 EL Sonnenblumenkerne
1–2 TL geriebener Meerrettich aus dem Glas (Kren)
2 Brotscheiben
½ Avocado
4 Kirschtomaten
1 TL Zitronensaft
Petersilie
Salz und frisch gemahlener schwarzer Pfeffer

**Zubereitungszeit:
5–10 Minuten**

In einer kleinen Pfanne die Sonnenblumenkerne bei mittlerer Temperatur erwärmen, bis sie leicht bräunlich werden.

Den Meerrettich auf die Brotscheibe streichen.

Die Avocado halbieren und in Scheiben schneiden, dann mit einem Löffel heraustrennen und auf das Brot geben. Die Kirschtomaten waschen und halbieren. Die Petersilie waschen, trocknen und zusammen mit den Kirschtomaten in eine Schüssel geben. Den Zitronensaft dazugeben, mit Salz und Pfeffer würzen und vermengen. Petersilien-Tomaten-Salat auf die Avocado-Brotscheiben verteilen. Mit gerösteten Sonnenblumenkernen toppen.

Hummus und Pilze

Für 2 Brote

2–3 Pilze
½ EL Olivenöl
2 Brotscheiben
2–3 EL Hummus (siehe Seite 82)
Kresse
1 EL Kürbiskerne
Salz und Pfeffer

**Zubereitungszeit:
5–10 Minuten**

Die Pilze mit einem Tuch abreiben und in Scheiben schneiden. In einer Pfanne mit dem Olivenöl für einige Minuten bei hoher Temperatur anbraten, bis sie braun werden, dann erst salzen.

Den Hummus auf den Brotscheiben verteilen und die Pilze darauf geben. Die Kresse abschneiden und mit den Kürbiskernen auf den Brotscheiben verteilen. Mit Salz und Pfeffer abschmecken.

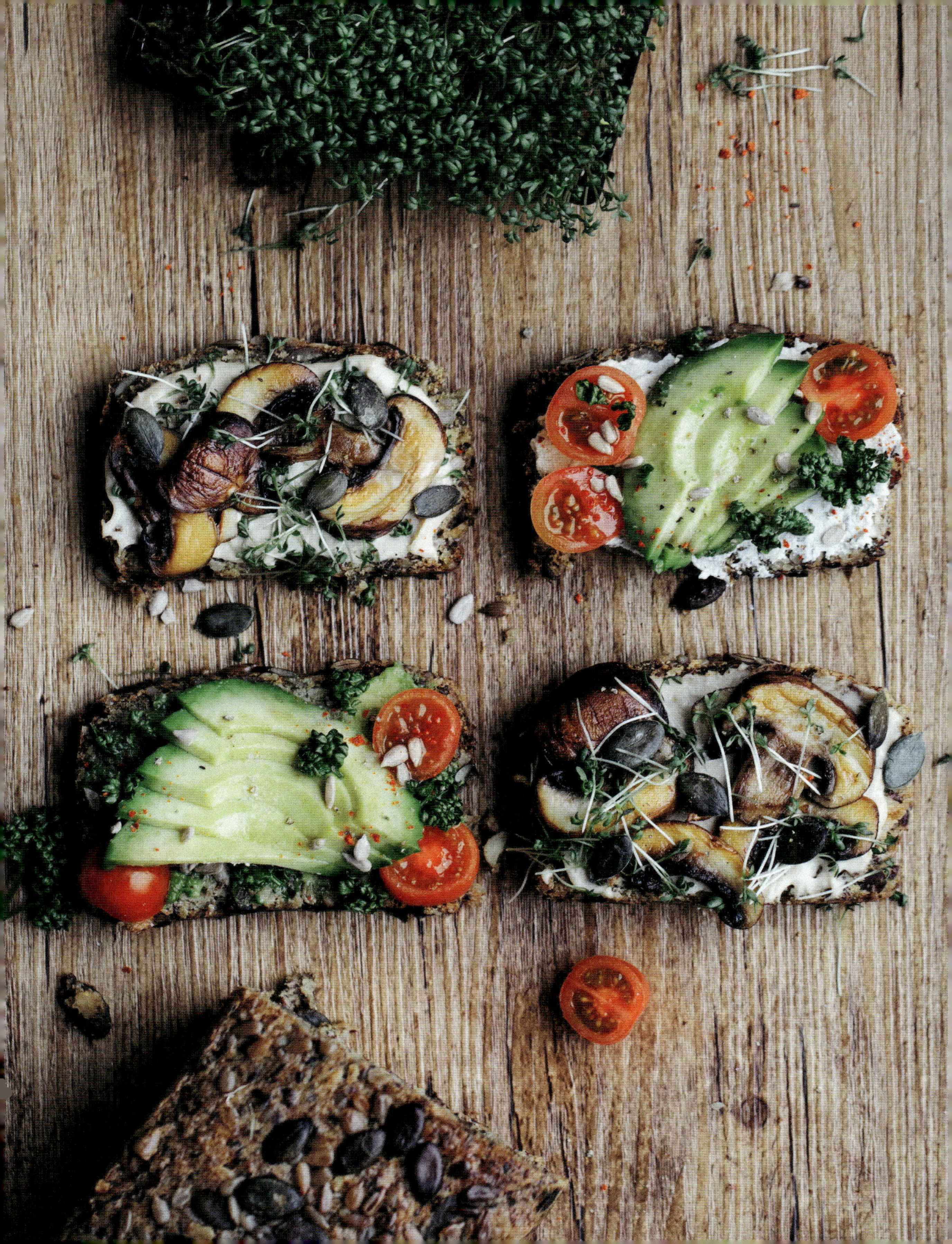

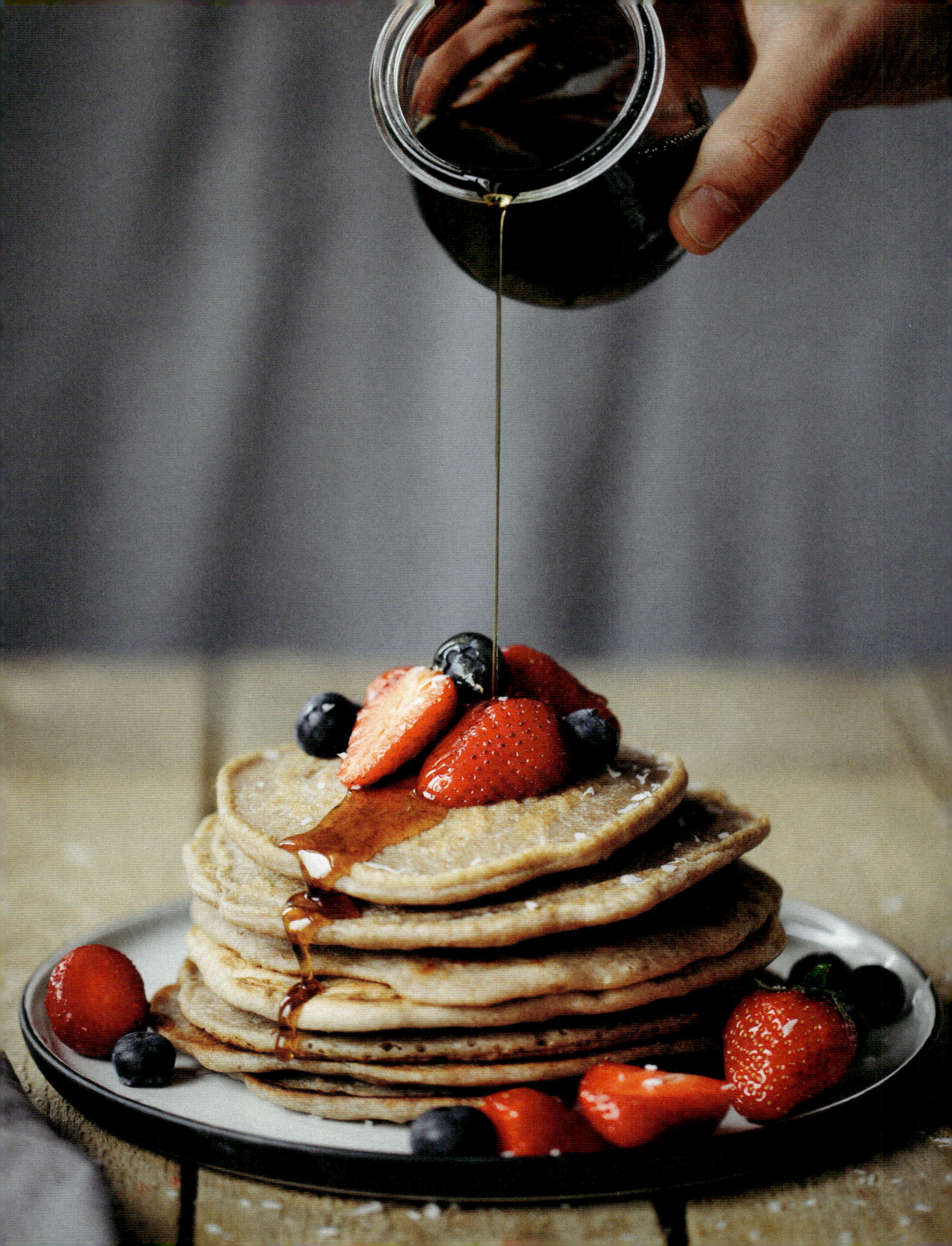

FRÜHSTÜCK

Bananen-Pancakes

Diese Bananen-Pancakes kommen ohne zusätzliche Süßstoffe aus und erhalten ihren mild-süßen Geschmack von – wer hätte es gedacht – Bananen!

Nun müssen wir uns nichts vormachen: Ohne Ei, Weizenmehl und Backpulver werden sie nie so fluffig werden. Finde ich selbst aber überhaupt nicht schlimm, denn sie schmecken viel besser, besonders mit dem richtigen Topping.

Für 6 Pancakes

Für die Pancakes:
1½ Bananen
60 g Buchweizenmehl
60 g Dinkelvollkornmehl
1 TL Kokosöl, geschmolzen, plus etwas zum Braten
50 ml Pflanzenmilch

Für das Topping:
1 Handvoll Blaubeeren
1 Handvoll Erdbeeren
Ahornsirup oder Honig
Kokosraspeln

Zubereitungszeit:
20–25 Minuten

Die Bananen mit einer Gabel zerquetschen oder kurz mit einem Stabmixer bearbeiten.

Buchweizen- und Dinkelvollkornmehl, zerdrückte Bananen, geschmolzenes Kokosöl, Pflanzenmilch und 100 ml Wasser zu einer homogenen Masse verrühren. Sollte der Teig zu dickflüssig sein, noch etwas mehr Wasser zufügen.

In einer kleinen Pfanne bei mittlerer Temperatur ein wenig Kokosöl erhitzen, pro Pancake etwa eine ¾ Schöpfkelle Teig hineingeben und die Pancakes braten, bis sie von beiden Seiten goldbraun sind.

Die Beeren waschen und die Erdbeeren nach Belieben klein schneiden.

Ahornsirup oder Honig auf die Pancakes geben und die Beeren darüber verteilen. Mit Kokosraspeln garnieren und servieren.

> Bei dem Topping der Pancakes könnt ihr kreativ werden. Ich persönlich liebe Beeren, egal ob frisch oder tiefgefroren, letztendlich liegt es aber ganz in eurer Hand. Ich glaube, mir ist bisher noch kein Obst untergekommen, das nicht vorzüglich auf Pancakes schmeckt.

FRÜHSTÜCK

Grüne Pancakes

Wer ein begeisterter Pancake-Esser ist, sollte auch unbedingt einmal diese herzhaften Pancakes ausprobieren! Ich finde, es ist ein toller Weg um (heimlich) mehr Gemüse in seine Ernährung zu integrieren, da man frisches Blattgemüse einfach in den Teig mischt. Und für eine tolle Farbe ist somit auch gesorgt!

Für 2 Personen, 6 Pancakes

Für die Pancakes:
200 g Dinkelvollkornmehl
1½ TL Backpulver
2 Handvoll frischer Spinat
1 Prise Salz
etwas Olivenöl oder Kokosöl, zum Anbraten

Für das Topping:
2 EL Hummus (siehe S. 83)
100 g Kichererbsen (aus dem Glas), abgetropft
1 Handvoll Feldsalat
Kirschtomaten, halbiert
½ Avocado, in Spalten geschnitten
Balsamico-Creme
Meersalz und frisch gemahlener schwarzer Pfeffer

Zubereitungszeit:
20 Minuten

Für die Pancakes alle Zutaten, bis auf das Öl, mit 240 ml Wasser in den Mixer geben und 2–3 Minuten zu einem homogenen Teig verarbeiten. Alternativ alles in eine Schüssel geben und einen Stabmixer zum Pürieren verwenden.

Etwas Öl in einer kleinen Pfanne bei mittlerer Temperatur erhitzen und pro Pancake etwa ½ Schöpfkelle Teig ausbacken. Dabei darauf achten, dass nichts anbrennt. Sobald die Pancakes auf einer Seite fest werden und der Rand sich ganz leicht bräunt, sollten sie gewendet werden.

Die Pancakes auf einen Teller geben und mit Hummus, Kichererbsen, Salat, Tomaten und Avocado garnieren. Mit etwas Balsamico, Salz und Pfeffer würzen und servieren.

Wer mag, streut noch geröstete Sonnenblumen-, Kürbis- oder Pinienkerne über die Pancakes.

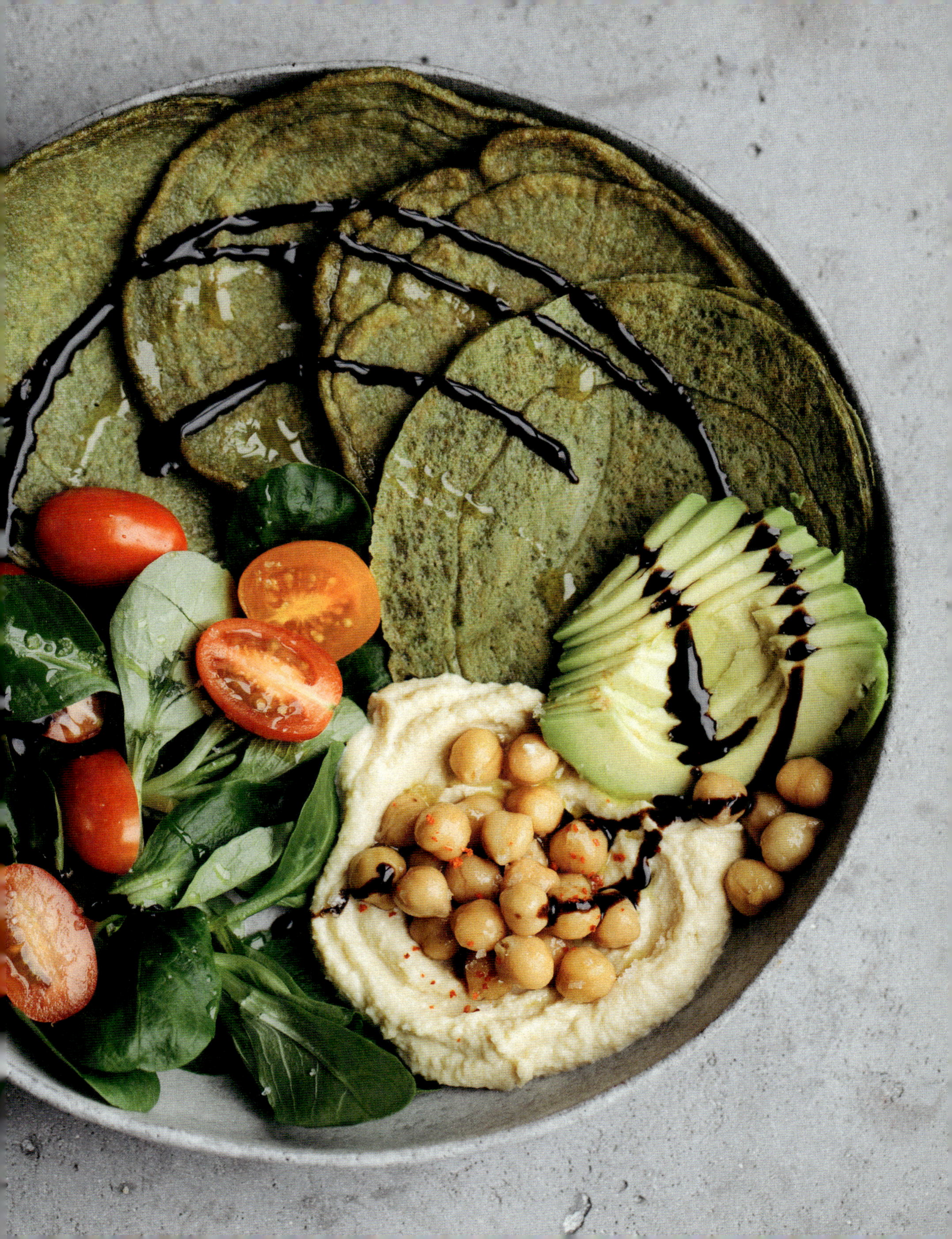

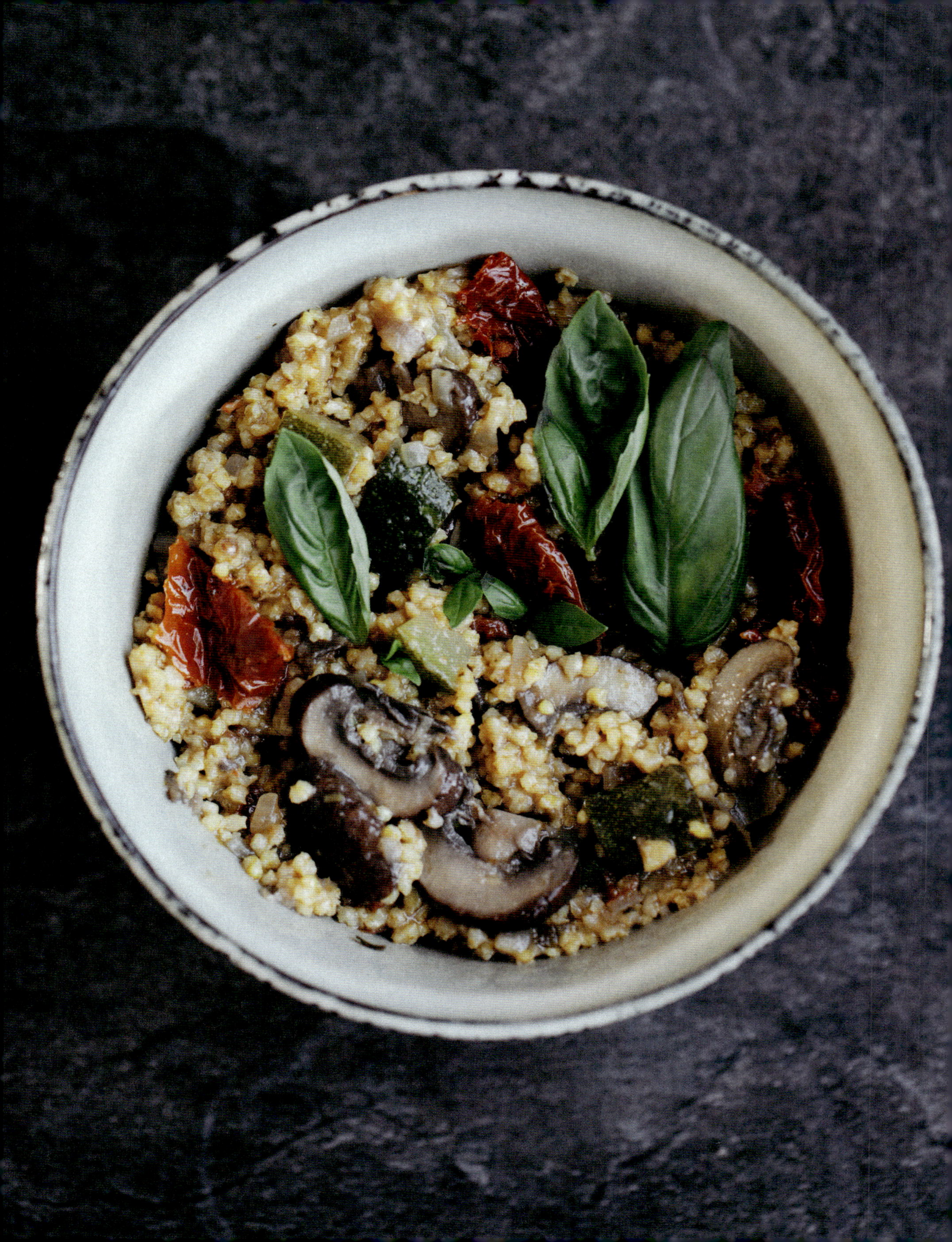

FRÜHSTÜCK

Herzhaftes Frühstücks-Porridge

Dieses Gericht mache ich gerne, wenn mir morgens nach etwas Herzhaftem zumute ist. Da es etwas zeitaufwendiger ist, eignet es sich bestens für das Wochenende oder man bereitet das Gemüse schon abends vor und lagert es im Kühlschrank luftdicht verpackt. Während der Brei köchelt, kann man sich für den Tag fertig machen. Noch ein Vorteil: Es ist ein One-Pot-Gericht – weniger zum Abspülen also!

Für 1 Portion

¼ Zucchini
2 Champignons
½ kleine rote Zwiebel
1 EL Olivenöl
2 getrocknete Tomaten, in Öl eingelegt
50 g feinkörnige Hirse
150 ml Gemüsebrühe
2 Basilikumzweige
Salz und frisch gemahlener Pfeffer
Parmesan (optional)

**Zubereitungszeit:
20 Minuten**

Feinkörnige Hirse verwenden, damit das Porridge die richtige Konsistenz erhält.

Die Zucchini waschen und in kleine Würfel schneiden. Die Champignons putzen und in Scheiben schneiden. Die Zwiebel schälen, halbieren und ebenfalls in feine Würfel schneiden.

In einem Topf das Olivenöl erhitzen und die Zwiebeln darin andünsten, dann die Zucchini und Champignons dazugeben und mit andünsten.

Die getrockneten Tomaten klein schneiden.

Die Hirse zum Gemüse geben, kurz anbraten und mit der Gemüsebrühe ablöschen. Die getrockneten Tomaten unterrühren. Alles etwa 5 Minuten sanft köcheln, dann auf niedrige Temperatur schalten und die Hirse 10 Minuten quellen lassen.

Das Basilikum waschen, trocknen, klein schneiden und unter das Porridge ziehen.

Mit Salz und Pfeffer abschmecken.

Wer möchte, kann das Porridge mit Parmesan verfeinern.

FRÜHSTÜCK

Grüne Smoothies

Grüne Smoothies – was soll man über sie noch schreiben, was nicht schon gesagt wurde. Ich bin ein großer Fan. Es ist nun mal der einfachste Weg eine große Menge an Gemüse zu sich zu nehmen. Ich habe drei verschiedene entwickelt:

Der Sehr Grüne ist – sehr grün. Für all diejenigen, die sich langsam ran tasten wollen oder eben einfach mehr süß als herzhaft wollen, wird der Fruchtig Grüne die richtige Wahl sein. Und als letztes noch der Protein Grüne mit Mandeln und Hanf-Proteinen. Diesen trinke ich besonders gerne nach dem Sport

Protein Grün

Für 1 Glas

40 g Spinat
1½ Bananen
¼ Avocado
15 g Mandeln *
100 ml Pflanzenmilch
2 TL Hanf-Proteinpulver (optional)

**Zubereitungszeit:
5 Minuten**

Für eine extra Erfrischung jeweils drei Eiswürfel im Mixer hinzugeben oder die Früchte in gefrorenem Zustand verarbeiten.

Fruchtig Grün

Für 1 Glas

40 g Spinat
60 g Bio-Salatgurke
80 g Mango
80 g Ananas
120 ml Wasser

**Zubereitungszeit:
5 Minuten**

Sehr Grün

Für 1 Glas

50 g Spinat
¼ Bio-Salatgurke
½ Apfel
1 EL Zitronensaft
100 ml Wasser
5 Minzeblätter

**Zubereitungszeit:
5 Minuten**

Alle Zutaten in einen leistungsstarken Mixer geben und auf hoher Stufe kräftig pürieren.

* Optional können die Mandeln auch für einige Stunden, am besten über Nacht, in Wasser eingeweicht werden. Dies macht sie besser verdaulich. Außerdem erhöht sich durch diesen Prozess der Nährstoffgehalt der Nüsse.

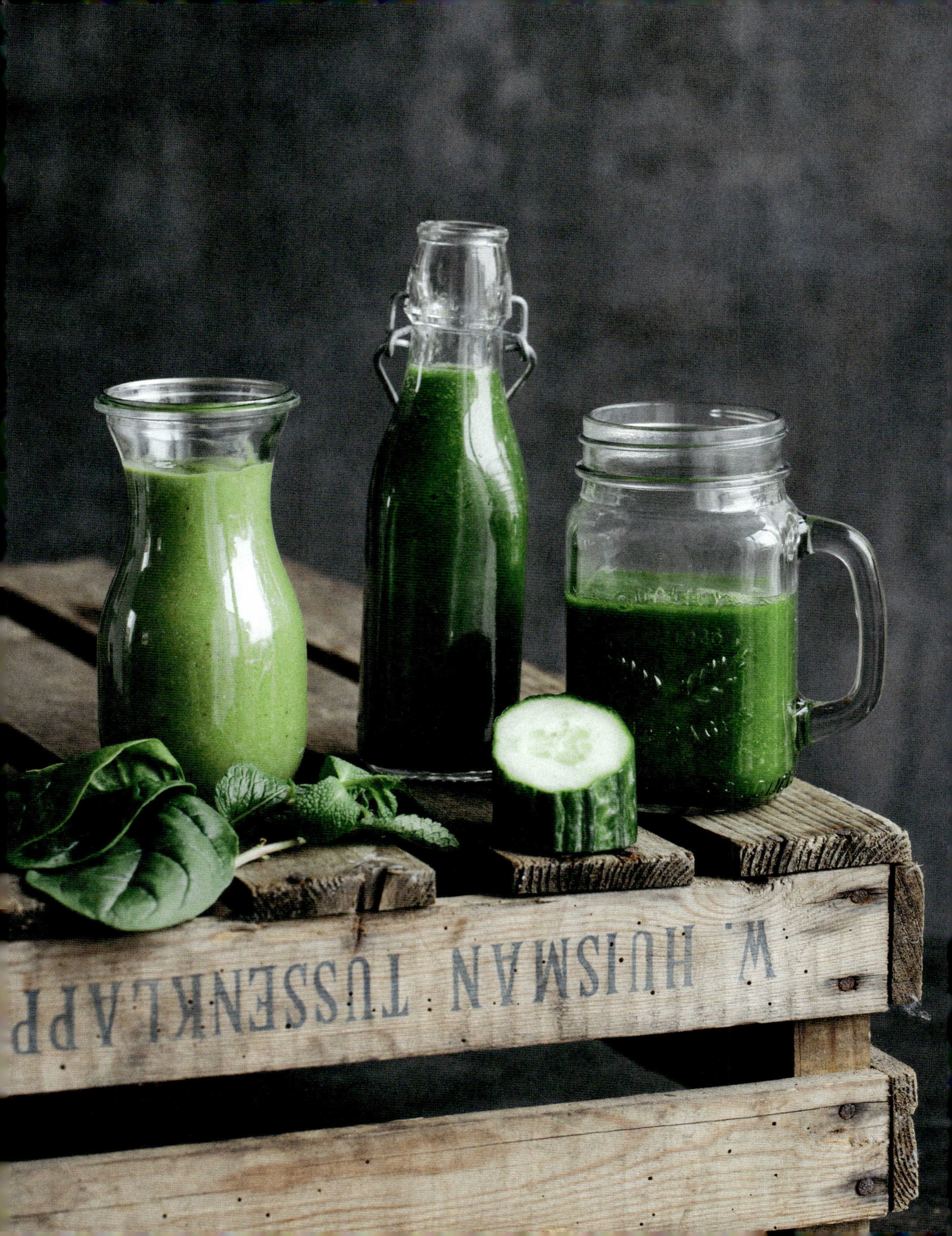
W. HUISMAN TUSSENKLAPP

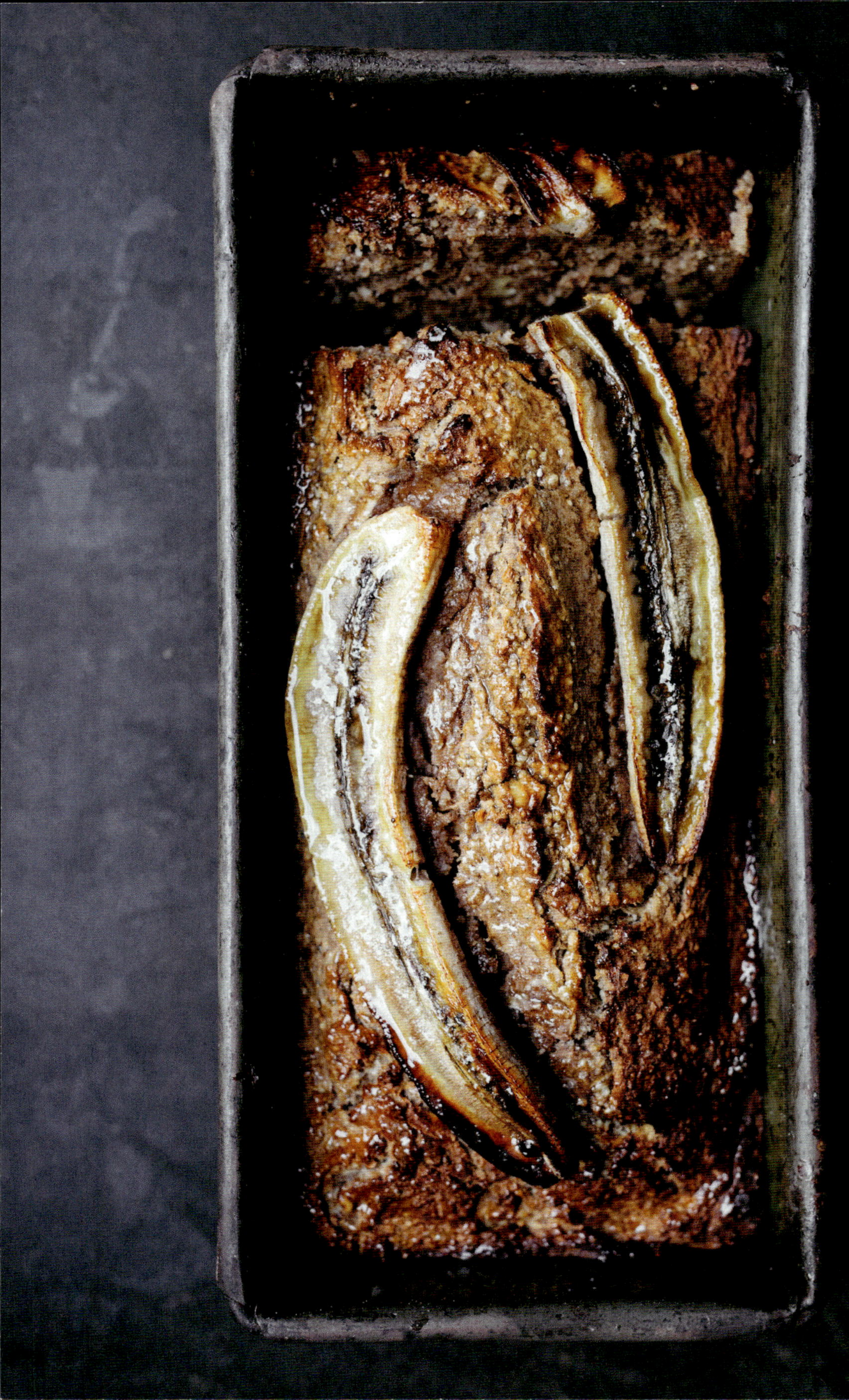

FRÜHSTÜCK

Bananenbrot

Dieses Rezept ist tatsächlich eins der ersten, das ich jemals selbst kreiert habe. Damals lebte ich in einer großen 5er-WG und bald ließ ich mich von meinen sehr backfreudigen Mitbewohnern mitreißen. Es entstand – nach vielen Versuchen – dieses leckere Bananenbrot – eine wunderbare Mischung aus Nüssen und Buchweizenmehl und zudem glutenfrei. Lange überlebt hat es in unserer WG nie.

Für eine Kastenform

2 EL Kokosöl,
plus etwas für die Form
200 g Mandeln
(alternativ: Mandelmehl)
300 g Buchweizenmehl
1 TL gemahlener Kardamom
3 TL Zimt
1 TL gemahlene Vanille
2 TL Backpulver
1 Prise Salz
100 g Walnüsse
4 reife Bananen,
plus 1 für das Topping
1 Apfel
4 EL Ahornsirup oder Honig
Pflanzenmilch (optional)

Zubereitungszeit:
25 Minuten, plus
50–60 Minuten Backzeit

Den Backofen auf 175 °C vorheizen. Die Form mit Kokosöl einfetten.

Die Mandeln in einem Mixer zerkleinern, bis die Konsistenz von Mehl erreicht ist. Alle trockenen Zutaten, bis auf die Walnüsse, in einer großen Schüssel mischen.

Das Kokosöl in einem Topf erhitzen, sodass es flüssig wird.

Die Bananen schälen und mit einer Gabel oder einem Stabmixer in einer weiteren Schüssel zu Mus verarbeiten.
Den Apfel waschen und mit Schale mit einer Küchenreibe raspeln. Apfel, Bananen, Kokosöl und Ahornsirup zu den trockenen Zutaten geben und alles gut mit einem Rührlöffel vermengen.

Die Walnüsse grob mit den Händen zerkleinern und zum Teig geben. Alles nochmals gut mischen. Sollte der Teig zu dickflüssig sein, etwas Pflanzenmilch zufügen. Die letzte Banane schälen und halbieren.

Den Teig in die Form geben, die Bananenhälften auf den Teig legen und 50–60 Minuten im Ofen backen. Das Bananenbrot im Blick haben, damit es nicht zu dunkel wird.

Aus dem Ofen nehmen und etwas abkühlen lassen. Nach Geschmack zum Servieren die Bananenhälften noch etwas mit Ahornsirup oder Honig beträufeln.

Noch lauwarm mit etwas Apfelmus servieren. Superb!

FRÜHSTÜCK

Bohnenfrühstück

Für 2 Personen

2 große Tomaten
1 EL Olivenöl
250 g Kidneybohnen
(aus der Dose)
1 Handvoll krause Petersilie
2 Handvoll Spinat
2 EL Tomatenmark
1–2 TL Limettensaft
1 Prise Cayennepfeffer
¼ TL Salz
1 kleine rote Zwiebel
1 TL Balsamico-Creme
1 Bio-Ei
½ Avocado

**Zubereitungszeit:
25 Minuten**

Wer möchte, kann hier entweder komplett auf Ei verzichten oder alternativ ein Spiegelei servieren. Pochieren erfordert ein wenig Übung (und Glück!). Also nicht verzagen, wenn es nicht sofort klappt – schmecken tut das Ei dennoch!

Die Tomaten waschen und würfeln. In einem kleinen Topf ½ EL Olivenöl bei mittlerer Temperatur erhitzen, die Tomaten dazugeben und 3 Minuten köcheln lassen.

Kidneybohnen abgießen, Petersilie waschen und etwas kleinhacken, Spinat waschen und ebenfalls etwas klein schneiden.

Die Kidneybohnen, das Tomatenmark, die Petersilie waschen, trocknen und hacken. Den Spinat zu den Tomaten geben und bei schwacher Temperatur 5–8 Minuten lang einkochen lassen, bis der Spinat etwas zusammengefallen ist. Gehackte Petersilie (etwas davon zum Garnieren beiseite stellen), Limettensaft und Gewürze untermischen und vom Herd nehmen.

Die Zwiebel schälen und in Ringe schneiden. In einer kleinen Pfanne das restliche Öl erhitzen und die Zwiebelringe zugeben. 2 Minuten anschwitzen lassen, dann Balsamico-Crème hinzufügen und für zwei weitere Minuten braten.

Für das pochierte Ei in einem hohen Topf ausreichend Wasser zum Kochen bringen. Sobald das Wasser kocht, die Temperatur etwas herunterdrehen, sodass das Wasser nicht mehr kocht, sondern nur noch leicht simmert. Das Ei vorsichtig aufschlagen und in eine Suppenkelle geben. Mit einem Schneebesen unter schnellem Rühren einen Strudel in der Mitte des Wassers erzeugen. Dann das Ei aus der Kelle in den Strudel gleiten lassen. Für knapp 4 Minuten garen, dann herausnehmen.

Die Avocado halbieren, das Fruchtfleisch in dünne Scheiben schneiden und herausheben. Auf einem Teller oder in einer Schüssel anrichten: Zuerst die Bohnenmasse, dann Zwiebelringe, Avocado und Ei. Mit der Petersilie garnieren.

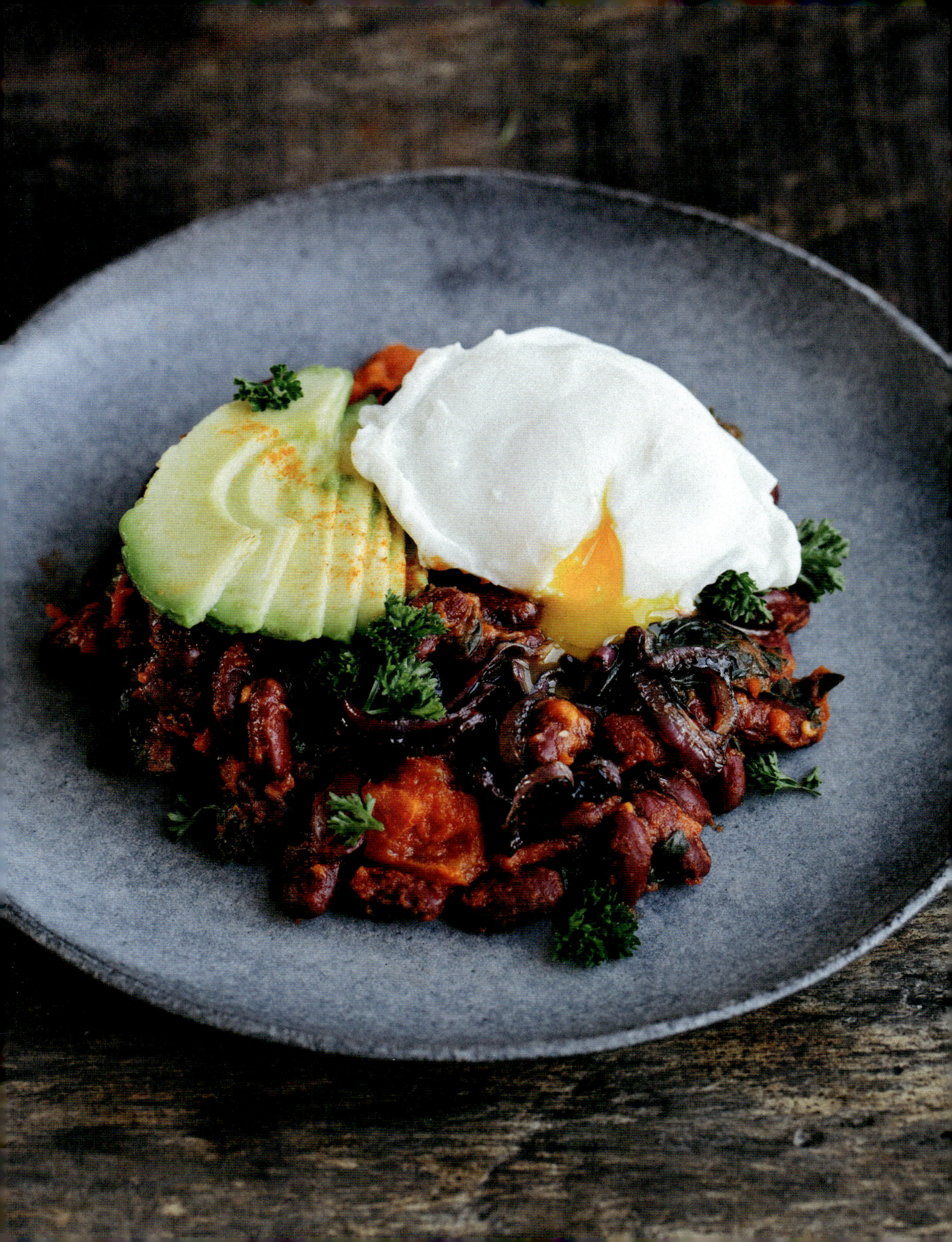

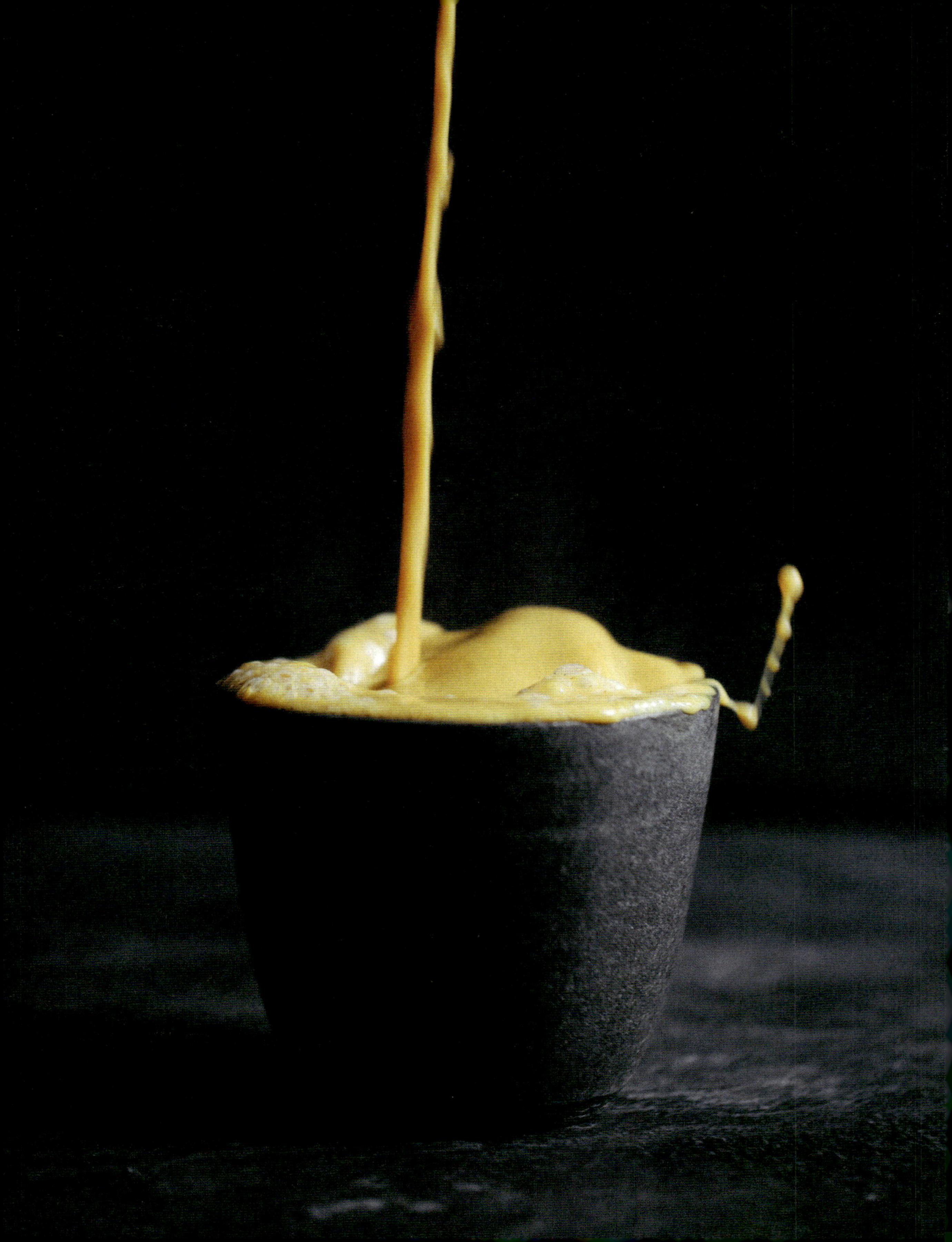

Goldene Milch

Diese goldene Milch – oder auch Kurkuma Latte – ist ein wunderbar wärmendes und wohltuendes Getränk. Ich erinnere mich, dass an dem Abend, als ich dieses Rezept für das Buch entwickelt habe, gerade ein Supermond war. Eine Freundin war zu Besuch und fest eingewickelt in unsere Mäntel und Decken (es war tiefster Winter!) tranken wir unsere warme goldene Milch, während wir den Mond bestaunten.

Für 1 Glas

300 ml Pflanzenmilch
(z.B. Hafer- oder Reismilch)
½ TL Kurkuma (gemahlen oder frisch gerieben)
½ TL geriebener Ingwer
1 Prise frisch gemahlener schwarzer Pfeffer
½ TL Ahornsirup (optional)

**Zubereitungszeit:
5 Minuten**

Alle Zutaten in einem kleinen Topf erhitzen, aufkochen und gut umrühren.

In ein Glas oder eine Tasse füllen und genießen!

Ich empfehle, erst mal zu kosten, bevor man mit Ahornsirup süßt. Gerade Hafermilch ist von Natur aus recht süß, weshalb ich in diesem Falle eher auf zusätzliche Süße verzichten würde.

Hin und wieder ein wenig umrühren, da sich die Gewürze oft unten ansammeln. Oder eben alles für den letzten, durchaus kräftigen Schluck aufheben.

FRÜHSTÜCK

Apfel-Crumble

Es gibt Tage, da wacht man auf und möchte am liebsten Dessert gleich zum Frühstück. Zumindest geht es mir manchmal so. Für solche Tage gibt es bei mir Crumble! Aus Haferflocken, gemischt mit Nüssen und Gewürzen, darunter eine Schicht aus Äpfeln, die ich meistens zu Hause habe. Im Frühling greife ich aber auch gerne zu Rhabarber, im Sommer zu frischen Beeren und im Herbst zu Birnen.

Für 4 Personen

60 g gemahlene Mandeln (alternativ ganze Mandeln)
4 Äpfel
Saft von ½ Zitrone
5 EL Ahornsirup
100 g kernige Haferflocken
30 g Kürbiskerne
50 g Walnüsse, gehackt
1 TL gemahlene Vanille
1 TL Zimt
1 TL gemahlener Kardamom
1 Prise Salz
3 EL Kokosöl

Außerdem:
ofenfeste Form

Zubereitungszeit:
15 Minuten, plus
40 Minuten Backzeit

Den Backofen auf 175 °C Umluft vorheizen. Werden ganze Mandeln verwendet, diese im Mixer zu Mehl verarbeiten.

Die Äpfel waschen und in kleine Würfel schneiden. Zitronensaft und 2 EL Ahornsirup zufügen. Alles vorsichtig mit den Händen vermengen, sodass die Äpfel mit Saft und Sirup benetzt sind. Diese Mischung in die ofenfeste Form geben.

In einer Schüssel alle trockenen Zutaten mit den Gewürzen mischen. Sollte das Kokosöl zu fest sein, kurz in einem kleinen Topf erwärmen. Mit dem restlichen Ahornsirup in die Schüssel geben und alles gut mit den Händen verkneten.

Die Streusel über den Äpfeln verteilen und im Ofen 40–45 Minuten backen. Der Crumble ist fertig, sobald die Kruste dunkelbraun ist.

Der Crumble kann auch auf vier kleine Formen aufgeteilt und gebacken werden.

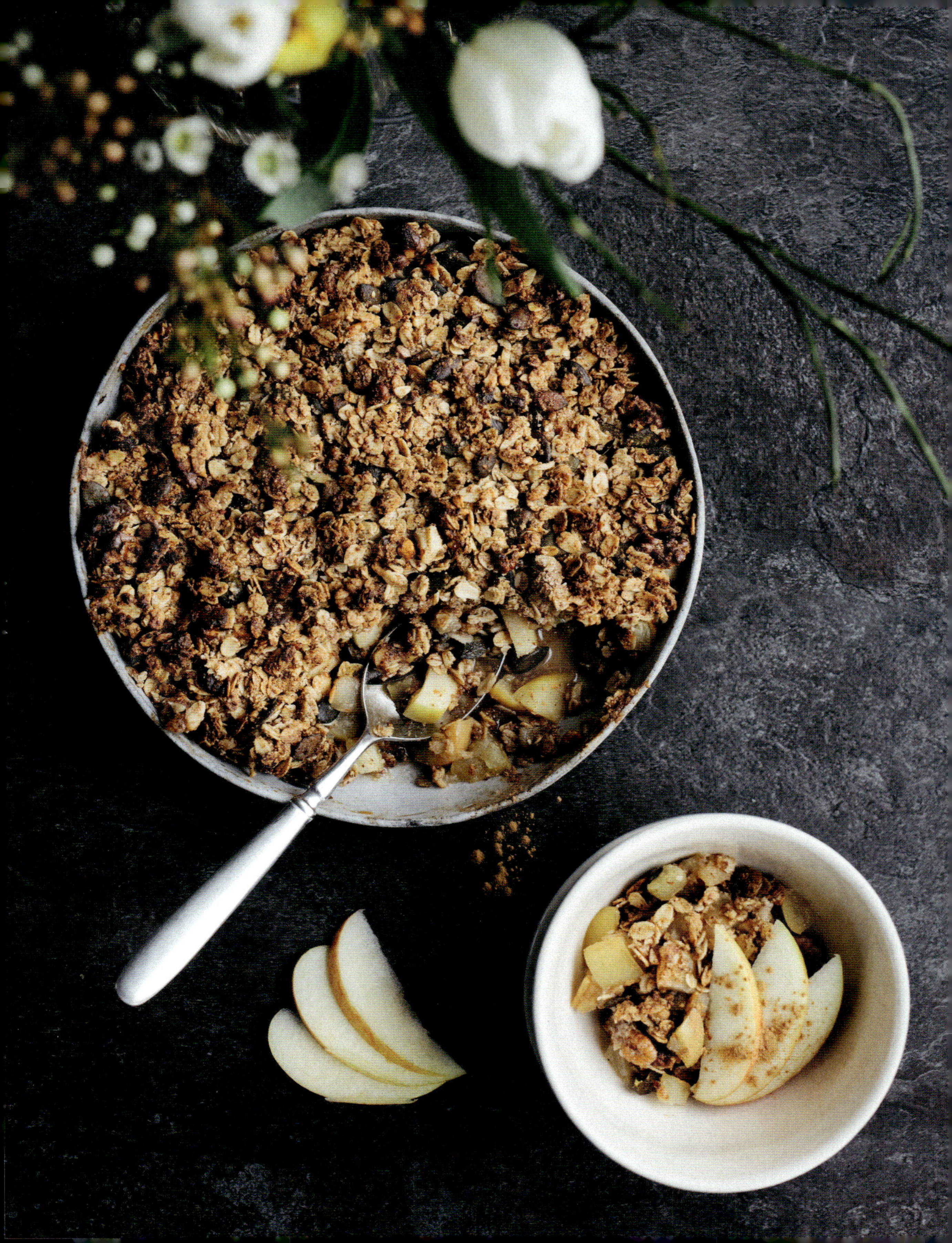

HOMEMADE

In diesem Kapitel dreht sich alles um das Selbermachen. Es kann nämlich durchaus günstiger sein, Grundzutaten wie Pflanzenmilch, Nussbutter und Pesto selber zuzubereiten. Es reichen ein bis zwei Stunden in der Woche, in denen man sich Zeit nimmt, seine Vorräte aufzustocken. Das macht nicht nur Spaß, ihr habt zudem die volle Kontrolle über die Inhaltsstoffe.

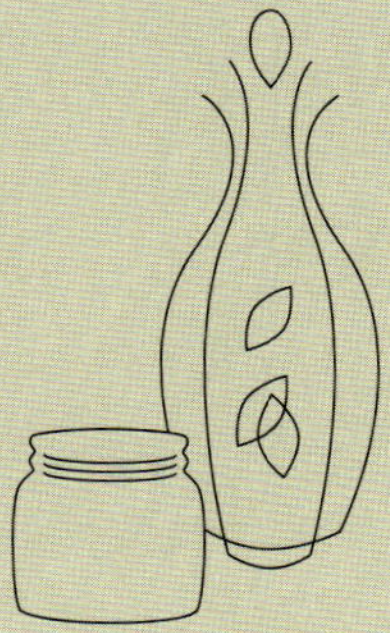

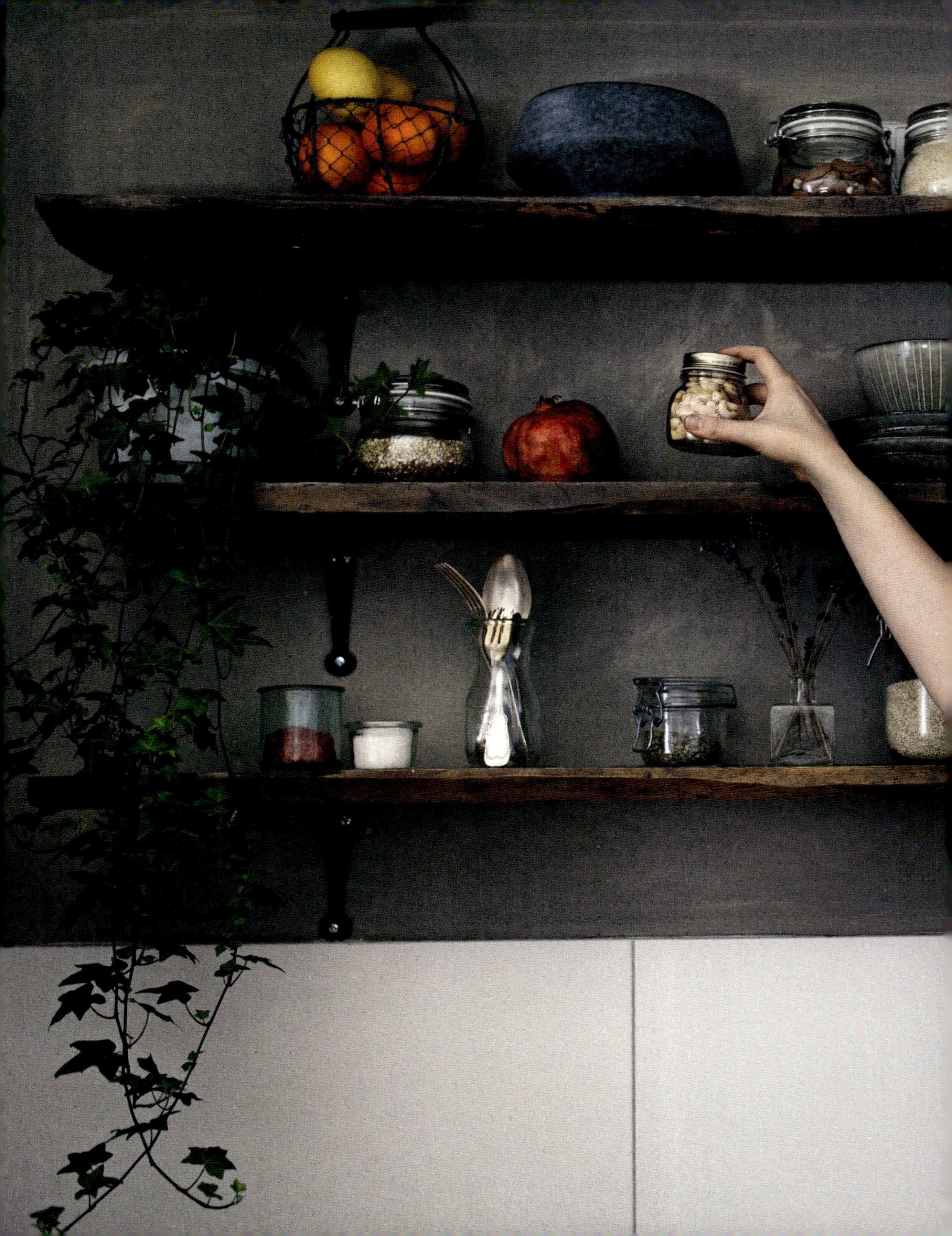

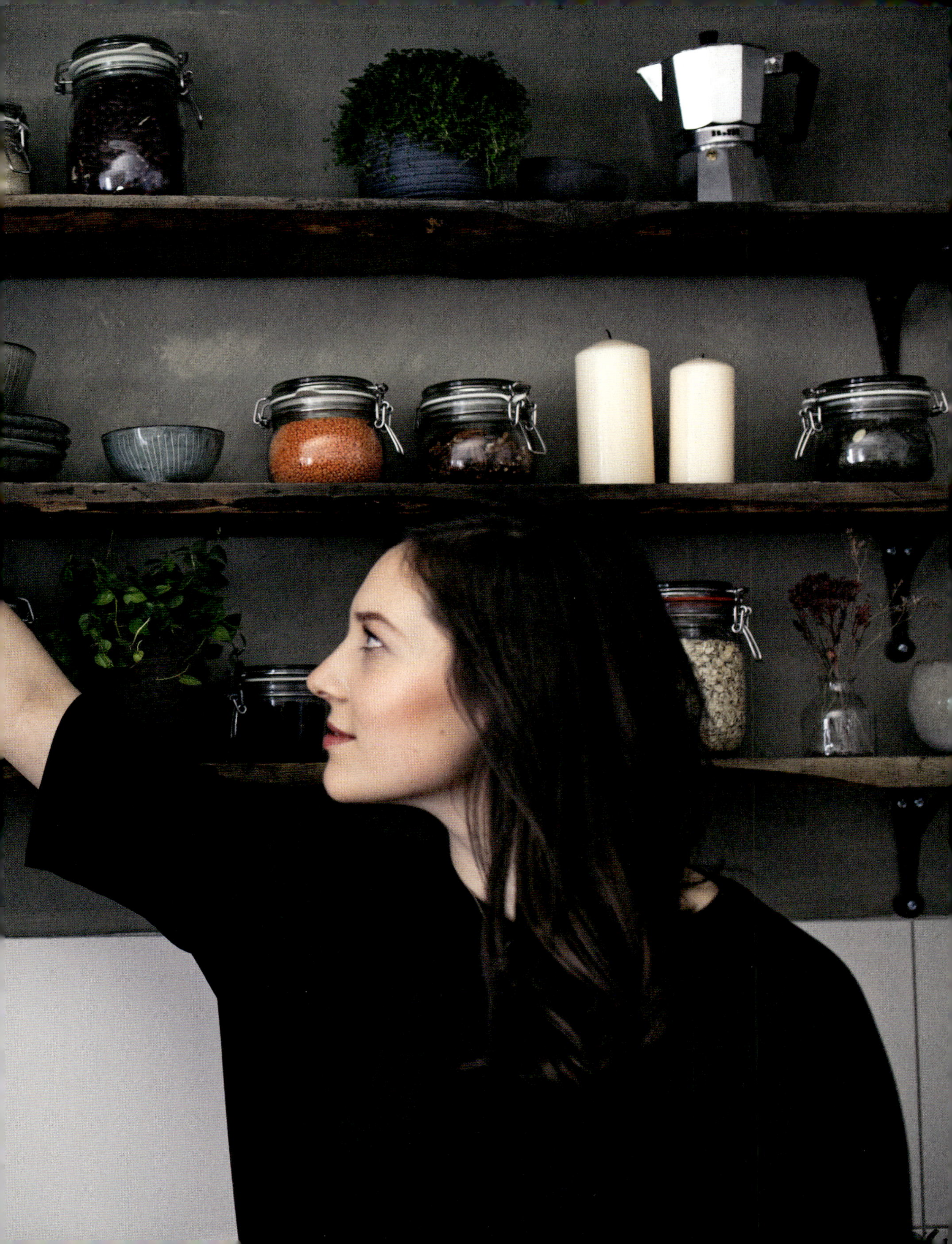

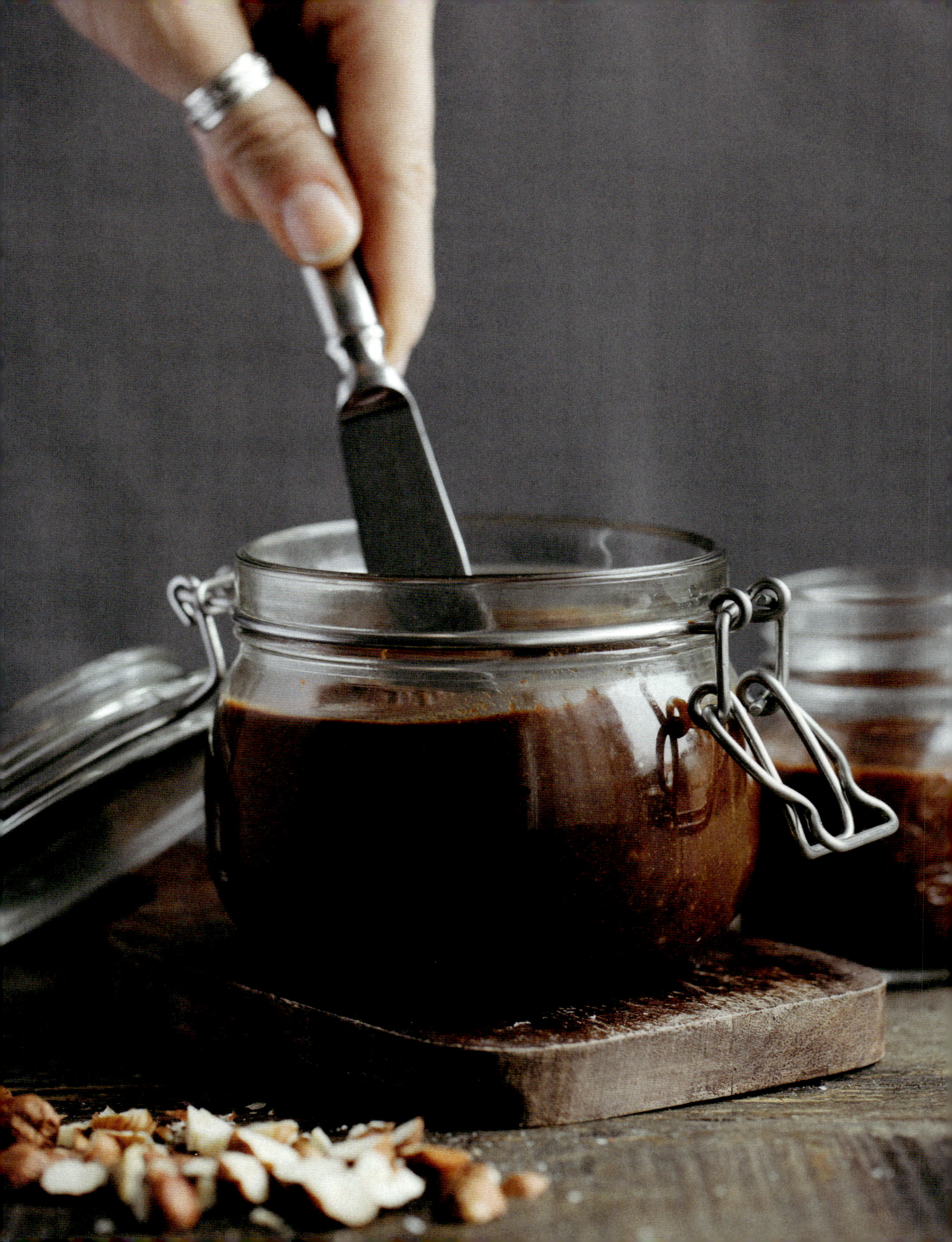

Nussbutter

Ich muss zugeben: Ich habe noch nie ein Glas Nussbutter gekauft. Ich kann mich einfach nicht dazu durchringen, so viel Geld für ein kleines Glas zu bezahlen, wenn ich das Ganze zu Hause auch für weitaus weniger machen kann. Hier also meine zwei liebsten Nussbutter-Rezepte! Die Verwendung ist sehr vielfältig – getunkt mit Früchten, auf dem Brot, im Smoothie oder auf dem Frühstücks-Porridge.

Haselnuss-Schoko-Creme

Für 1 großes Glas

500 g Haselnüsse
100 g Datteln
2 EL Rohkakaopulver
3 EL Kokosöl
1 TL gemahlener Zimt (optional)

Zubereitungszeit: 35 Minuten

Je nach persönlichem Geschmack kann die Süße angepasst werden, indem ihr mehr Datteln hinzufügt.

Den Backofen auf 175 °C vorheizen.

Die Haselnüsse auf ein mit Backpapier ausgelegtes Blech legen und 10–15 Minuten im Ofen rösten. Nach 5 Minuten ein wenig umrühren. Sie sind fertig, wenn sie goldbraun sind und die Schale sich langsam abpellt.

Die Haselnüsse ein wenig abkühlen lassen, dann auf ein Küchenhandtuch legen und die Haut abrubbeln. In einem leistungsstarken Mixer zerkleinern. Es kann eine Weile dauern, bis die Nüsse eine beinahe flüssige Konsistenz angenommen haben.

Zwischendurch eventuell den Mixer anhalten, die Masse von den Seiten abkratzen und umrühren. Ab einen gewissen Zeitpunkt werden die Öle der Nüsse freigesetzt und die Mixtur formt sich zu einer cremigen Masse. Nicht aufgeben, es wird cremig werden!

Die restlichen Zutaten zugeben und weitermixen, bis sich eine cremige Konsistenz ergibt.

Die Creme hält sich einige Wochen und muss nicht mal gekühlt werden.

Mandelbutter

Für 1 Glas

200 g Mandeln

**Zubereitungszeit:
20 Minuten**

Je länger die Nussbutter gemixt wird, desto flüssiger und streichfähiger wird sie. Du kannst also die Konsistenz deiner Nussbutter selbst bestimmen.

Den Backofen auf 180 °C vorheizen.

Die Mandeln gleichmäßig auf einem mit Backpapier ausgelegten Backblech verteilen. Im Ofen etwa 10 Minuten rösten, bis die Mandeln eine etwas dunklere Farbe angenommen haben. Nach der Hälfte der Zeit gründlich umrühren.

Die gerösteten Mandeln in einen leistungsstarken Mixer geben und einige Minuten zerkleinern. Zwischendurch eventuell den Mixer anhalten, die Masse von den Seiten abkratzen und umrühren. Ab einen gewissen Zeitpunkt werden die Öle der Mandeln freigesetzt und die Mixtur formt sich zu einer cremigen Masse. Nicht aufgeben, es wird cremig werden!

Die fertige Mandelbutter in ein luftdichtes Schraubglas geben und im Kühlschrank aufbewahren. Hält sich 1 Monat.

Cashew-Vanille-Butter

Für 1 Glas

**200 g Cashewkerne
1 TL gemahlene Vanille**

**Zubereitungszeit:
20 Minuten**

Den Backofen auf 170 °C vorheizen.

Die Cashews gleichmäßig auf einem mit Backpapier ausgelegten Backblech verteilen. Im Ofen etwa 10 Minuten rösten, bis die Cashews eine etwas dunklere Farbe annehmen. Nach der Hälfte der Zeit gründlich umrühren.

Geröstete Cashews und Vanille in einen leistungsstarken Mixer geben und einige Minuten zerkleinern. Zwischendurch eventuell den Mixer anhalten, die Masse von den Seiten abkratzen und umrühren. Ab einen gewissen Zeitpunkt werden die Öle der Cashews freigesetzt und die Mixtur formt sich zu einer cremigen Masse. Nicht aufgeben, es wird cremig werden!

Die fertige Cashew-Vanille-Butter in ein luftdichtes Schraubglas geben und im Kühlschrank aufbewahren. Hält sich 1 Monat.

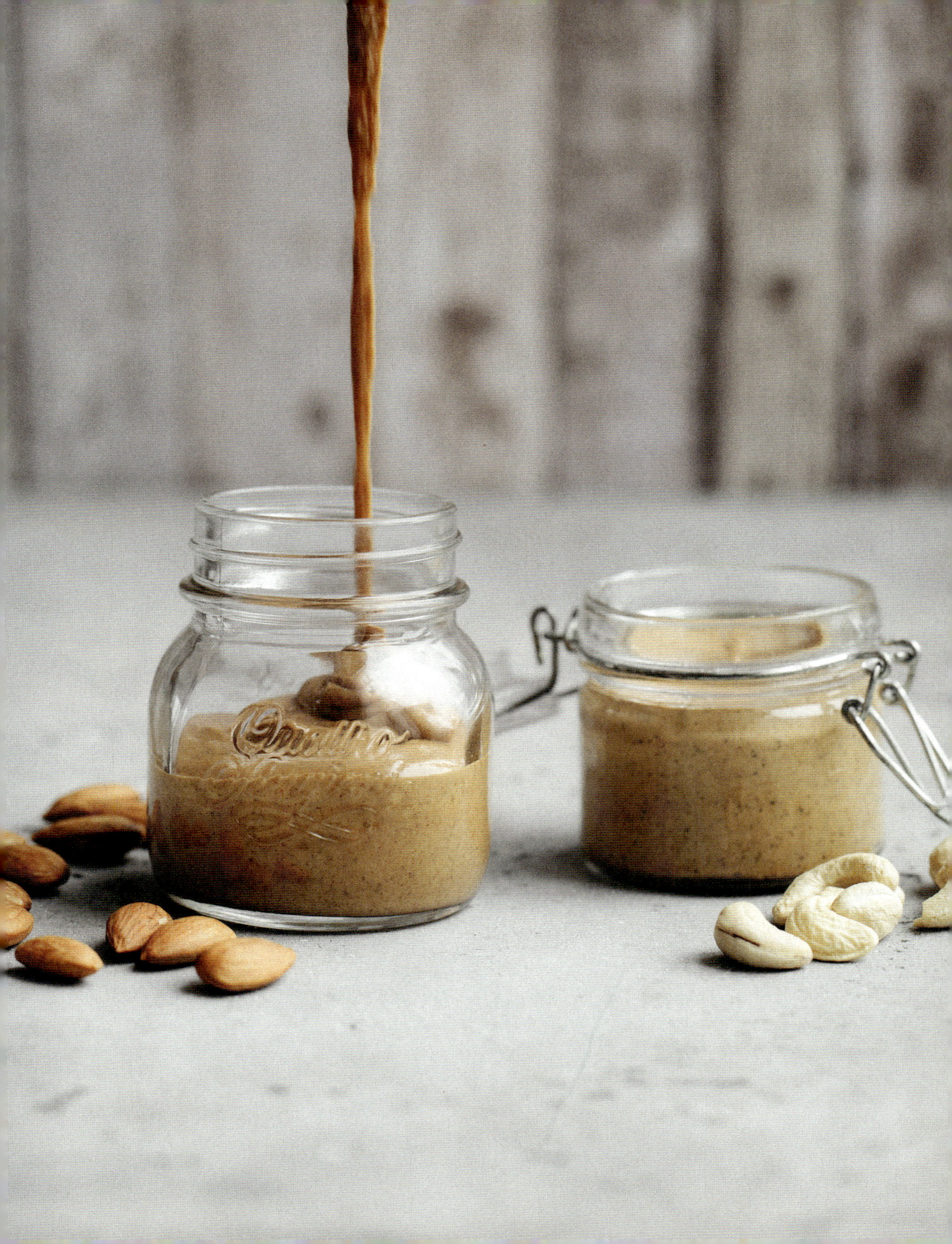

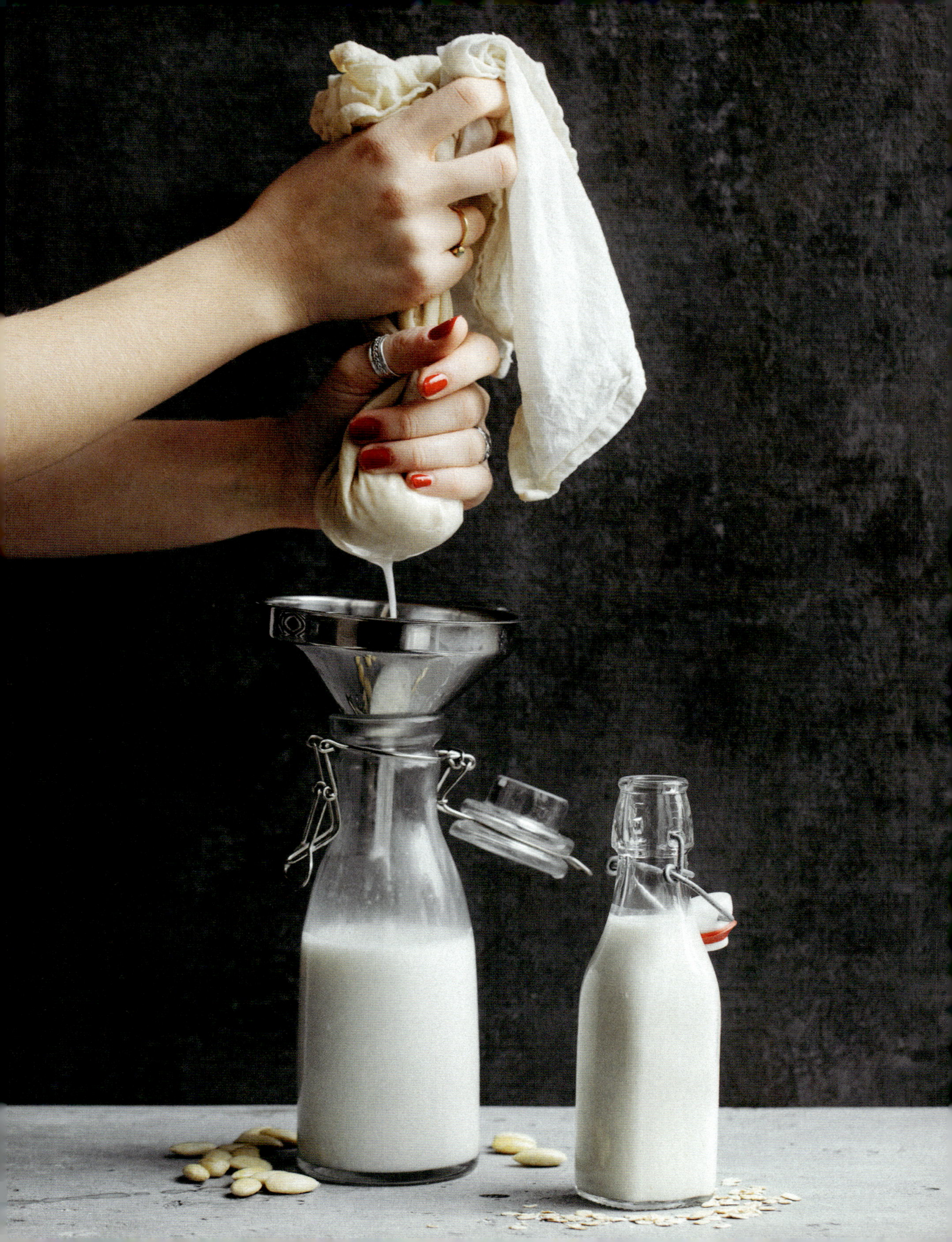

Pflanzenmilch

Pflanzenmilch selber zu machen ist überraschend einfach. Ich finde es oft schwierig, welche zu finden, die nicht mit Zucker versetzt ist. Dies kann man einfach umgehen, wenn man die Sache selbst in die Hand nimmt. Ich habe meine Lieblingsrezepte für Mandel- und Hafermilch hier zusammengetragen, man kann aber durchaus auch andere Nüsse, Saaten und Getreide verwenden – wie Cashews, Haselnüsse, Walnüsse, Sonnenblumenkerne und Kürbiskerne.

Hafermilch

Für 1 Liter

120 g Haferflocken
1 Prise Salz

**Zubereitungszeit:
20 Minuten,
plus 15 Minuten
Einweichzeit**

Die Haferflocken 15 Minuten in Wasser einweichen.

Die Haferflocken in ein Sieb geben und gründlich abspülen. Dies bewirkt, dass die Milch nicht schleimig wird, da Hafer in Verbindung mit Wasser sehr schnell aufquillt.

Die eingeweichten Haferflocken zusammen mit Salz in einen leistungsstarken Mixer geben und 1–2 Minuten pürieren.

Ein feines Küchenmulltuch über eine große Schüssel oder ein großes Glas halten und die Mixtur abgießen. Sobald die Flüssigkeit nur noch langsam durchtropft, das Mulltuch gut zu einem Bündel drehen und die restliche Flüssigkeit ausdrücken.

Die Milch hält sich im Kühlschrank 3–4 Tage.

Mandelmilch

Für 1 Liter

200 g Mandeln

**Zubereitungszeit:
20 Minuten,
plus 7 Stunden
Einweichzeit**

Die Mandeln mindestens 7 Stunden, am besten über Nacht, in lauwarmem Wasser einweichen.

Das Einweichwasser abgießen und die Mandeln waschen. Die Haut der Mandeln entfernen, indem man sie zwischen den Fingern zusammendrückt.

Gehäutete Mandeln und 1 l Wasser 1–2 Minuten in einem leistungsstarken Mixer pürieren, bis keine Stückchen mehr zu sehen sind.

Ein feines Küchenmulltuch über eine große Schüssel oder ein großes Glas halten und die Mixtur abgießen. Sobald die Flüssigkeit nur noch langsam durchtropft, das Mulltuch gut zu einem Bündel drehen und die restliche Flüssigkeit ausdrücken.

Die Milch hält sich im Kühlschrank 3–4 Tage.

Man kann der selbst gemachten Milch noch zusätzlich Geschmack verleihen, indem man zum Beispiel etwa 2 entsteinte Datteln, 1–2 TL Ahornsirup oder Honig oder ½ TL gemahlene Vanille zugibt.

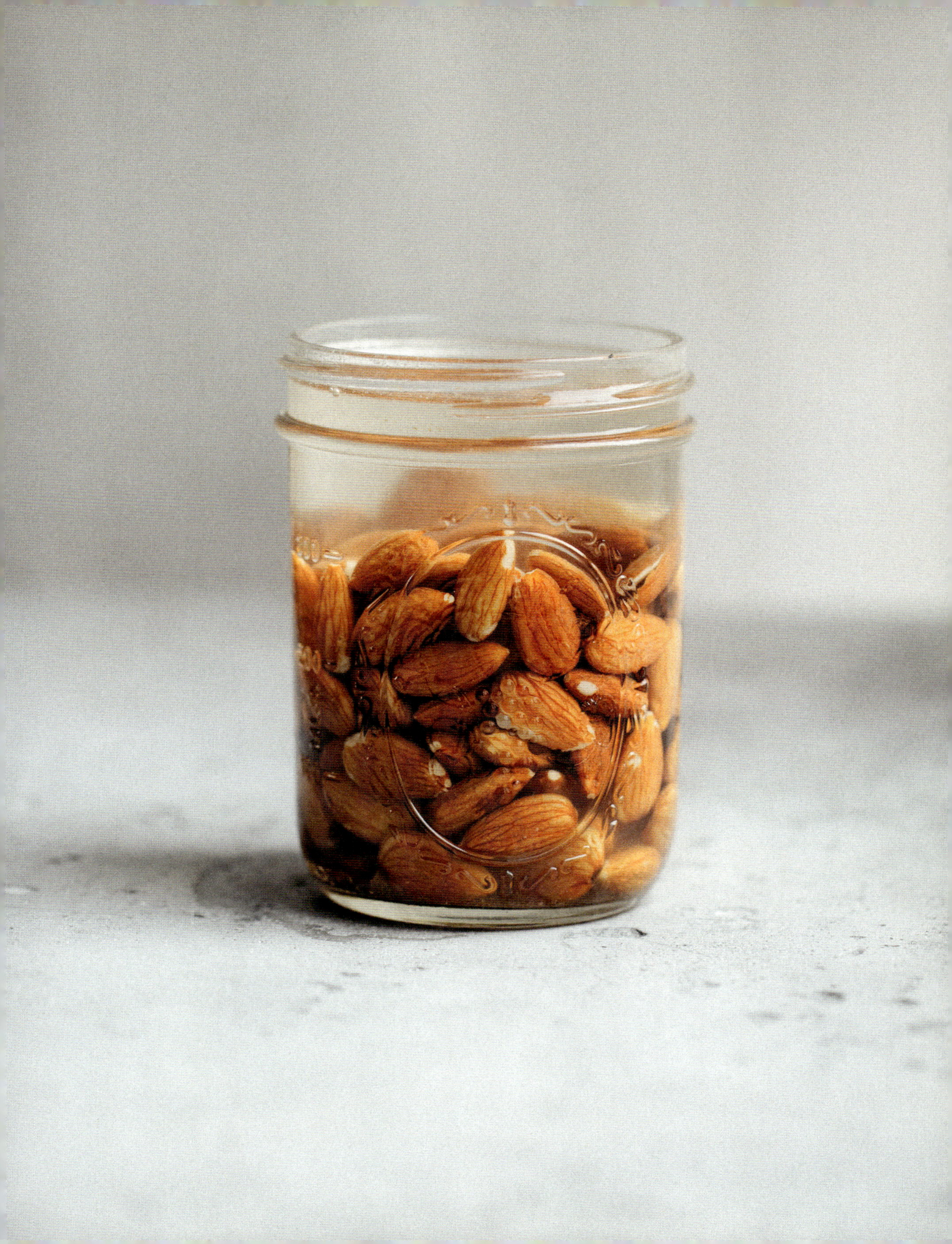

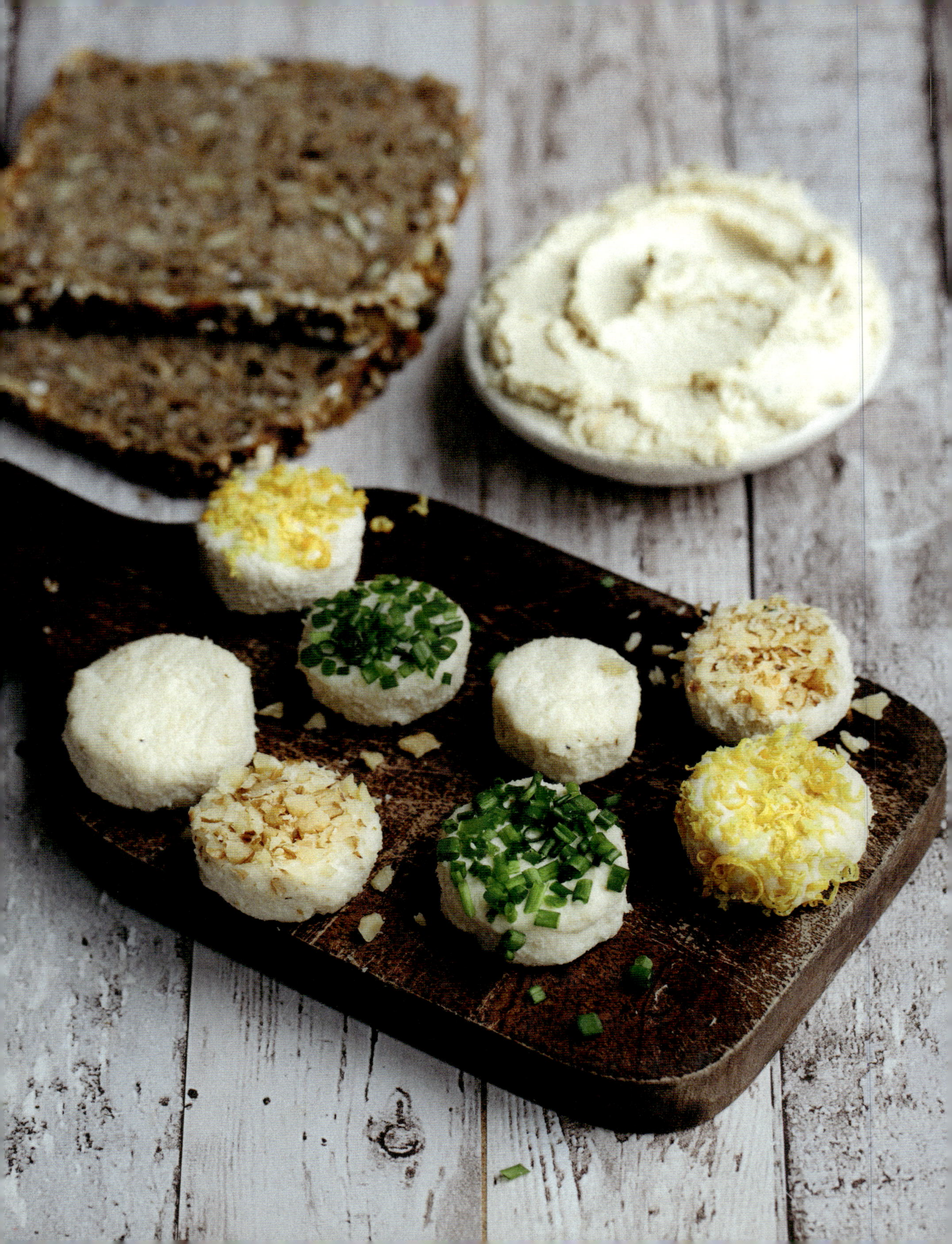

HOMEMADE

Cashew-Käse

Dieser Cashew-Frisch»käse« ist eine tolle pflanzliche Alternative und benötigt nur wenige Zutaten! Der Hauptbestandteil hier sind Cashewkerne. Für einige Zeit in Wasser eingeweicht und kräftig püriert, ergeben sie eine super cremige Konsistenz. Was mir bei diesem Rezept besonders Spaß macht – abgesehen vom Essen – ist das Verzieren: Hier kann man sehr kreativ werden und sich austoben – definitiv ein Hingucker auf dem Partybüfett.

Für etwa 200 g

200 g Cashewkerne
1 EL Zitronensaft
½ kleine Knoblauchzehe
½ TL Salz
¼ TL frisch gemahlener schwarzer Pfeffer

**Zubereitungszeit:
15 Minuten**

Zur Vorbereitung die Cashews mindestens 4 Stunden, am besten über Nacht, in Wasser einweichen.

Die Cashews abgießen, abwaschen und in einen leistungsstarken Mixer geben. Die restlichen Zutaten plus 1–3 EL Wasser (je nach dem wie cremig der Käse sein soll) hinzugeben und im Mixer kräftig pürieren.

Den fertigen Cashew-Käse in einem luftdichten Behälter aufbewahren. Er hält sich für etwa 1 Woche im Kühlschrank.

Wer möchte, kann den Käse auch zu Talern formen und mit Olivenöl, Rosmarin oder Chili in einer Marinade aufbewahren. So erinnert er geschmacklich und in der Konsistenz etwas an Feta.

Besonders schön sieht der Käse aus, wenn man ihn zu kleinen Bällchen formt und zwischen den Händen leicht platt drückt. Dann in gehacktem Schnittlauch, gerösteten Walnüssen, Zitronenschale, Currypulver, Pfeffer oder Ähnlichem rollen.

HOMEMADE

Grünkohlchips mit Paprika

Grünkohlchips werden aktuell zu Recht so gehypt. Was ich nur nicht verstehe, warum sie in winzigen Packungen für viel Geld verkauft werden, wenn man sie so einfach selbst machen kann. Grünkohl ist unglaublich nährstoffreich und sehr erschwinglich. Für das gewisse Etwas habe ich noch eine Paprikamarinade gemacht, mit der die Chips vor dem Backen vermischt werden und so eine tolle Würze erhalten!

Für 1 große Schale

45 g Cashewkerne
2 Paprikaschoten
½ EL Olivenöl
1 EL Zitronensaft
1 TL Thymian (frisch oder getrocknet)
½ TL Knoblauchpulver
Salz und frisch gemahlener schwarzer Pfeffer
300 g Grünkohl
(ohne Stängel 200 g)

**Zubereitungszeit:
etwa 60 Minuten, plus
4 Stunden Einweichzeit**

Gegebenenfalls die Chips an den Rändern des Blechs früher aus dem Ofen nehmen, da es dort meistens heißer ist.

Die Cashews mindestens 4 Stunden, am besten über Nacht, in Wasser einweichen. Anschließend das Wasser abgießen. Den Backofen auf 180 °C Umluft vorheizen.

Die Paprikas waschen, halbieren, Kerne und weiße Trennwände entfernen. Mit der aufgeschnittenen Seite nach unten auf ein mit Backpapier ausgelegtes Backblech legen. 25–30 Minuten rösten, nach der Hälfte der Zeit wenden.

Die Temperatur des Ofens auf 160 °C einstellen. Cashews, geröstete Paprika, Olivenöl, Zitronensaft, Thymian und Knoblauchpulver in einen Mixer geben und gründlich vermengen. Die Paprikamarinade mit Salz und Pfeffer abschmecken.

Den Grünkohl waschen und mit einem Küchenhandtuch abtrocknen. Die Grünkohlblätter von den Stängeln abtrennen und in mittelgroße Stücke reißen. In eine Schüssel geben, mit der Marinade vermengen und mit den Händen etwa 1 Minute einmassieren.

Den Grünkohl auf ein mit Backpapier ausgelegtes Backblech legen und 20–25 Minuten im Ofen rösten. Nach 10 Minuten wenden und aufpassen, dass die Chips zum Ende der Backzeit nicht verbrennen.

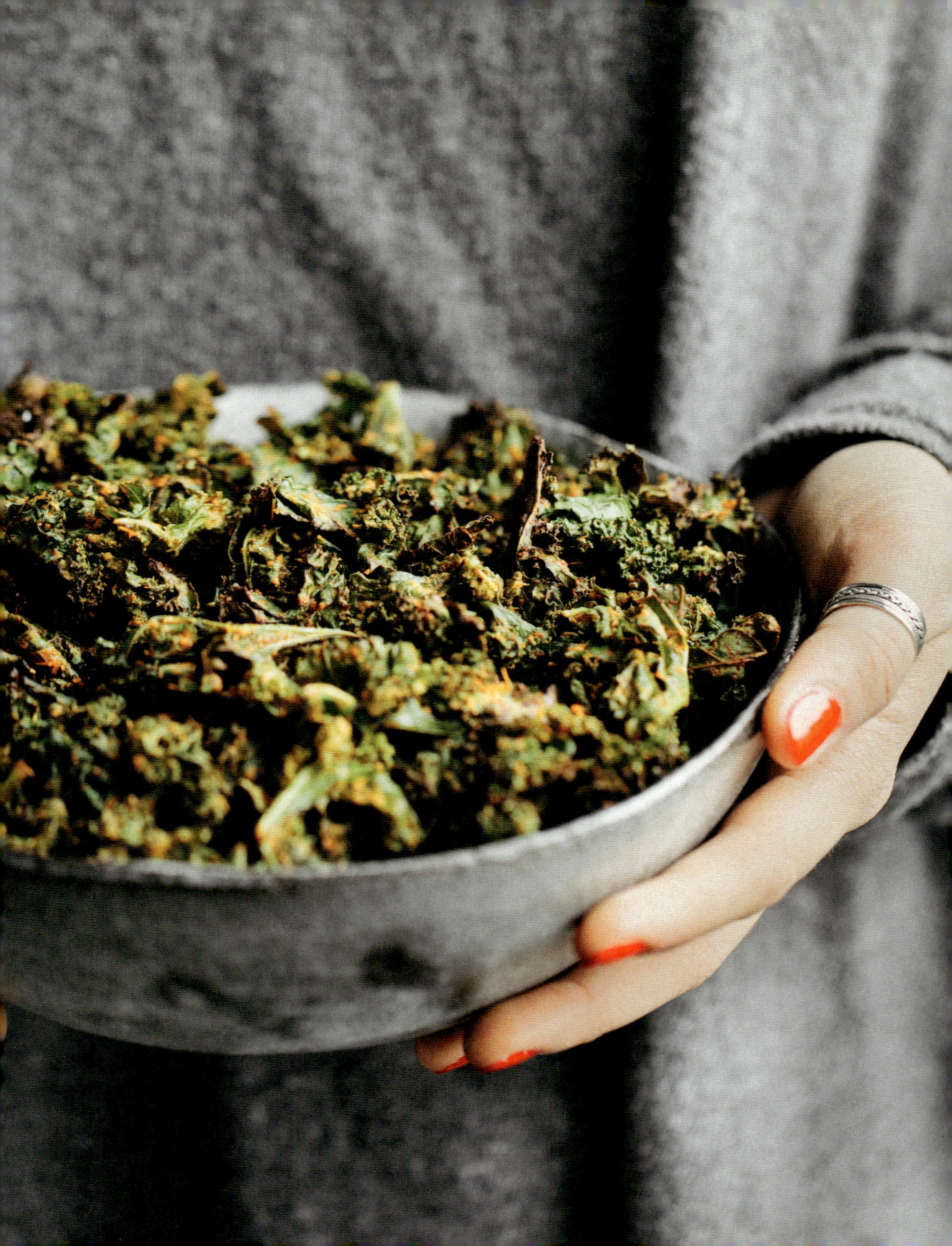

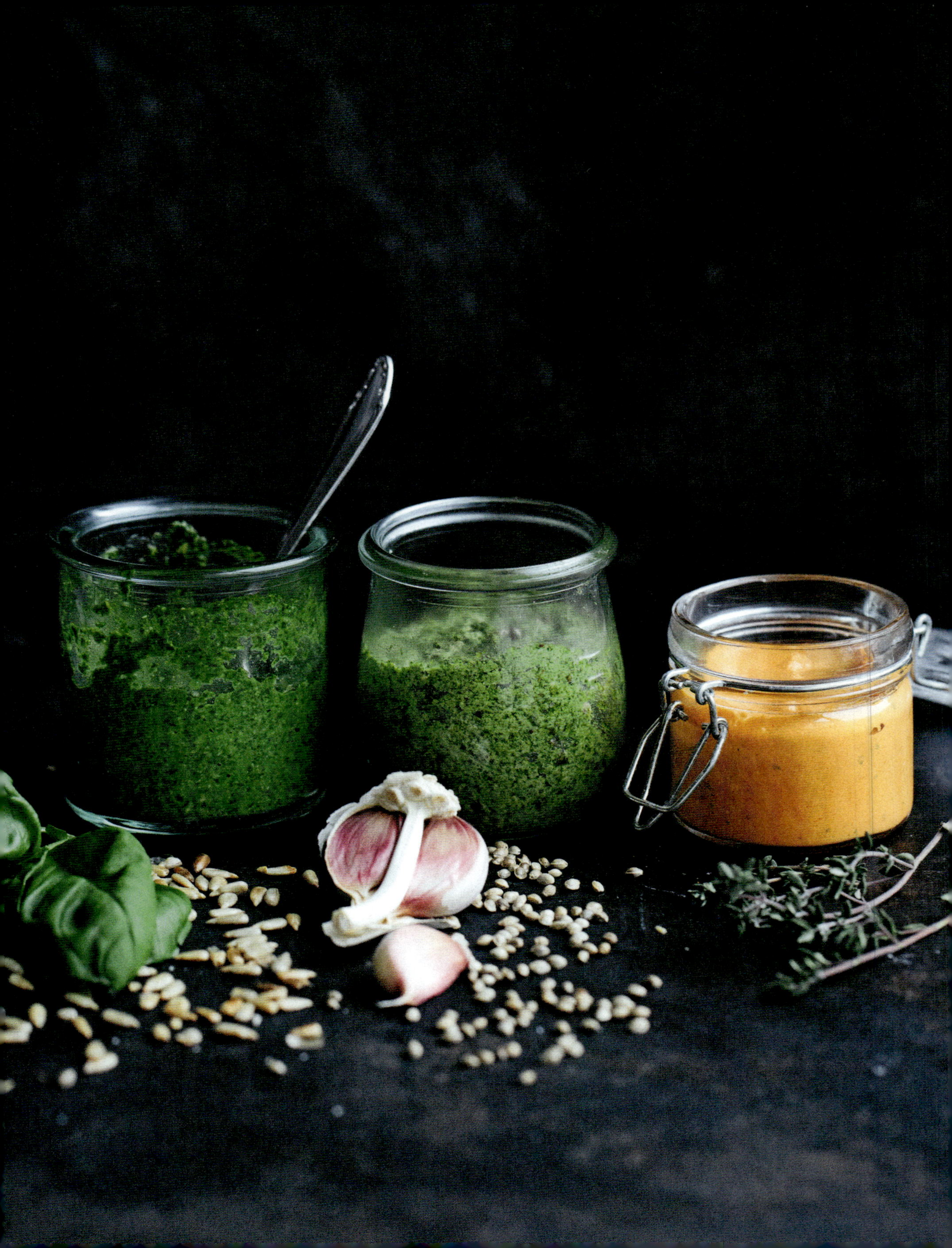

HOMEMADE

Pesto

Das Schöne an Pesto ist, dass es wirklich schnell zu machen ist und fast jedes Gericht um einiges aufwerten kann. So verwende ich es natürlich gerne mit Nudeln, aber auch als Dressing für Salate, auf Pizza oder Aufläufen, Suppentopping, als Aufstrich fürs Brot oder als Würze für Röstgemüse. Einschränkungen gibt es eigentlich keine – Pesto geht immer.

Petersilien-Hanf-Pesto

Für 1 kleines Glas

2 EL Hanfsamen
1 Knoblauchzehe
40 g glatte Petersilie
4 EL Sonnenblumenkerne
3 EL Olivenöl
1 EL Zitronensaft
Abrieb von ½ Bio-Zitrone
¼ TL Salz

**Zubereitungszeit:
10 Minuten**

Die Hanfsamen in einer Pfanne ohne Fett bei mittlerer Temperatur anrösten, bis sie braun werden und beginnen zu duften. Den Knoblauch schälen.

Die Petersilie waschen und die harten Stängel abschneiden.

Sonnenblumenkerne, die Hälfte der Hanfsamen sowie die restlichen Zutaten im Standmixer oder mit dem Stabmixer zu einem cremigen Pesto verarbeiten.

Die übrigen Hanfsamen unterrühren.

Hinweis: Dieses Pesto ist relativ dickflüssig und eignet sich sehr gut als Aufstrich für Brot oder als Unterlage auf einem Burger. Wer es jedoch ein wenig flüssiger haben möchte, fügt einfach noch mehr Wasser und/oder Olivenöl hinzu.

Das Pesto hält sich im Kühlschrank in einem luftdichten Gefäß für etwa 1 Woche. Es kann sich aber auch mehrere Monate halten, wenn man die Gläser zuvor sterilisiert. Dafür die Gläser samt Deckel in kochendes Wasser geben und 1 Minute kochen lassen. Dann herausnehmen und kurz auf einem Brett abkühlen lassen. Erst dann das Pesto einfüllen und verschließen.

Basilikum-Sonnenblumenkern-Pesto

Für 1 kleines Glas

1½ EL Sonnenblumenkerne
½ Knoblauchzehe
40 g Basilikum
1 EL Olivenöl
½–1 TL Zitronensaft
¼ TL Salz

**Zubereitungszeit:
10 Minuten**

Die Sonnenblumenkerne in einer Pfanne ohne Fett bei mittlerer Temperatur anrösten, bis sie braun werden und beginnen zu duften. Den Knoblauch schälen.

Alle Zutaten im Standmixer oder mit dem Stabmixer zu einem cremigen Pesto verarbeiten.

Paprika-Walnuss-Pesto

Für 1 kleines Glas

1 rote Paprikaschote
2 kleine Tomaten
20 g Walnüsse
1 EL Olivenöl
1 Prise Cayennepfeffer
Blättchen von
4 Thymianzweigen
½ TL Zitronensaft
Salz

**Zubereitungszeit:
40 Minuten**

Den Backofen auf 175 °C vorheizen. Die Paprikas waschen, halbieren, dann Kerne und weiße Trennwände entfernen. Die Tomaten waschen.

Die Paprikahälften mit den Tomaten im Ofen bei 175 °C etwa 30 Minuten backen, bis die Schale schwarz wird. Nach 25 Minuten den Backofengrill einschalten. Die Paprikas herausnehmen, abkühlen lassen und die schwarze Schale entfernen.

Die Tomaten eventuell etwas früher entnehmen, damit sie nicht verbrennen. Ebenfalls die dunkle Schale entfernen.

Alle Zutaten im Standmixer oder mit dem Stabmixer zu einem cremigen Pesto verarbeiten. Mit reichlich Salz abschmecken. Nicht wundern, das Pesto kann eine große Menge davon vertragen.

Ich püriere das Pesto nicht allzu lange, sodass noch Stückchen erhalten bleiben.

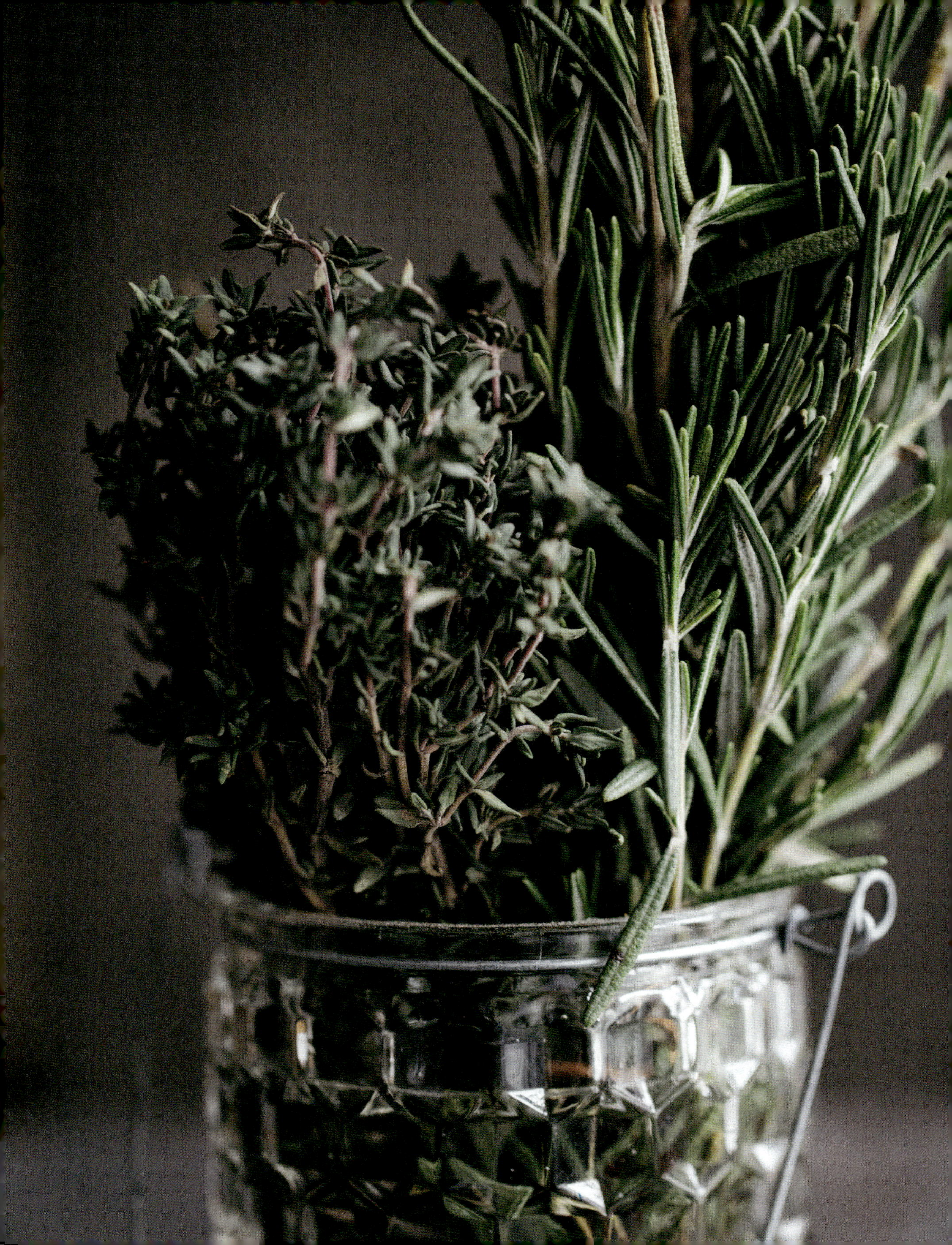

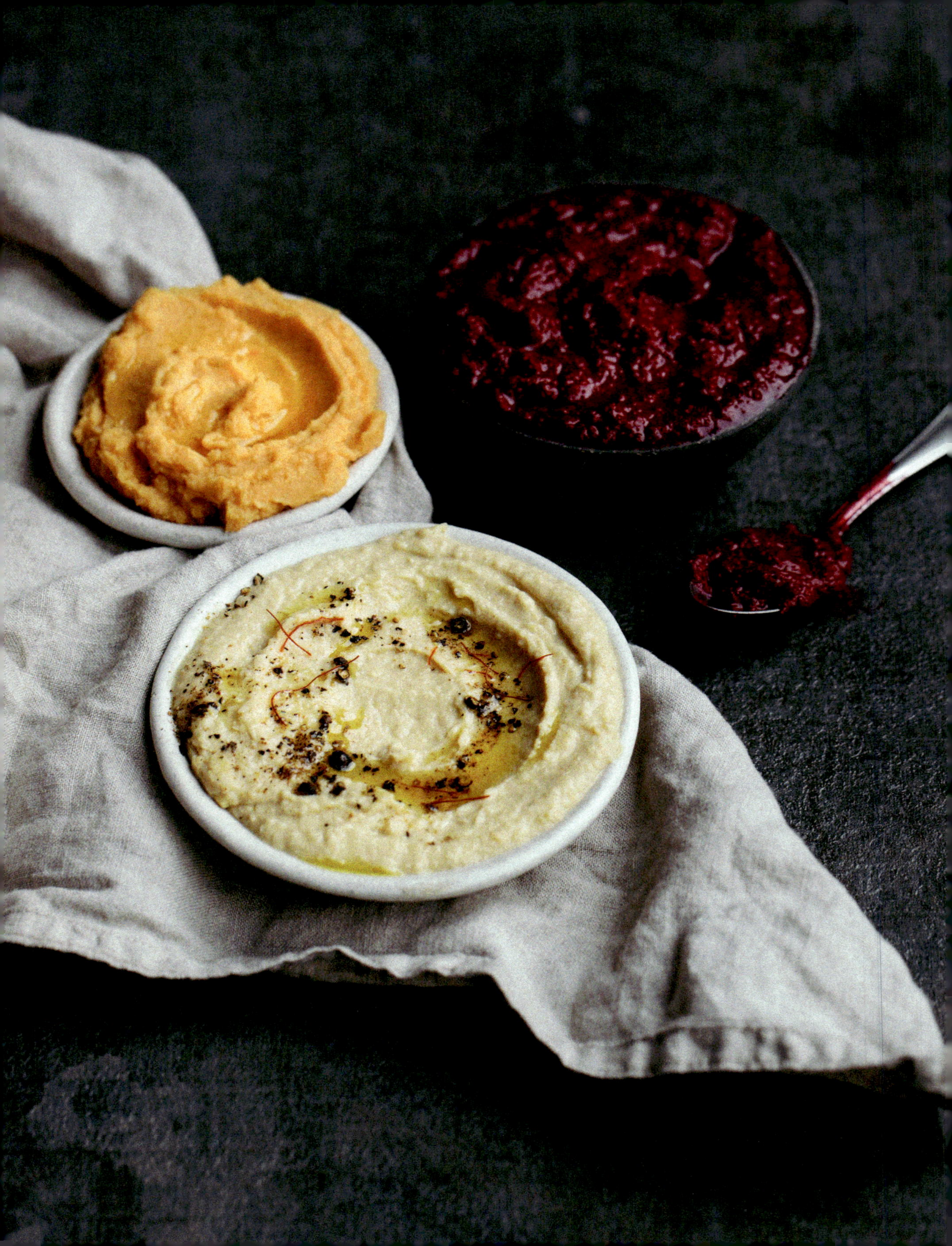

Hummus

Original Hummus

**Für 400 g /
4 Personen als Beilage**

250 g Kichererbsen (gekocht, aus dem Glas oder der Dose)
1 TL Zitronensaft
½ Knoblauchzehe
50 ml mildes Olivenöl
1–2 EL Tahini
½ TL gemahlener Kreuzkümmel
80 ml Wasser
¼–½ TL Meersalz

**Zubereitungszeit:
etwa 5 Minuten**

Kichererbsen abgießen.

Alle Zutaten in eine hohe Rührschüssel geben und mit einem Stabmixer zu einer geschmeidigen Creme verarbeiten. Alternativ kann hier auch ein Standmixer verwendet werden.

Rote-Bete-Hummus

**Für 400 g /
4 Personen als Beilage**

250 g Hummus (s.o.)
150 g rohe Rote Bete, geschält
1 TL Apfelessig
½ TL Meersalz

**Zubereitungszeit:
etwa 10 Minuten**

Alle Zutaten in eine hohe Rührschüssel geben und mit einem Stabmixer zu einer geschmeidigen Creme verarbeiten. Alternativ kann hier auch ein Standmixer verwendet werden.

> Die rohe Rote Bete funktioniert hier wunderbar. Wer möchte, kann sie auch in Alufolie wickeln und 30 Minuten im Backofen bei 180 °C backen. Dann schälen und mit dem Hummus pürieren.

HOMEMADE

Süßkartoffel-Hummus

**Für 400 g /
4 Personen als Beilage**

200 g Süßkartoffel
1 TL Olivenöl
200 g Hummus (siehe S.83)
Meersalz

**Zubereitungszeit:
etwa 40 Minuten**

Den Backofen auf 180 °C Umluft vorheizen.

Die Süßkartoffel schälen und in Würfel schneiden. Mit Olivenöl beträufeln. Die Süßkartoffelwürfel in Alufolie wickeln und im Ofen 30 Minuten backen.

Die gebackenen Süßkartoffelstücke gemeinsam mit dem Hummus in eine hohe Rührschüssel geben und mit einem Stabmixer zu einer geschmeidigen Creme verarbeiten. Nach Belieben mit Salz abschmecken. Alternativ kann hier auch ein Standmixer verwendet werden.

Hummus ist in einem luftdichten Gefäß etwa 1 Woche im Kühlschrank haltbar.

Alle Hummusvarianten können vor dem Servieren mit frischer Petersilie, etwas Chilipulver, Sesamsamen, einem kräftigen Schuss Olivenöl und Zitronensaft garniert werden.

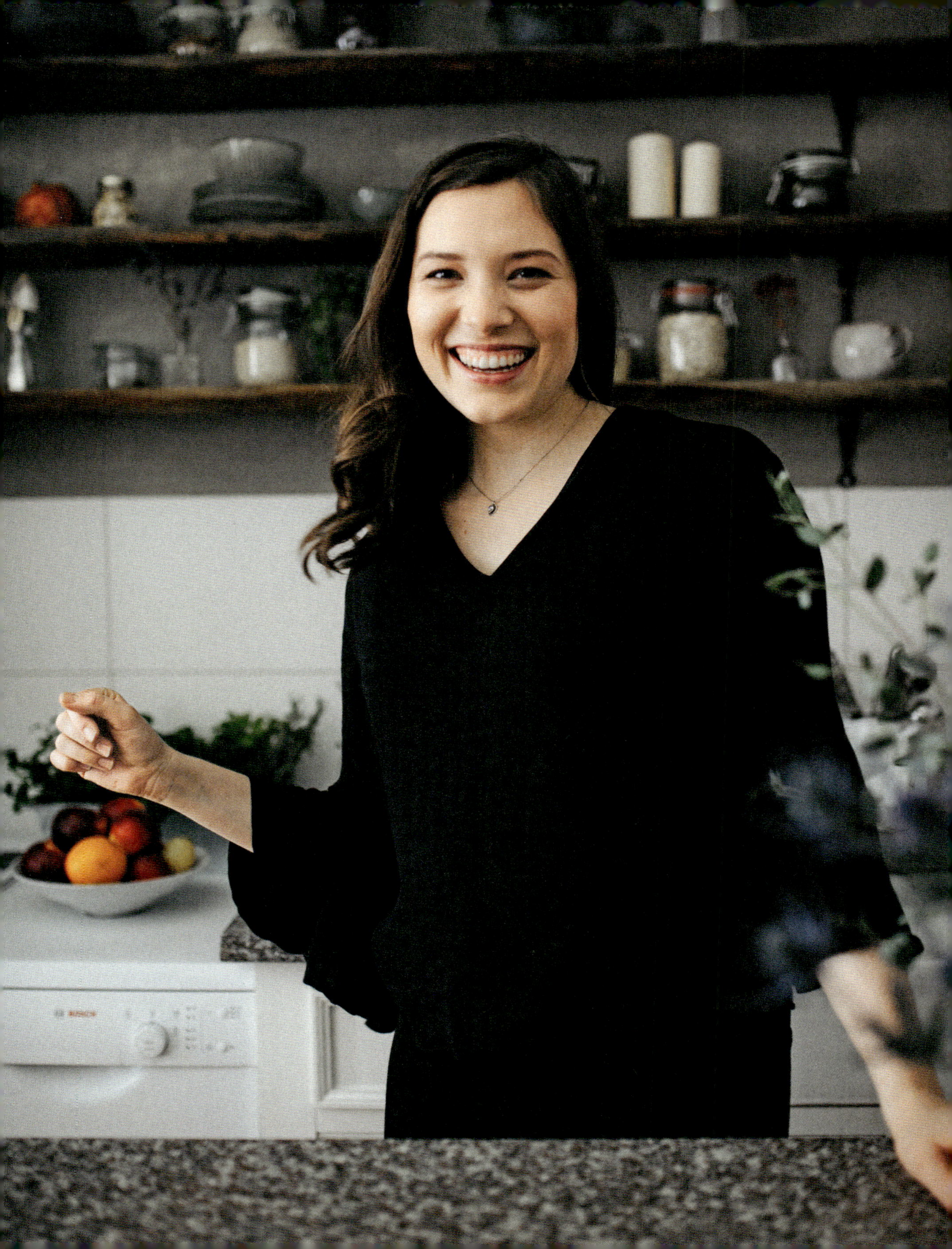

UNTER DER WOCHE

Da ich kein großer Fan von der Einteilung in »Mittag- und Abendessen« bin (denn wer weiß schon, worauf ich wann Lust habe), habe ich mich für eine andere Einteilung entschieden.
In diesem Kapitel – »Unter der Woche« – findet ihr schnelle und einfache Rezepte, die mit alltäglichen Zutaten zuzubereiten sind. Kein Rezept dauert länger als etwa 30 Minuten (viele auch weniger!) und sind damit besonders für wochentags hervorragend geeignet. Die Gerichte sind jeweils für 2 Personen ausgelegt, können aber auch leicht halbiert oder verdoppelt werden.

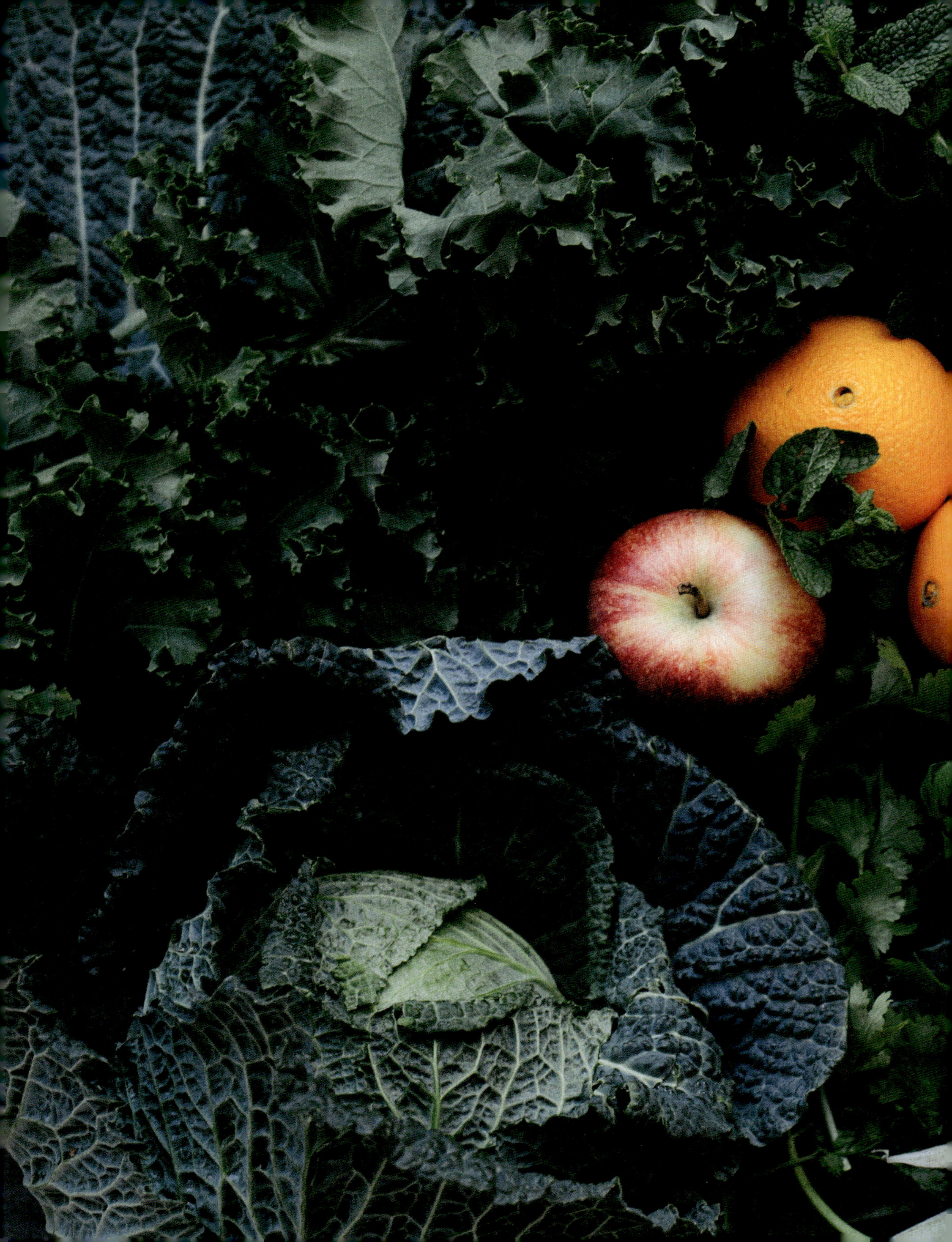

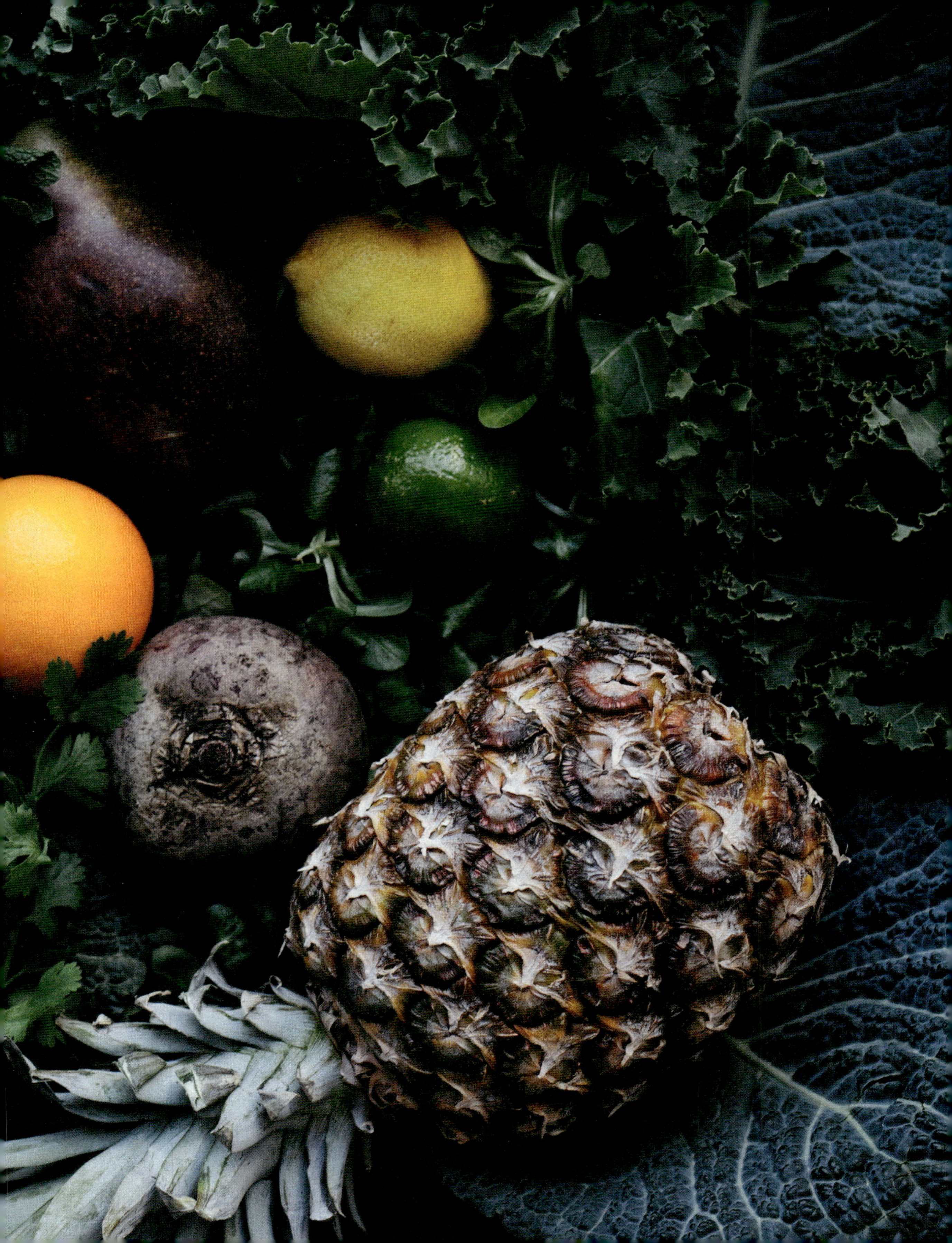

Frühlings-Bowl

Wer mir auf Instagram unter @livingthehealthychoice folgt, weiß, wie gerne ich mir köstlich farbenfrohe Bowls zusammenstelle. Für mich das ultimative Resteessen, wo man alle Überbleibsel aus dem Kühlschrank verwerten kann. Da ich versuche, so saisonal wie möglich zu essen, habe ich auf den folgenden Seiten meine typischen Vier-Jahreszeiten-Bowls zusammengestellt, angefangen mit dieser erfrischenden Frühlings-Schüssel!

Für 1 Bowl

50 g Hirse
1 Handvoll Feldsalat
5 Stangen Grüner Spargel
1½ EL Olivenöl
30 g Erbsen (tiefgekühlt)
½ Avocado
½ EL Zitronensaft
Meersalz
frisch gemahlener schwarzer Pfeffer

**Zubereitungszeit:
25 Minuten**

Die Hirse in einem feinen Sieb heiß abwaschen. Mit 150 ml Wasser zum Kochen bringen, etwas Salz dazugeben und bei mittlerer Temperatur 7–10 Minuten köcheln lassen. Von der Herdplatte nehmen, durchrühren und etwa 15 Minuten ausquellen lassen.

Den Feldsalat putzen, waschen und in der Salatschleuder trocken schleudern oder mit Küchenpapier trocken tupfen.

Den Spargel kurz mit Wasser abbrausen und die Enden abscheiden. In einer Pfanne etwas Olivenöl erhitzen und den Spargel bei mittlerer Temperatur rundum anbraten, sodass er leicht gebräunt ist, aber noch Biss hat. Mit Salz und Pfeffer würzen.

In einem Topf etwas Wasser zum Kochen bringen und die Erbsen kurz ins kochende Wasser geben, bis sie aufgetaut sind, anschließend abgießen.

Den Avocadokern entfernen und das Avocado-Fruchtfleisch in dünne Scheiben schneiden. Sofort mit etwas Zitronensaft beträufeln, damit es nicht braun wird.

Restlichen Zitronensaft, Olivenöl, Salz und Pfeffer in einer Schüssel zu einem Dressing verrühren, den Feldsalat zugeben und vermengen. Alle Komponenten in einer Bowl anrichten und mit Salz und Pfeffer würzen.

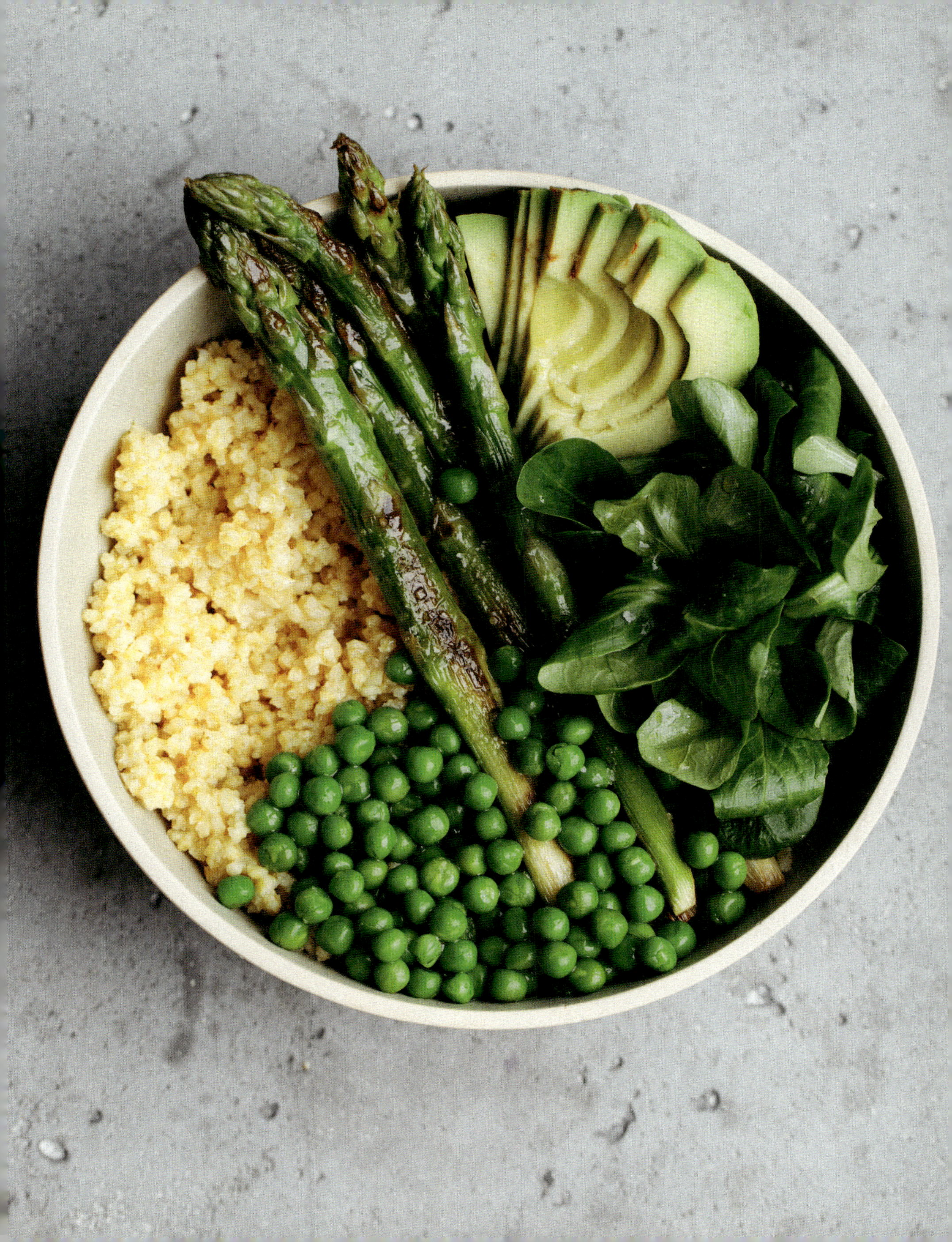

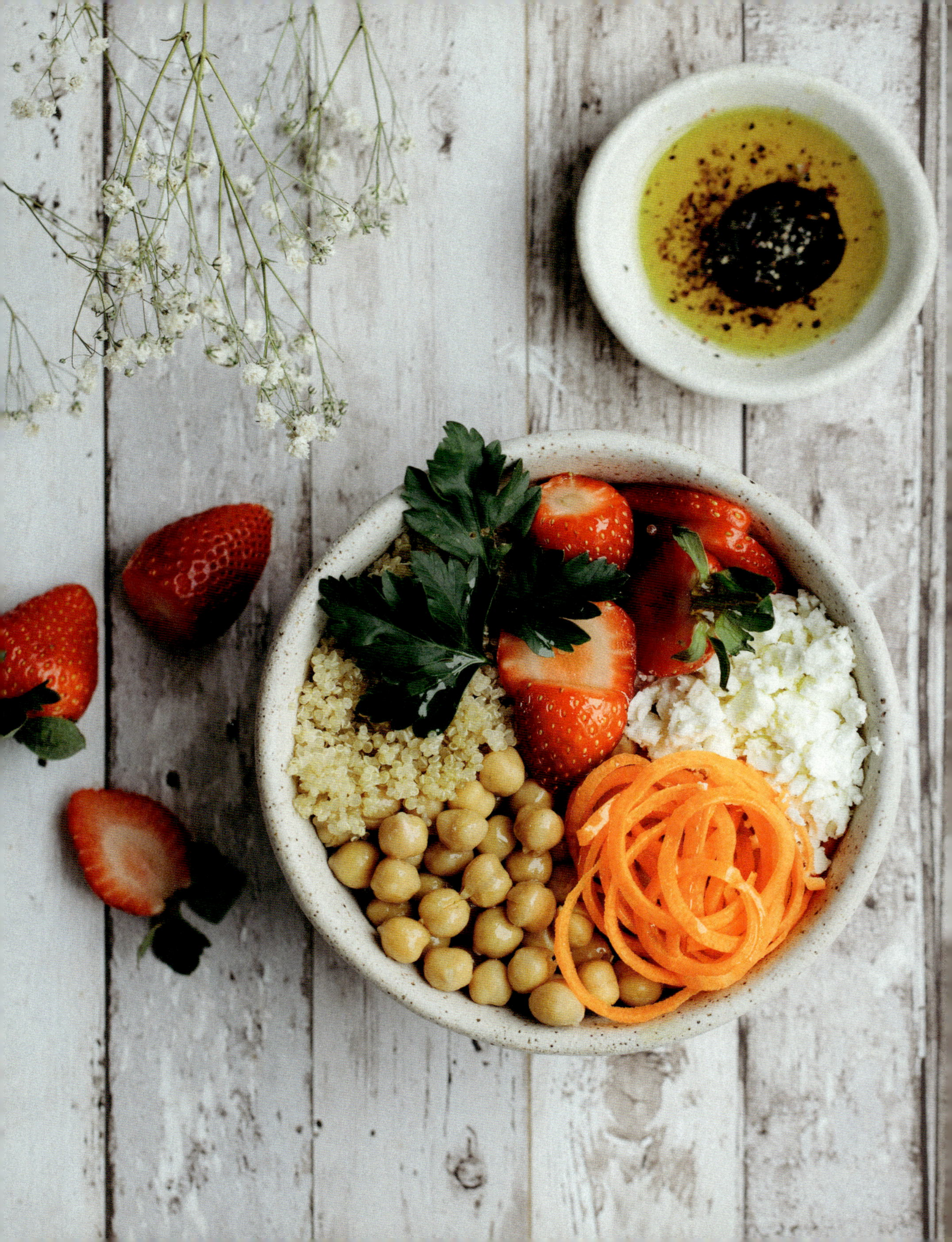

UNTER DER WOCHE

Sommer-Bowl

Das Schöne an dem Bowl-Prinzip ist, dass man ganz einfach Zutaten austauschen und ersetzen kann. Natürlich habe ich mir jeweils über die Zusammenstellung Gedanken gemacht und kann sie nur sehr empfehlen, aber wenn euch das ein oder andere fehlt, habt keine Scheu und schaut, was stattdessen dazu passen könnte. Diese Sommer-Bowl ist eine schöne Mischung aus süß und herzhaft und ein leichter Genuss für warme Sommertage.

Für 1 Bowl

50 g Quinoa
4–5 Erdbeeren
80 g Kichererbsen (aus dem Glas)
1 Karotte
50 g Feta
Salz und frisch gemahlener schwarzer Pfeffer
½ TL Balsamicoessig
½ EL Olivenöl
glatte Petersilienblätter

Zubereitungszeit: 20 Minuten

Die Quinoa in ein Sieb geben und gründlich waschen. Mit der doppelten Menge an Wasser zum Kochen bringen, etwas Salz dazugeben und bei niedriger Temperatur 10–15 Minuten köcheln lassen, bis das Wasser vollständig aufgesogen ist, die Quinoa aber noch Biss hat.

Die Erdbeeren waschen und halbieren. Die Kichererbsen in ein Sieb abgießen und gut abtropfen lassen. Die Karotte schälen und mit einem Spiralschneider zu »Spaghetti« verarbeiten. Alternativ in feine Streifen schneiden. Den Feta zerbröckeln.

Kompnenten in einer Bowl anrichten. Aus Salz, Pfeffer, Balsamico und Olivenöl ein Dressing anrühren und über den Zutaten verteilen. Mit Petersilie garnieren und servieren.

Herbst-Bowl

Für 1 Bowl

80 g Buchweizen
150 g Aubergine
4 getrocknete Tomaten in Öl
1½ EL Öl von den
getrockneten Tomaten
Salz und frisch gemahlener
schwarzer Pfeffer
1 EL Sonnenblumenkerne
60 g weiße Riesenbohnen
(aus der Dose)
1 Handvoll Rucola
1–2 EL geriebener Parmesan
(optional)

**Zubereitungszeit:
20 Minuten**

Den Buchweizen in ein Sieb geben und gründlich waschen. Mit der doppelten Menge an kaltem Wasser und einer Prise Salz bei hoher Temperatur aufkochen. Sobald das Wasser kocht, die Temperatur herunterschalten, einen Deckel aufsetzen und 10–12 Minuten ziehen lassen, sodass der Buchweizen noch etwas körnig ist. Dabei nicht rühren!

Die Aubergine waschen und in Würfel schneiden. Die getrockneten Tomaten klein schneiden und 1 EL des Öls in einer Pfanne erhitzen. Auberginenwürfel und Tomaten darin anbraten. Mit Salz und Pfeffer würzen.

Die Sonnenblumenkerne in einer Pfanne ohne Fett anrösten, bis sie leicht gebräunt sind.

Die Bohnen in ein Sieb abgießen und abtropfen lassen. Den Rucola waschen und zupfen.

Alle Komponenten in einer Bowl anrichten und zum Schluss mit dem restlichen Tomatenöl beträufeln. Wer möchte, streut noch etwas Parmesan darüber.

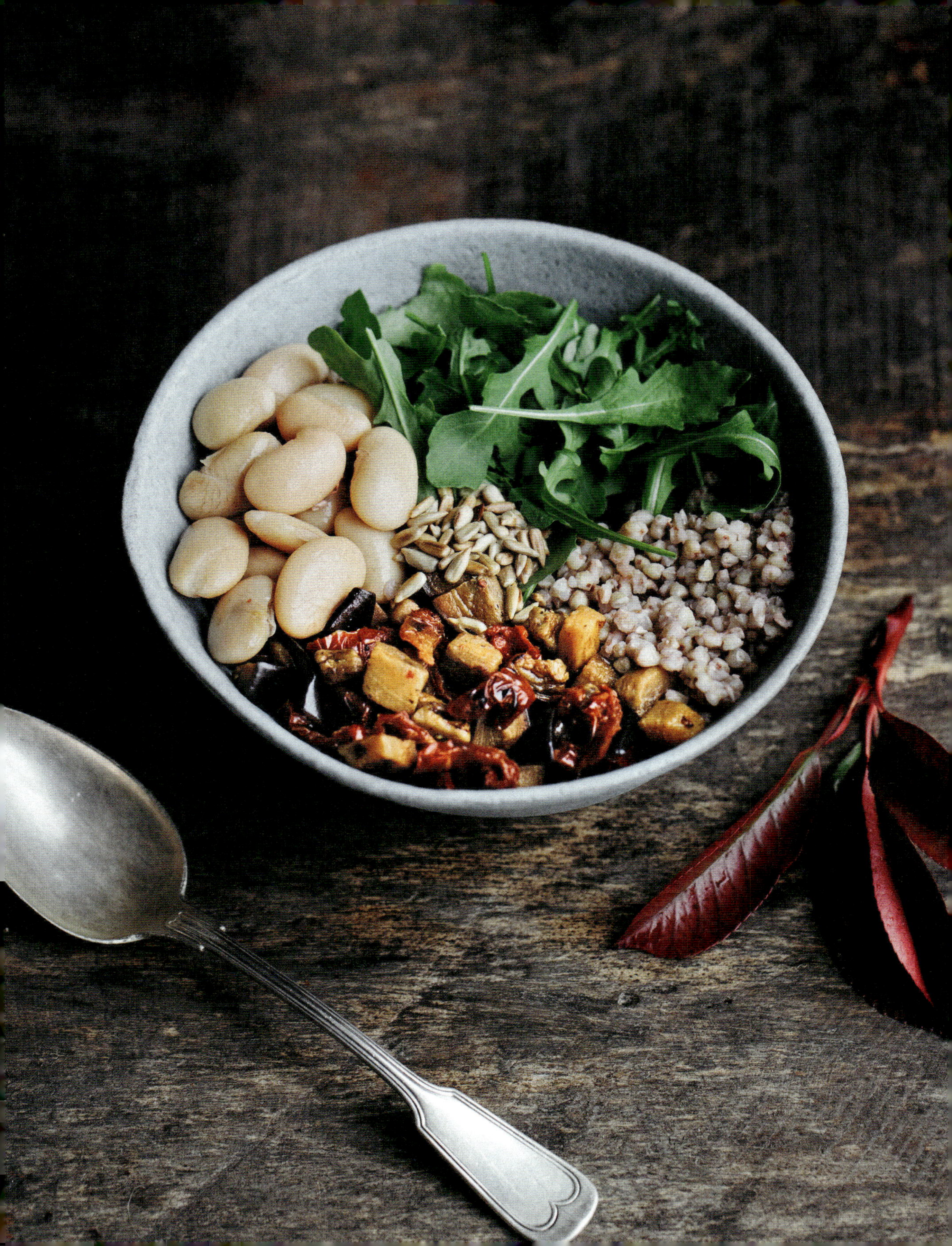

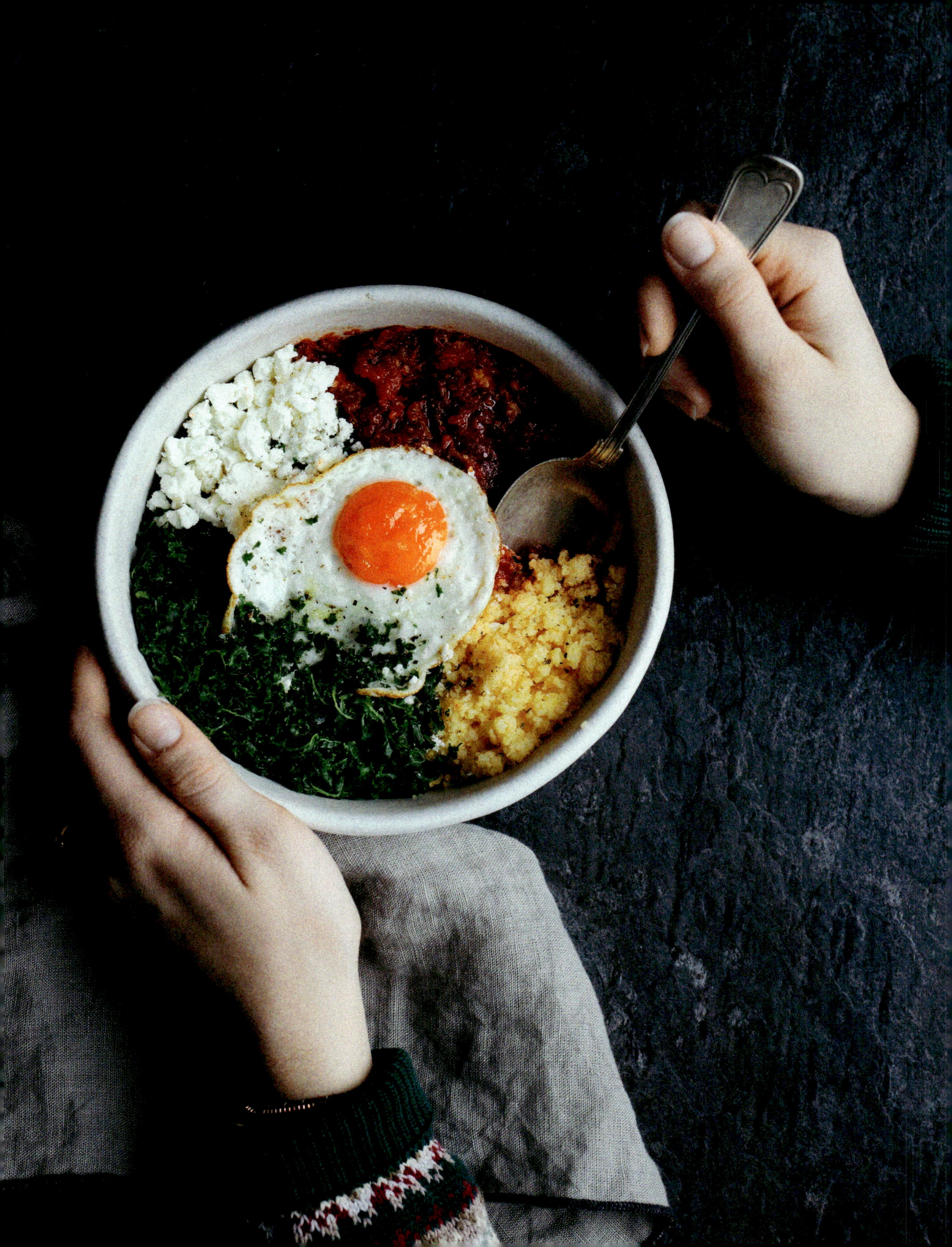

Winter-Bowl

Ich liebe Maisgrieß, bei den meisten wahrscheinlich als Polenta bekannt. Die Konsistenz erinnert mich an Kartoffelbrei und die Zubereitung ist sehr einfach, aber vielfältig. In diesem Rezept, in Kombination mit einer gut gewürzten Tomatensauce, gesundem Grünkohl und Feta entsteht hier eine äußerst wohltuende, unkomplizierte und winterliche Bowl – perfekt für einen gemütlichen Sofa- und Serien-Abend.

Für 1 Bowl

60 g Polenta
2 Prisen Salz
25 g Grünkohlblätter
1 EL Olivenöl, plus 1 TL zusätzlich
1 kleine rote Zwiebel
1 kleine Knoblauchzehe
150 g gehackte Tomaten (aus der Dose)
Blätter von 1 Thymianzweig
Salz und frisch gemahlener schwarzer Pfeffer
1 Ei
40 g Feta

Zubereitungszeit: 20 Minuten

Die Polenta nach Packungsangabe zum Kochen bringen und 1 Prise Salz einrühren. Von der Herdplatte nehmen und mindestens 5 Minuten ziehen lassen.

Die Grünkohlblätter vom Stiel trennen, gründlich waschen und abtrocknen. In einer Schüssel mit ½ EL Olivenöl sowie 1 Prise Salz mischen und 2 Minuten massieren, sodass der Grünkohl weicher wird.

Die Zwiebel schälen und in Würfel schneiden. Den Knoblauch schälen und hacken. 1 TL Olivenöl in einem kleinen Topf erhitzen und die Zwiebel darin glasig dünsten. Den Knoblauch dazugeben und kurz weiterdünsten, dann Tomaten und Thymian zufügen und aufkochen. Mit Salz und Pfeffer abschmecken und noch ein paar Minuten köcheln lassen.

In der Zwischenzeit in einer Pfanne das restliche Olivenöl bei mittlerer Temperatur erhitzen, das Ei in die Pfanne schlagen und etwa 5 Minuten zu Spiegelei braten.

Polenta, Grünkohl und Tomatensauce in einer Bowl anrichten. Den Feta zerkrümeln und dazugeben. Das Spiegelei daraufsetzen und noch warm servieren.

UNTER DER WOCHE

Super grüne Pasta

Wenn es eines gibt, was ich jeden Tag essen könnte, dann sind es Nudeln. Jeden Tag – egal zu welcher Tageszeit. Wo es bei mir früher ganz strikt Penne mit Käse gab, habe ich mittlerweile meinen Pastasaucen-Horizont etwas erweitert. So greife ich nun meist auf selbst gemachtes Pesto wie dieses hier zurück, in das ich so viel grüne Zutaten wie möglich integriere. (Auch eine sehr gute Art, Reste zu verwerten!)

Für 2 Personen

200–240 g Dinkelvollkorn-Fusilli / -Spirelli
60 g Spinat
60 g Erbsen (tiefgekühlt)
1 Avocado
½ Knoblauchzehe
1 EL Zitronensaft
½ EL Olivenöl
½–1 TL Salz
1 EL Sonnenblumenkerne

**Zubereitungszeit:
15 Minuten**

Anstelle von Dinkelvollkornnudeln passen hier auch Buchweizennudeln sehr gut!

In einem Topf die Pasta nach Packungsangabe kochen.

Den Spinat waschen und abtrocknen.

In einem Mixer alle Zutaten, bis auf die Sonnenblumenkerne, für das grüne Pesto zu einer gleichmäßigen Masse zerkleinern lassen. Alternativ kann hier ein Stabmixer verwendet werden. Mit Salz abschmecken.

Sonnenblumenkerne in einer kleinen Pfanne ohne Fett bei mittlerer Temperatur anrösten, bis sie leicht bräunlich werden.

Das Nudelwasser abgießen und im Topf Pesto und Nudeln vermengen. Da das Pesto kalt ist, auf der Herdplatte unter ständigem Rühren erwärmen.

Auf zwei Schüsseln verteilen und mit Sonnenblumenkernen toppen.

Falls erwünscht, 1–2 Esslöffel Erbsen kurz vor dem Abgießen der Nudeln ins kochende Wasser geben.

Außerdem: Je nach gewünschter Pesto- und Nudelmenge, nicht das komplette Pesto verwenden. Das Pesto schmeckt toll auf Brot oder als Dressing für einen Salat und kann im Kühlschrank in einem luftdichten Gefäß aufbewahrt werden.

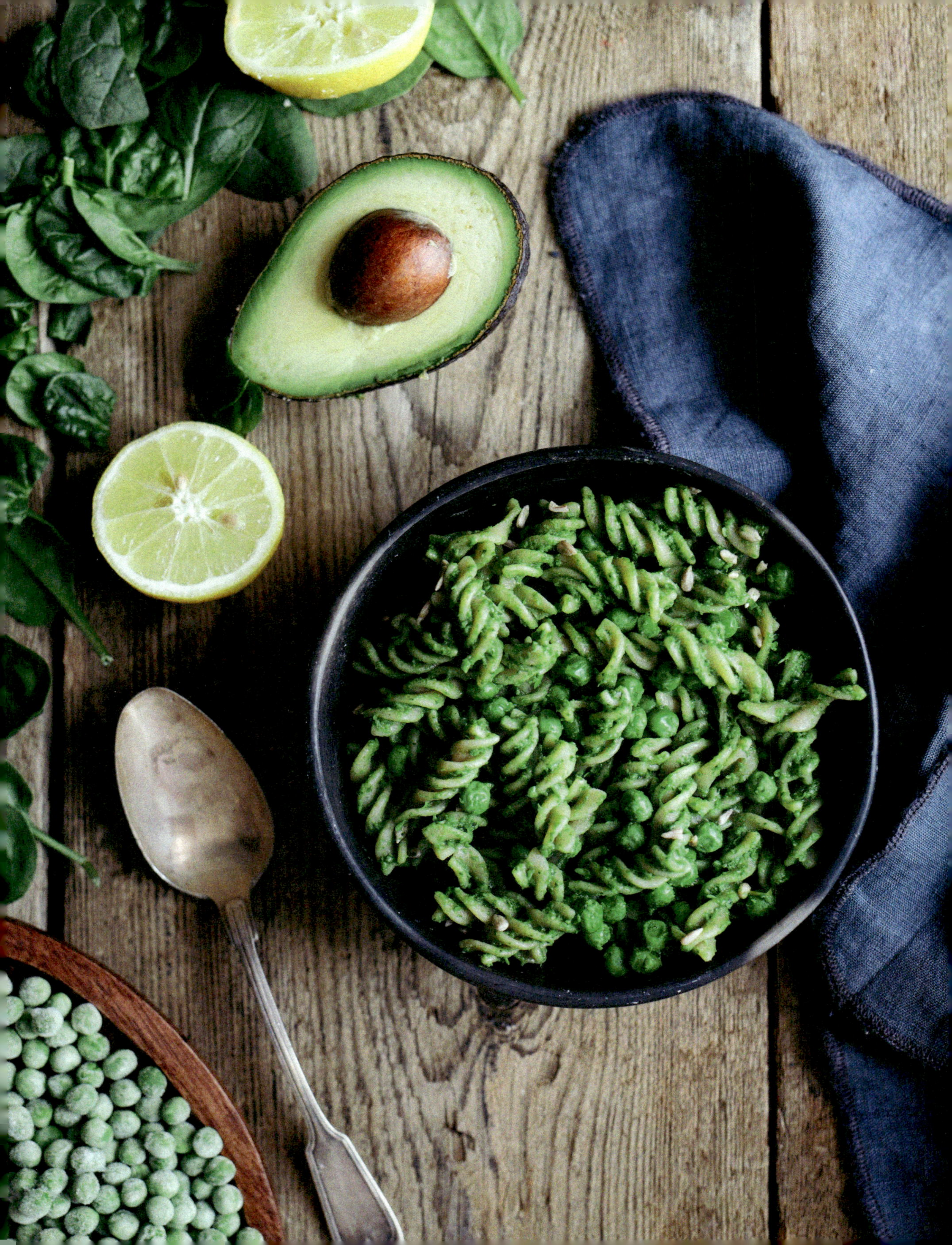

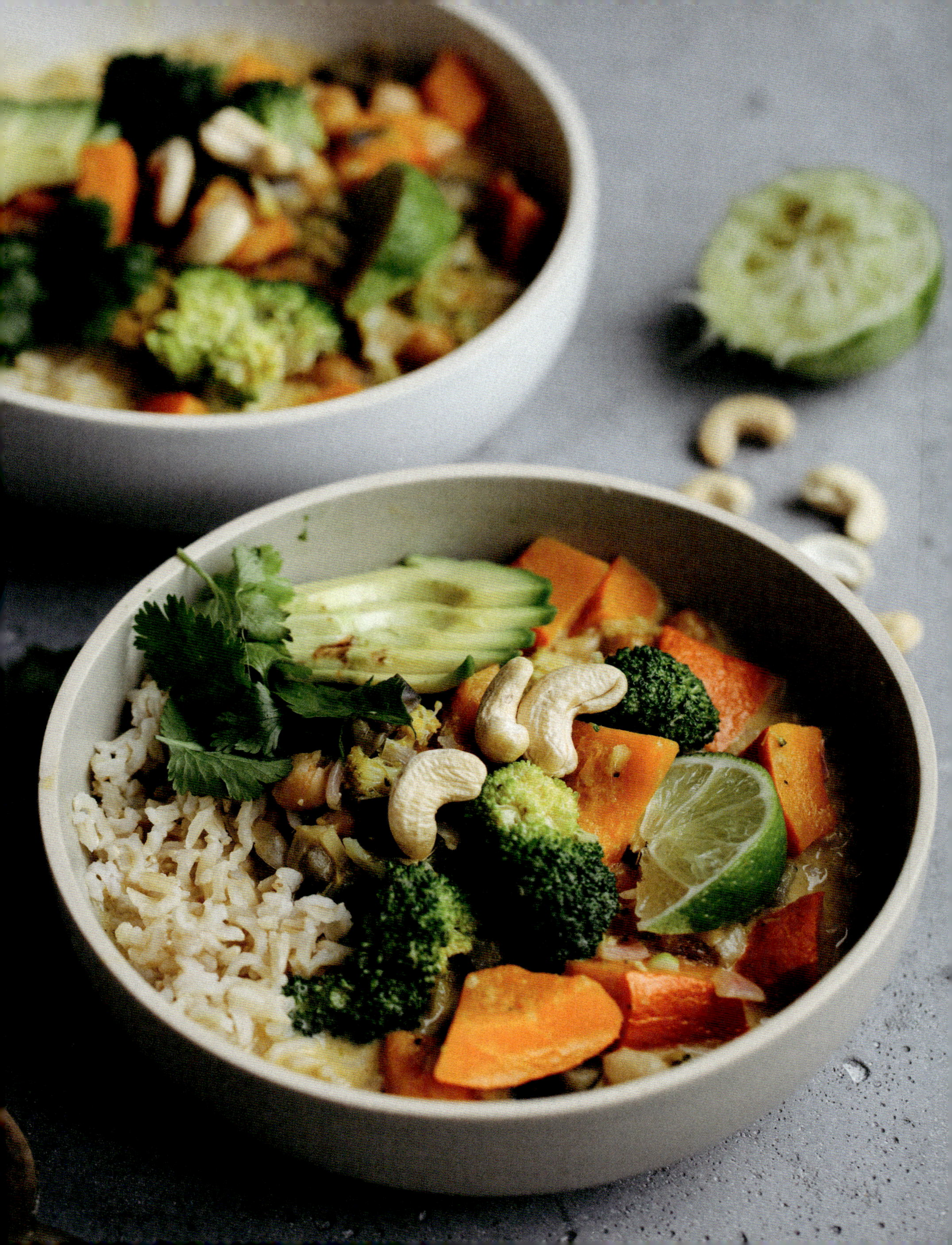

UNTER DER WOCHE

Limetten-Curry

Für 2 Personen

1 Schalotte
25 g Ingwer
1 Knoblauchzehe
2 EL Kokosöl
2–3 EL grüne Currypaste
150 g Brokkoli, in Röschen
½ Aubergine
300 g Hokkaido-Kürbis
150 g Kichererbsen
(aus der Dose)
300 ml Kokosmilch
1 TL Salz
100 g Naturreis
1 EL Bio-Limettensaft
1 TL Bio-Limettenabrieb

Zum Garnieren:
1 Avocado, in Scheiben
Koriander
1 Handvoll Cashews
1 Bio-Limette, in Scheiben

**Zubereitungszeit:
etwa 30 Minuten**

Reis nach Packungsansweisung kochen.

Die Schalotte schälen und klein schneiden, Ingwer und Knoblauch schälen und klein hacken. In einem großen Topf das Kokosöl auf mittlere Temperatur erhitzen, dann Schalotte, Ingwer und Knoblauch etwa 3 Minuten darin andünsten. Die Currypaste zugeben und 30 Sekunden mitrösten.

Brokkoli, Aubergine und Kürbis waschen. Den Brokkoli in kleine Röschen, die Aubergine und den Kürbis in kleine Stücke schneiden. Das Gemüse und die Kichererbsen in den Topf geben, kurz anbraten und umrühren.

Anschließend Kokosmilch und 100 ml Wasser dazugeben und aufkochen lassen. Mit Salz abschmecken. Die Temperatur herunter schalten und alles etwa 15 Minuten köcheln lassen, bis der Kürbis gar ist.

Limettensaft und -abrieb etwa 3 Minuten vor Ende der Garzeit dazugeben.

Den Reis auf Tellern anrichten und das Limetten-Curry daraufgeben. Mit Avocadoscheiben, Koriander, ein paar Cashews sowie Limettenspalten garnieren.

Dal

Oh Dal – auch wenn ich dich über den gesamten Kochbuchprozess hinweg unterschiedlich geschrieben habe (Daal geht nämlich auch), ich mag dich gerne. Einfach, schnell und lecker!

Für 2 Personen

1 große Zwiebel
2 Knoblauchzehen
1 cm Stück Ingwer
1½ EL Kokosöl
1 Prise Kreuzkümmel
½ TL gemahlene Kurkuma
¼ TL Garam Masala
150 g rote Linsen
200 g gehackte Tomaten (aus der Dose)
1 EL Tomatenmark
1 Prise Cayennepfeffer
100 ml Kokosmilch
1 Handvoll frischer Spinat
½ TL Salz

Zubereitungszeit: 35 Minuten

Zwiebel und Knoblauch schälen, die Zwiebel in feine Würfel schneiden, den Knoblauch fein hacken. Den Ingwer schälen und reiben.

Das Kokosöl mit 1 EL Wasser in einem großen Topf erhitzen, dann Zwiebel, Knoblauch und Ingwer dazugeben. Mit Kreuzkümmel, Kurkuma und Garam Masala bestreuen und alles 2–3 Minuten bei mittlerer Temperatur andünsten.

250 ml Wasser, Linsen, Tomaten, Tomatenmark sowie Cayennepfeffer zugeben, zum Kochen bringen und 15 Minuten abgedeckt köcheln lassen.

Zum Schluss Kokosmilch und Spinat zufügen, mit Salz abschmecken und bei niedriger Temperatur 10 Minuten ziehen lassen.

Wer möchte, kann zum Dal noch Reis servieren. Naturreis oder schwarzer Reis passen zum Beispiel sehr gut!

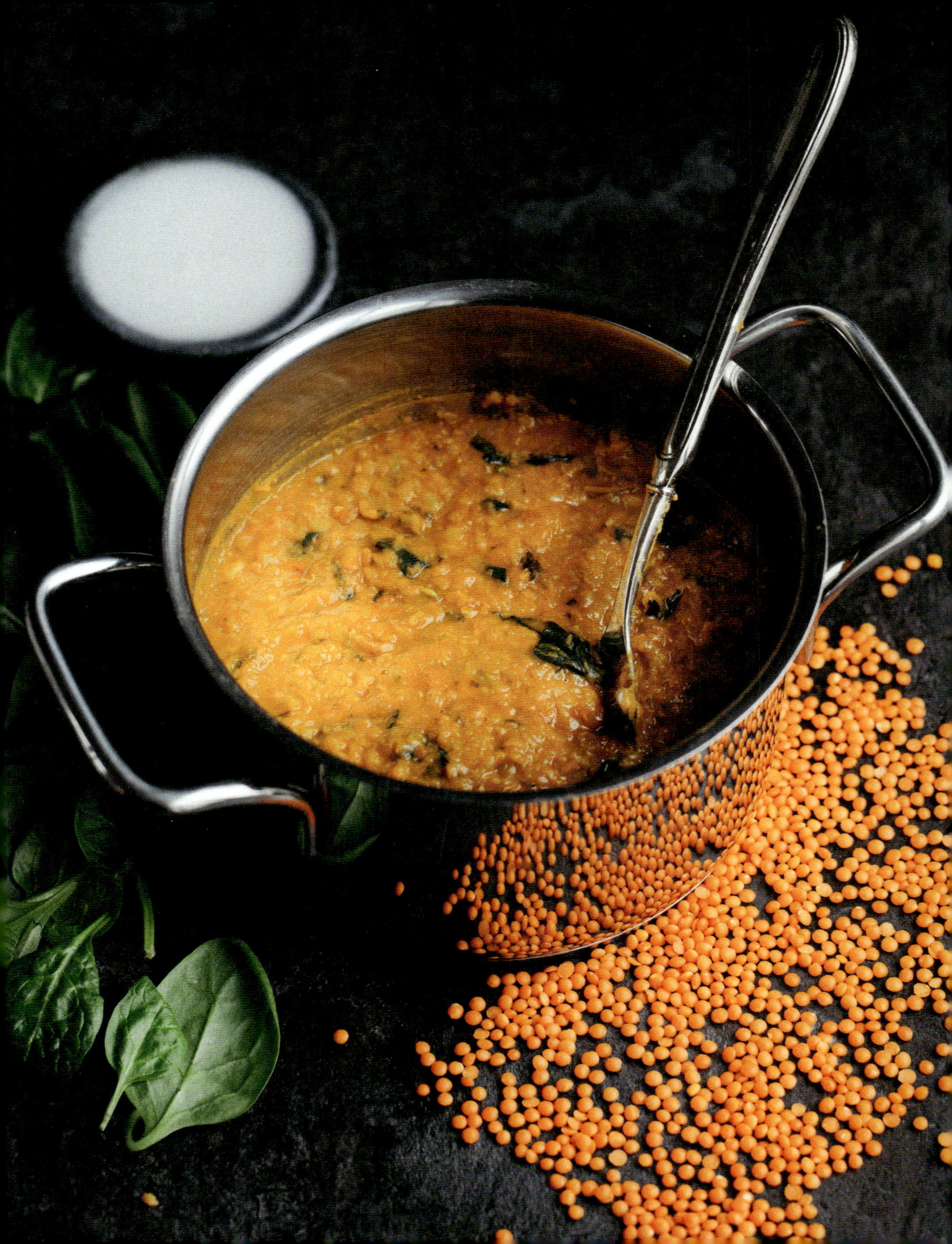

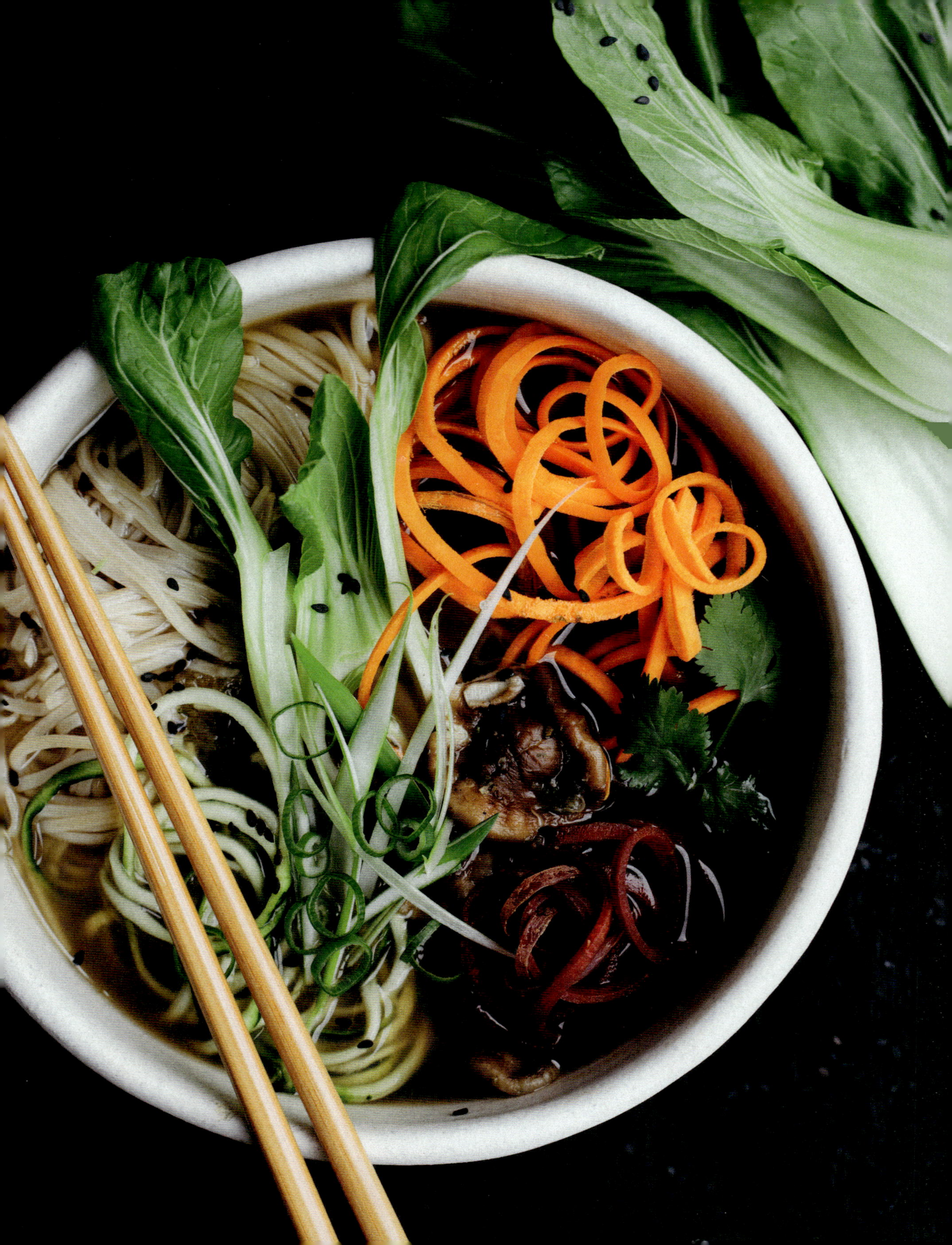

Pak-Choi-Suppe mit Zucchini-Karotten-Nudeln

Ich liebe vietnamesisches Essen. Frisches Gemüse, viele Kräuter und raffiniert gewürzte Brühen – ich hoffe sehr, dass ich mich nie daran satt essen werde.

Auch wenn ich, zugegebenermaßen, nicht oft vietnamesisch koche – da ich diese Art der Küche gerne den Profis überlasse und es zum Glück ein recht erschwingliches kulinarisches Erlebnis ist – wollte ich unbedingt diese Suppe mit aufnehmen. Meine eigene kleine Variation einer vegetarischen Pho.

Für 2 Personen

1 großes Stück Ingwer, 1–2 cm groß
1 Knoblauchzehe
1 l Gemüsebrühe oder Misobrühe
1 TL asiatisches Fünf-Gewürzpulver, aus dem Asialaden
150 g Pak Choi
1 Karotte
½ Zucchini
90 g braune Reisnudeln
40 frische Shiitakepilze oder 100 g Champignons
1 EL Tamari
frisch gemahlener schwarzer Pfeffer

Den Ingwer schälen und in feine Streifen schneiden. Den Knoblauch schälen und in feine Scheiben schneiden.

In einem großen Topf die Gemüsebrühe mit Ingwer, Knoblauch und dem Fünf-Gewürze-Pulver zum Kochen bringen; 10 Minuten sanft köcheln lassen.

In der Zwischenzeit den Pak Choi von den äußeren Blättern befreien, gründlich waschen und quer in Streifen schneiden.

Die Karotte und die Zucchini waschen und mit einem Spiralschneider zu Spaghetti »drehen«. Wenn ihr keinen Spiralschneider habt, beides einfach in feine lange Streifen schneiden. Die Nudeln nach Packungsanweisung in einem zweiten Topf kochen, anschließend abgießen.

Die Pilze putzen und je nach Größe halbieren oder vierteln.

Weiter auf Seite 106

1 Spritzer Limetten- oder
Zitronensaft
1 TL Sesamöl
1 Frühlingszwiebel
zum Garnieren
schwarze Sesamsamen
zum Garnieren
½ Bund frischen Koriander

**Zubereitungszeit:
etwa 25 Minuten**

Zuerst die Karotten in die Brühe geben und 3 Minuten mitköcheln lassen, dann die Temperatur herunterschalten und nur noch leicht köcheln lassen. Zucchini, Pak Choi und Pilze dazugeben.

Mit Tamari, Pfeffer, einem Spritzer Limetten- oder Zitronensaft und etwas Sesamöl abschmecken. Die Suppe etwa 3 Minuten ziehen lassen und anschließend mit den Nudeln auf zwei Schüsseln verteilen.

Die Frühlingszwiebeln waschen und in lange Streifen schneiden. Koriander waschen, trocken tupfen und die Blätter abzupfen. Korianderblätter und Sesam auf die Suppe streuen. Nach Geschmack mit Tamari nachwürzen.

Wer's farbig mag, verwendet einfach bunte Karotten!

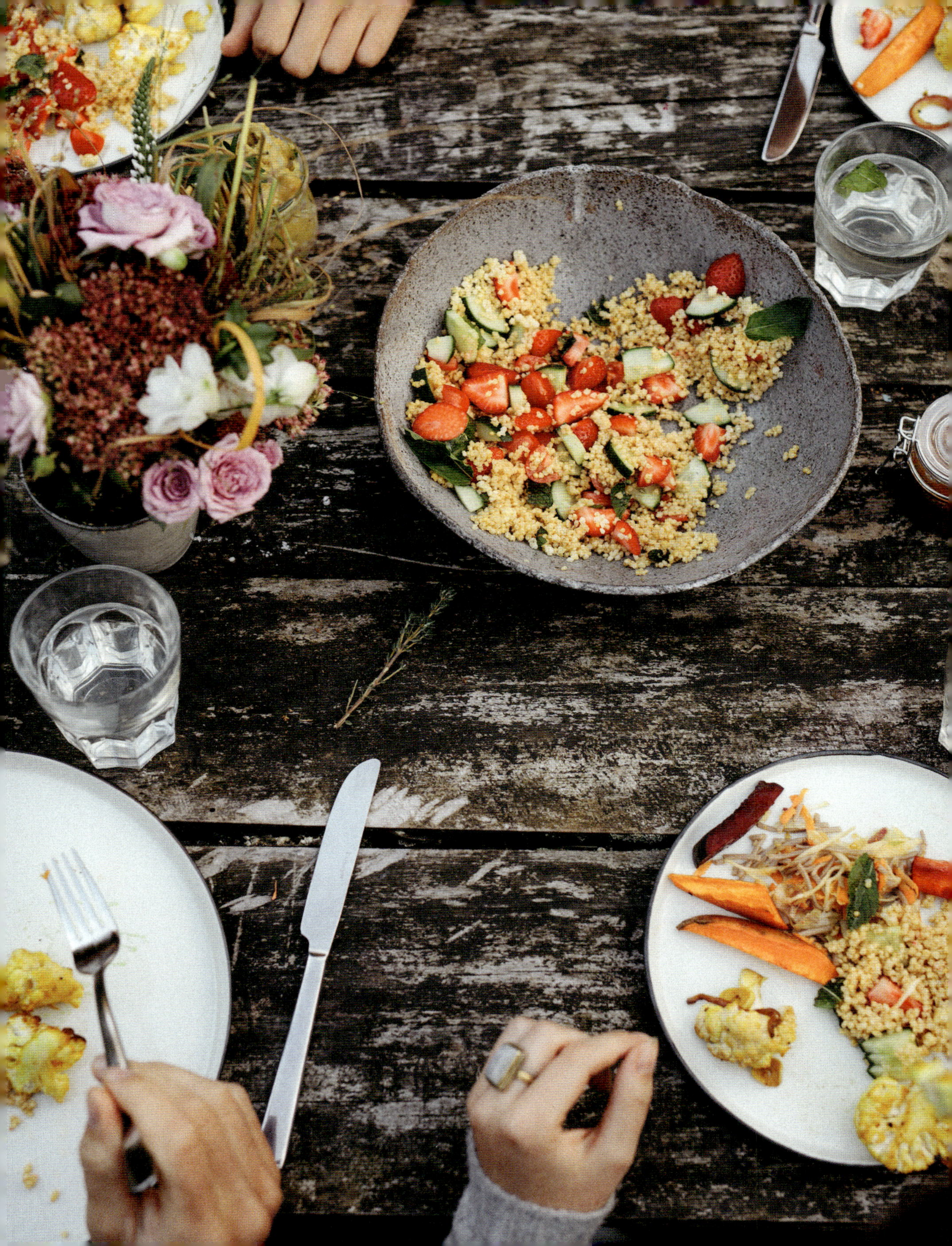

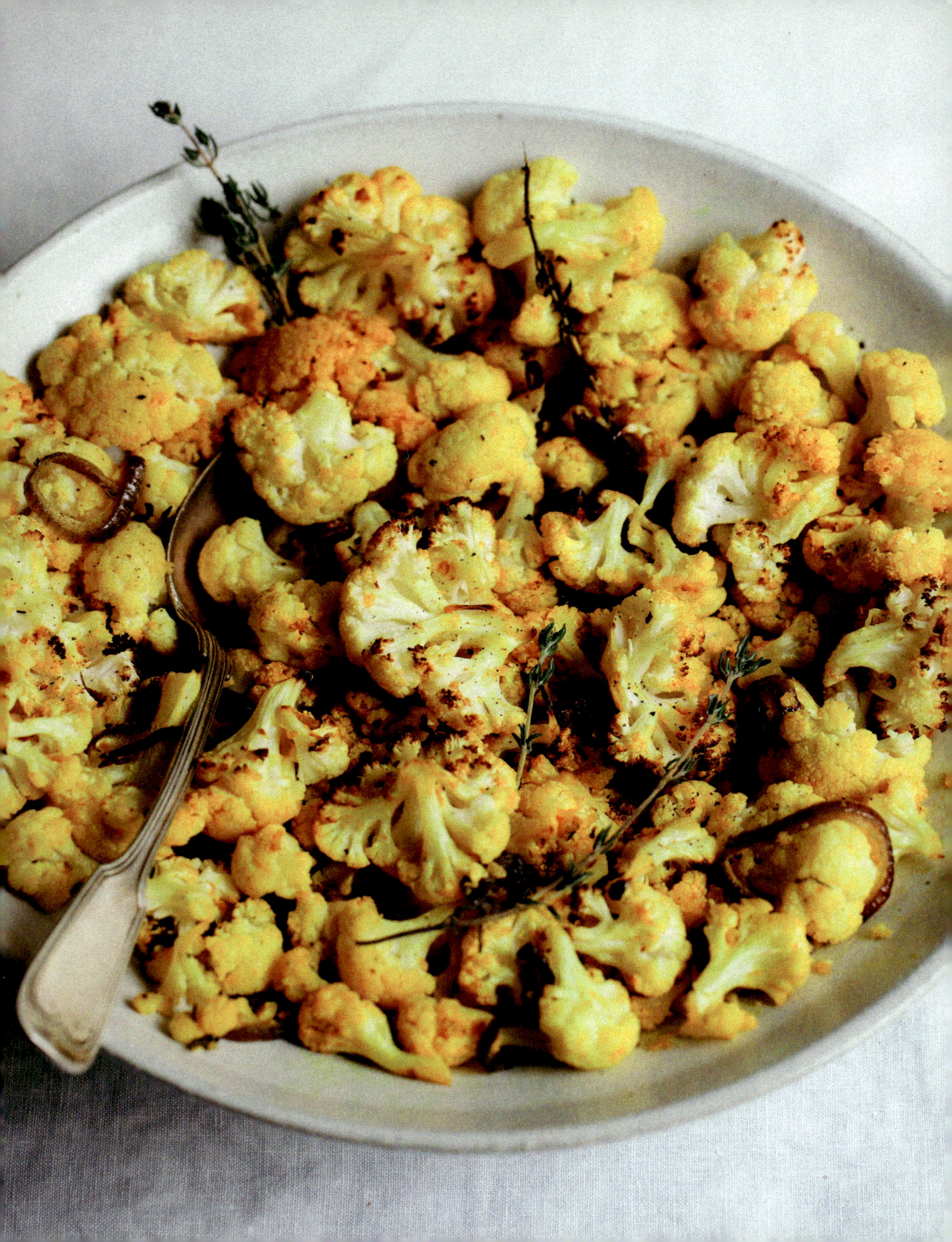

Gerösteter Kurkuma-Blumenkohl

Kurkuma ist ein Gewürz, das ich versuche, häufig in meinen Gerichten zu verwenden. Es besitzt unheimlich gute Inhaltsstoffe, gilt als Heilpflanze und wirkt entzündungshemmend. Kurkuma kommt in Kombination mit schwarzem Pfeffer besonders zur Geltung, da es die Aufnahme seiner Inhaltsstoffe in unseren Körper erleichtert. Zusammen mit Blumenkohl und Thymian im Ofen geröstet, entsteht eine wunderbare Geschmacksharmonie.

Für 2 als Hauptgericht, als Beilage für 4 Personen

2 Blumenkohl-Köpfe
1 Zwiebel
3 Knoblauchzehen
3–4 EL Olivenöl
1 EL Balsamicoessig
1 TL gemahlene Kurkuma
½ TL Salz
frisch gemahlener schwarzer Pfeffer
3–4 Thymianzweige

Zubereitungszeit: 25 Minuten

Wer möchte, kann das Gericht zum Servieren mit weiterem Thymian oder gehackter Petersilie garnieren.

Den Backofen auf 180 °C vorheizen. Die Röschen mit einem Messer vom Blumenkohl schneiden, in ein Sieb geben und gut waschen.

Die Zwiebel schälen und in Ringe schneiden.

Den Knoblauch schälen, mit der Knoblauchpresse zerdrücken und in eine große Schüssel geben. Olivenöl, Balsamico, Kurkuma sowie Salz und Pfeffer zugeben und alles gut verrühren. Den Thymian waschen, trocknen, die Blättchen abzupfen und dazugeben.

Den Blumenkohl und die Zwiebel in die Würzmischung geben und alles gründlich verrühren, sodass das Gemüse gut mit dem Dressing überzogen ist.

Den gewürzten Blumenkohl auf ein mit Backpapier ausgelegtes Backblech geben und im Ofen etwa 20 Minuten rösten.

Nach der Hälfte der Zeit einmal wenden, sodass der Blumenkohl von allen Seiten gleichmäßig bräunen kann.

Wurzelgemüse mit Zwiebeln und Rosmarin

Ich muss ja zugeben, dass mir im Winter nur sehr selten nach Rohkost-Salaten ist. Sobald es draußen kalt wird, ist mein Ofen an und hinein wandert alles, was ich an Gemüse finden kann. Dieses Rezept basiert auf verschiedenen Wurzelgemüsen, die durch ein leckeres Dressing aus Olivenöl, Balsamico und Ahornsirup im Ofen geschmackvoll rösten.

Für 2 Personen oder für 4 Personen als Beilage

2 Rote Beten
4 Karotten
3 Pastinaken
1 große rote Zwiebel
2 EL Olivenöl, plus etwas zum Einpinseln
1 EL Balsamicoessig
1 TL Ahornsirup
1 TL gemahlener Rosmarin oder 1 TL gehackte Rosmarinnadeln
½ TL Meersalz
1 Knoblauchknolle

Zubereitungszeit: 50 Minuten

Kartoffeln würden hier auch wunderbar passen, ebenso Knollensellerie, Schwarzwurzeln und Radieschen.

Den Backofen auf 180 °C vorheizen.

Die Rote-Bete-Knollen mit einem Sparschäler schälen und in 1 cm dicke Scheiben schneiden. Da Rote Bete die Finger färbt, am besten für diese Arbeit Einweghandschuhe tragen.

Karotten und Pastinaken waschen, gegebenenfalls schälen und – je nach Größe – der Länge nach halbieren oder vierteln. Die Zwiebel schälen und in Ringe schneiden. Mit den restlichen Zutaten, bis auf den Knoblauch, in einer Schüssel gut vermengen.

Das obere Stück der Knoblauchknolle abschneiden, sodass die Zehen freigelegt sind. Die Knoblauchknolle mit ein wenig Olivenöl einpinseln.

Alle Zutaten auf einem Backblech verteilen, die Knoblauchknolle mitten hineinsetzen und alles 35–40 Minuten im Ofen rösten. Zwischendurch einmal wenden, damit alles schön gleichmäßig bräunt. Wer mag, kann die gerösteten Knoblauchzehen auch mitessen – sie verleihen dem ganzen Gericht den besonders würzigen Kick.

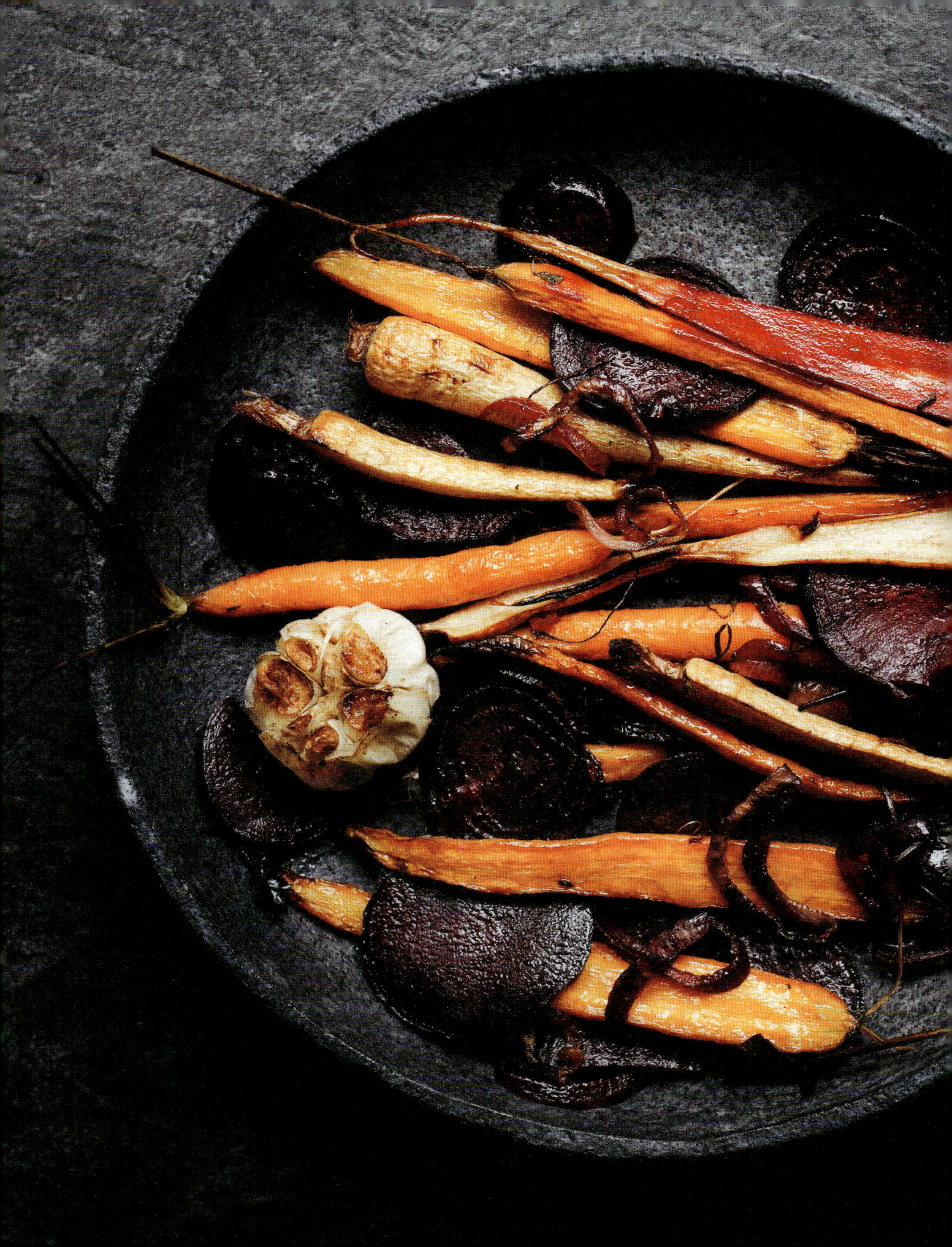

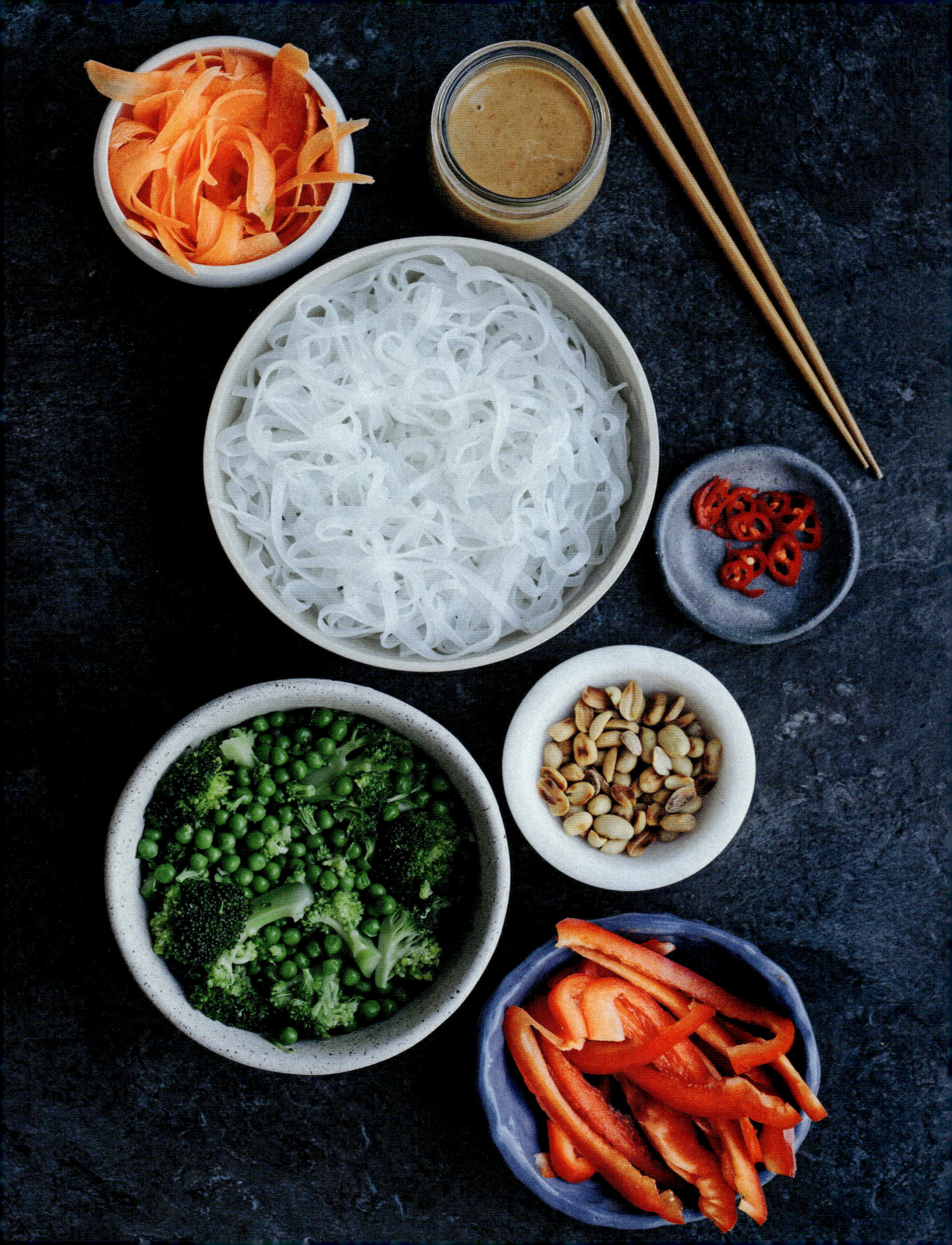

Glasnudel-Salat mit Erdnussdressing

Für 2 Personen

120 g Glasnudeln
200 g Brokkoli
80 g Erbsen (tiefgekühlt)
½ rote Paprikaschote
1 Karotte

Für das Erdnussdressing:
2 ½ EL Erdnussbutter
2 ½ EL Wasser
1 ½ EL Sojasauce
½ EL Zitronensaft
1 EL Sesamöl
1 EL Honig
1 EL weißer Essig
(alternativ Reisessig)
½ Knoblauchzehe, gehackt
¼ Chilischote, gehackt

Für das Topping:
2 Handvoll Erdnüsse
Chiliflocken zum Garnieren
oder frische Chiliringe

Zubereitungszeit:
etwa 20 Minuten

Die Glasnudeln nach Packungsangabe kochen und mit kaltem Wasser abschrecken.

Den Brokkoli waschen, in kleine Röschen scheiden und in kochendem Salzwasser kurz bissfest garen. Nach 4 Minuten die Erbsen dazugeben und Brokkoli und Erbsen noch 1 Minute gemeinsam weiterkochen. In ein Sieb abgießen und sofort mit kalten Wasser abschrecken, damit sie ihre grüne Farbe behalten.

Die Paprika waschen, die Kerne und die weißen Trennwände entfernen und den Rest in feine Streifen schneiden. Die Karotte schälen und in feine Streifen hobeln.

Für das Dressing alle Zutaten in den Mixer geben und kräftig verrühren.

Glasnudeln und Gemüse in eine Schüssel geben und mit dem Dressing vermengen.

Für das Topping die Erdnüsse mit einem Messer klein hacken und in einer Pfanne ohne Fett kurz anrösten, sodass sie leicht gebräunt sind.

Das Gemüse mit den Nudeln mischen und mit dem Dressing servieren. Mit Erdnüssen und Chili garnieren.

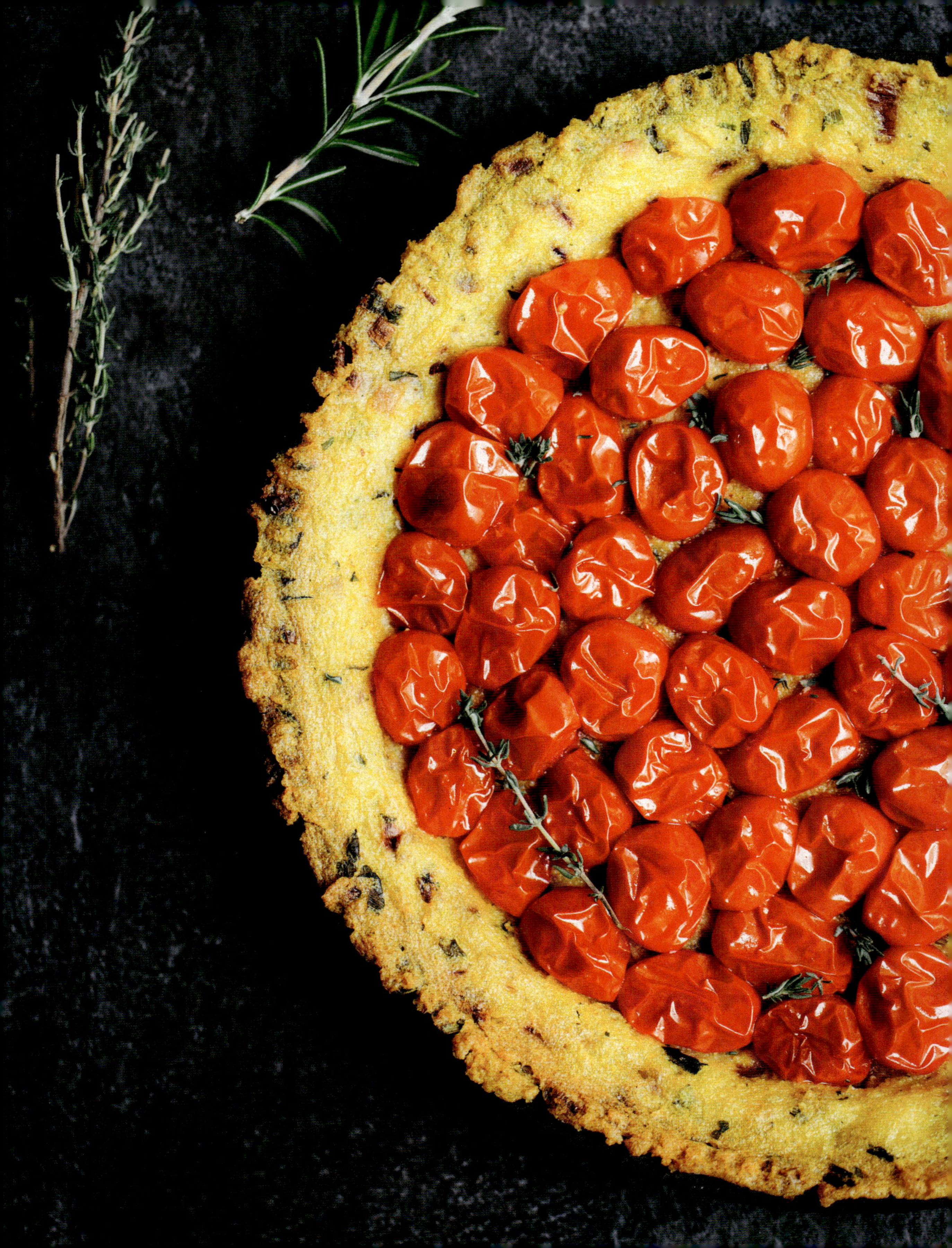

Polenta-Tomaten-Tarte

Polenta oder auch Maisgrieß, ist eine Zutat, von der ich immer wieder aufs Neue begeistert bin. Egal ob zum Frühstück als eine Art Grießbrei oder, wie hier, erst gekocht und dann knusprig im Ofen gebacken – sie enttäuscht eigentlich nie! Diese Tarte besteht aus einem gebackenen würzigen Polentaboden und ist mit schmackhaften Kirschtomaten belegt. Eine unglaublich leckere Kombination und auf jeden Fall ein schöner Hingucker!

Für 1 Tarteform, Ø 23 cm

100 g Polenta
2 TL Gemüsebrühe
Salz
1 Lauchstange
1 rote Zwiebel
1 Rosmarinzweig
1 Thymianzweig
1½ EL Olivenöl, plus etwas zum Einfetten
200 g Kirschtomaten
½ EL Balsamicoessig

Zubereitungszeit: etwa 50 Minuten

Den Backofen auf 180 °C Umluft vorheizen.

500 ml Wasser in einem Topf aufkochen. Gemüsebrühe und ½ TL Salz in das Kochwasser geben. Die Polenta unter ständigem Rühren zugeben und nach etwa 1 Minute vom Herd nehmen und 10 Minuten abkühlen lassen.

Den Lauch der Länge nach halbieren, waschen und den weißen Teil in Ringe schneiden. Die Zwiebel schälen und in kleine Würfel schneiden. Den Rosmarin und den Thymian waschen und die Blätter abzupfen.

1 EL Olivenöl in einer Pfanne erhitzen und die Zwiebel kurz darin andünsten. Lauch und Rosmarinnadeln dazugeben und 1 weitere Minute bei mittlerer Temperatur anrösten.

Die Lauch-Zwiebel-Mischung zur Polenta geben und gut unterrühren.

Eine Tarteform mit ein wenig Olivenöl einfetten, die Polentamasse in die Tarteform geben und mit leicht angefeuchteten Händen anpressen, den Rand mit einer Gabel einstechen. Die Tarte im Ofen 20–25 Minuten backen.

Weiter auf Seite 116

> Wer kein großer Fan von gebackenen Tomaten ist, kann sie auch roh auf die Tarte legen. Einfach den Tarteboden ein wenig länger im Ofen lassen, bis er leicht knusprig ist, und mit den halbierten Tomaten belegen.

In der Zwischenzeit die Kirschtomaten kurz mit Wasser abspülen, dann längs halbieren. Das restliche Öl mit dem Balsamico und 1 Prise Salz in eine Schüssel geben, gut verrühren und die Tomatenhälften damit marinieren, bis die Tarte fertig gebacken ist.

Die Tarte aus dem Ofen nehmen, die Balsamico-Tomaten gleichmäßig darauf verteilen und weitere 10–15 Minuten im Ofen backen. Dabei unbedingt darauf achten, nicht zu viel von der Marinade mit auf die Tarte zu geben, da sie sonst zu sehr aufweicht.

Kurz abkühlen lassen und mit Thymian bestreut servieren.

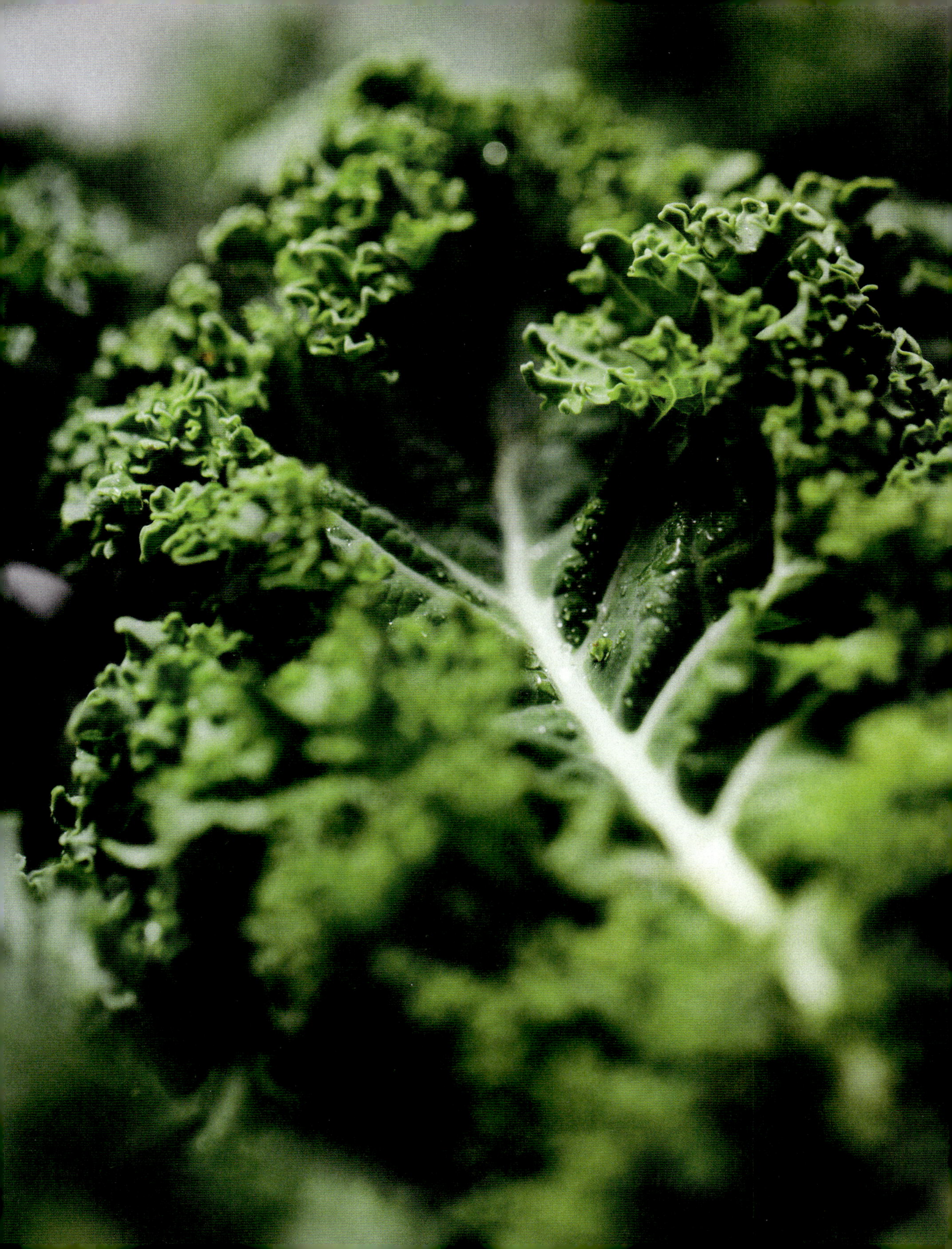

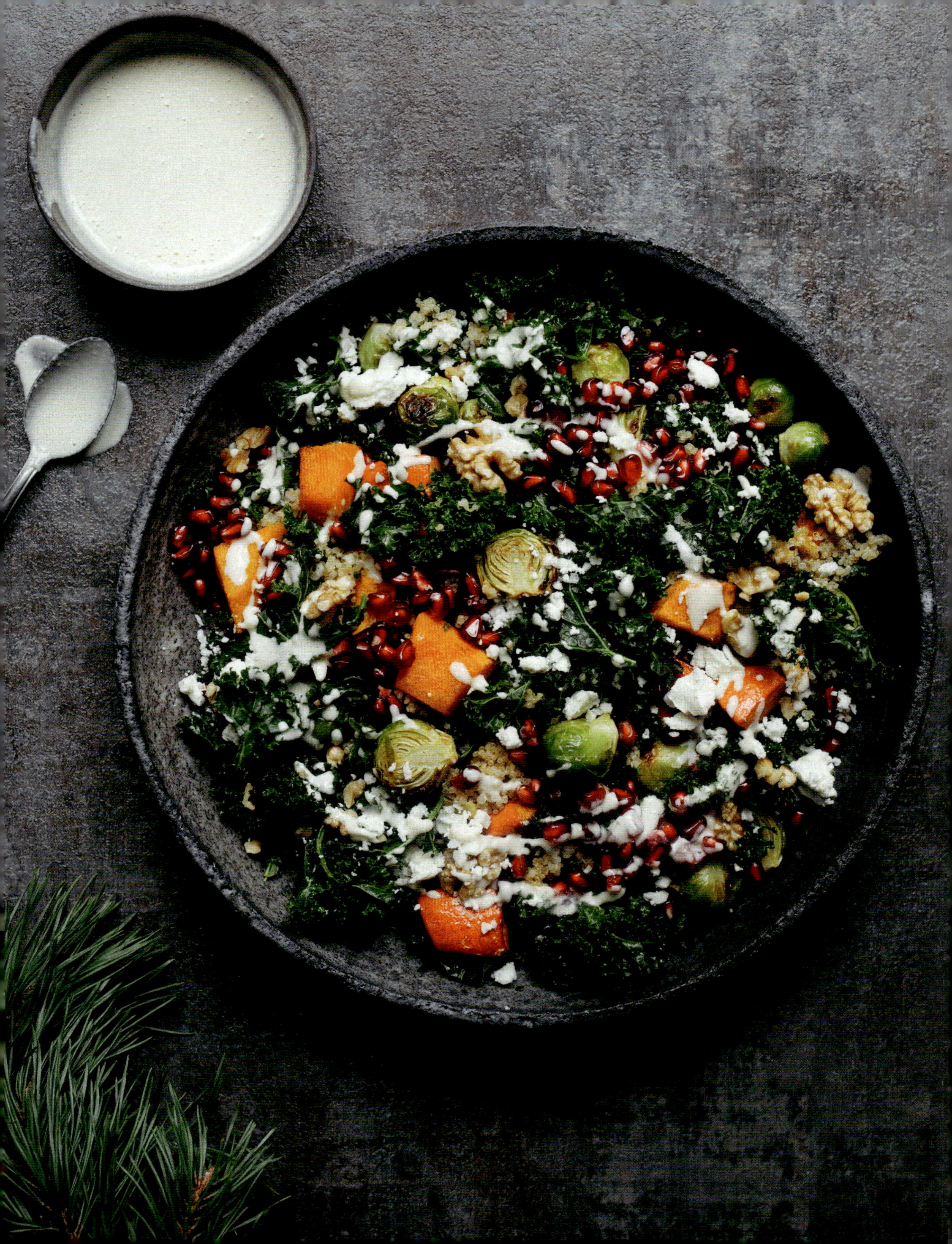

Grünkohl-Quinoa-Salat

Dieser Salat begleitet mich schon seit einigen Jahren. Er ist mein Weihnachtssalat, meine eigene kleine Tradition, den ich immer für die Weihnachtstage vorbereite und als vegetarische Beilage mitbringe. Denn drei Tage nur Rosen-und Rotkohl zu essen, wird ja irgendwann auch langweilig.

Für 2 Personen oder für 4 Personen als Beilage

100 g Quinoa
½ Hokkaido-Kürbis
250 g Rosenkohl
1½ EL Olivenöl
1 Prise Salz
Abrieb von ¼ Bio-Zitrone
100 g Grünkohl
1 Handvoll Walnüsse, grob zerkleinert
1 Handvoll Granatapfelkerne

Für das Dressing:
1 EL Olivenöl
½ EL warmes Wasser
Saft von 1 Bio-Zitrone
1 EL Tahini
½ EL Honig
2 Prisen Salz

Zubereitungszeit: etwa 60 Minuten

Den Backofen auf 180 °C vorheizen. Die Qinoa gründlich waschen und mit 250 ml Wasser in einem Topf zum Kochen bringen. Abgedeckt 10–15 Minuten köcheln lassen.

Den Kürbis waschen und halbieren. Mit einem Löffel die Kerne herausschaben und das Fleisch in Würfel schneiden. Den Rosenkohl waschen und immer den Strunk und die äußeren Blätter abtrennen, dann halbieren.

In einer Schüssel Kürbisstücke und Rosenkohl mit 1 EL Olivenöl, Salz und Zitronenabrieb gründlich vermengen und gleichmäßig auf einem Backblech mit Backpapier auslegen. Für 15–20 Minuten im Ofen rösten.

In der Zwischenzeit den Grünkohl waschen und die Blätter von den Strünken abzupfen, in eine Schüssel geben und mit dem restlichen Olivenöl 1–2 Minuten mit den Händen massieren, so dass die Blätter weich werden.

Die Walnüsse in einer kleinen Pfanne ohne Fett 1–2 Minuten anrösten.

Alle Zutaten für das Dressing in eine kleine Schüssel geben und mit einem Schneebesen gut verrühren. Kürbis und Rosenkohl aus dem Ofen nehmen und mit den Grünkohlblättern und Quinoa auf einer Servierplatte oder in einer Schüssel anrichten. Das Dressing darüber geben und gut vermengen. Den Salat mit Walnüssen und Granatapfelkernen garnieren.

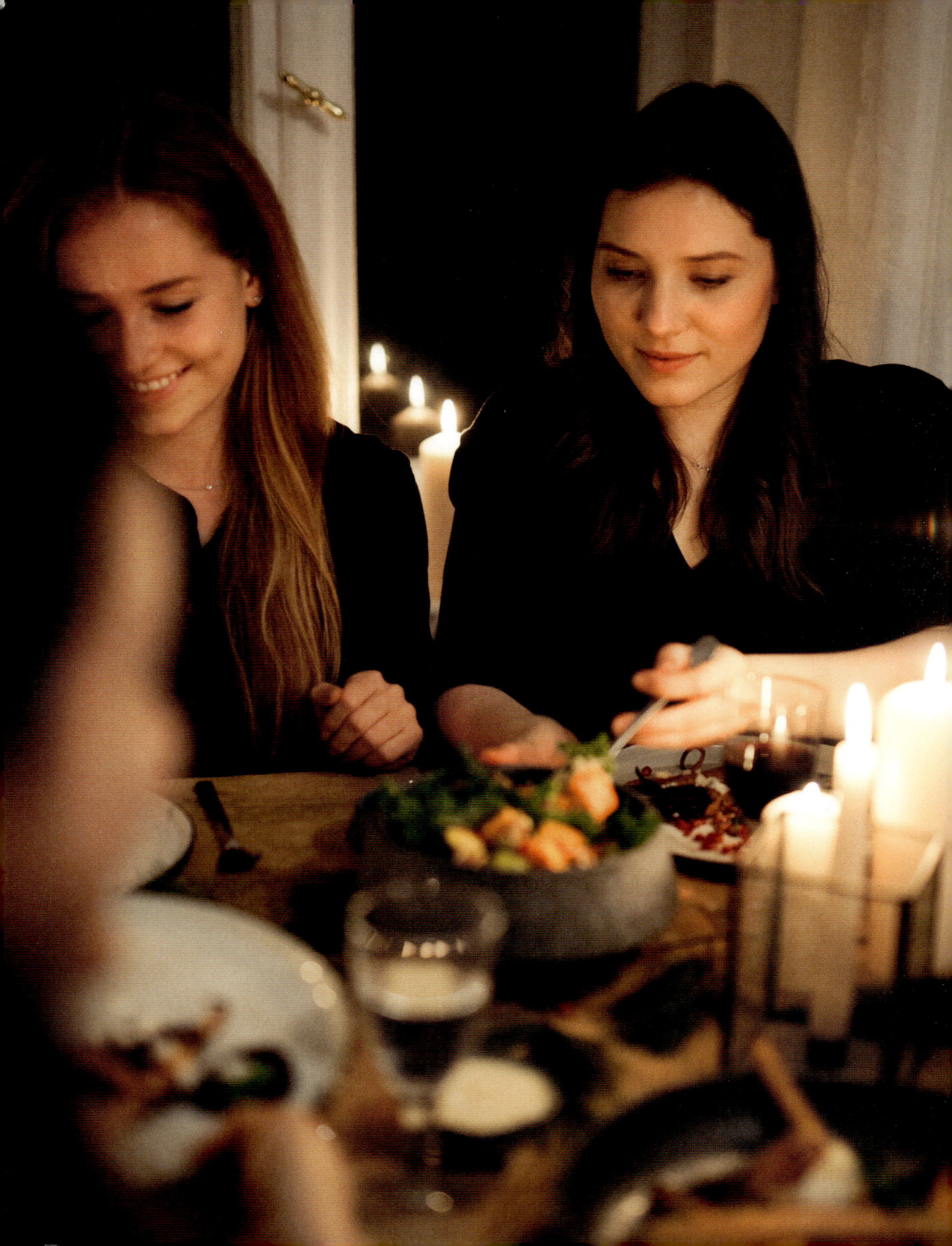

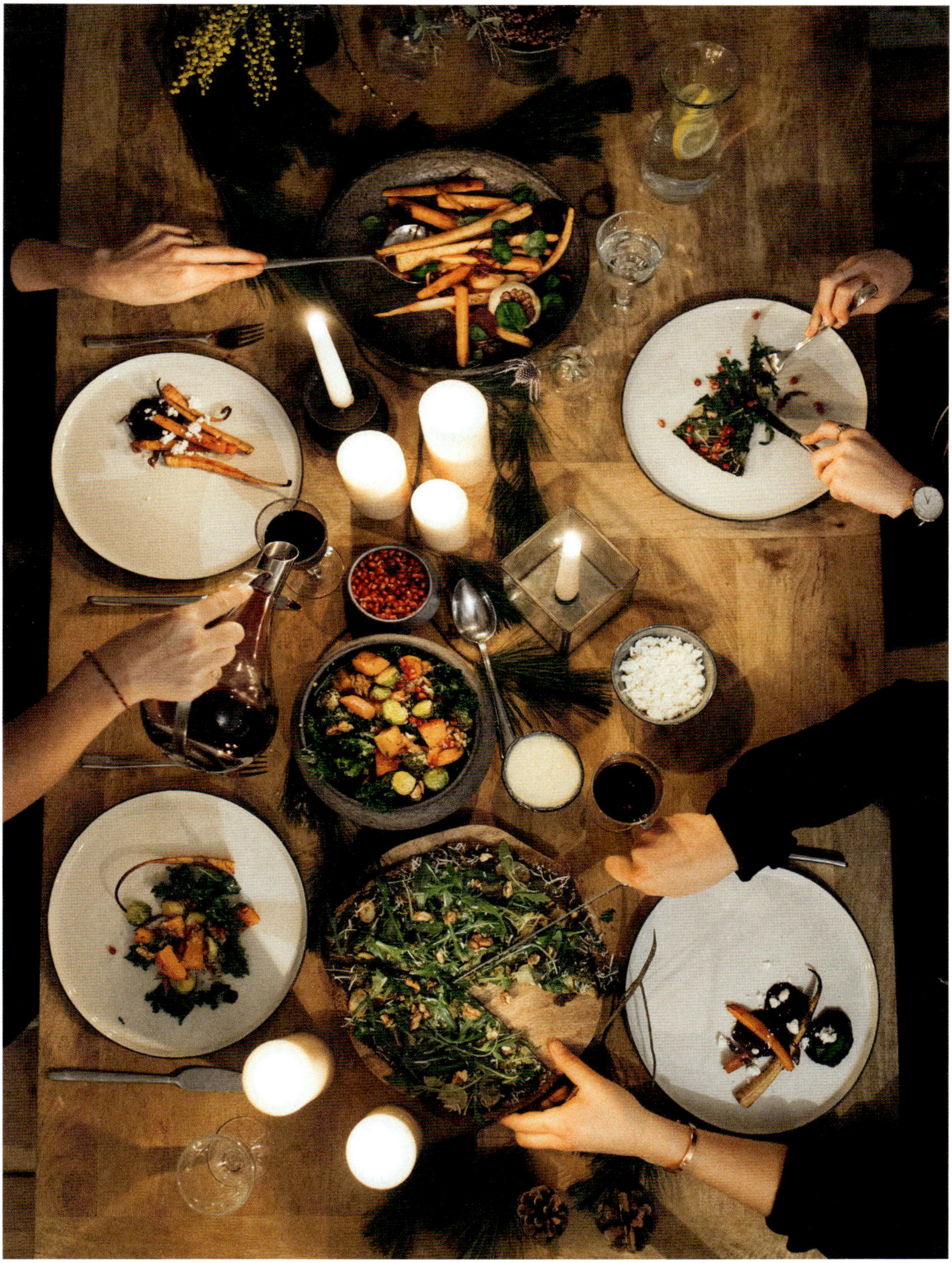

Chili-Bohnen-Mango-Salat

Für 2 Personen

400 g kleine weiße Bohnen (z. B. Canellibohnen aus dem Glas)
½ rote Paprikaschote
1 Avocado
½ Mango
2 Frühlingszwiebeln
1 große grüne Chilischote (alternativ: 1 rote Schote)
1 Handvoll Koriander

Für das Sesamdressing:
Saft von 1 Limette
½ TL Salz
1 EL Sesamöl

Schwarze Sesamsamen (optional)

Zubereitungszeit: 15 Minuten

Die Bohnen in ein Sieb geben und abtropfen lassen. Die Paprika waschen, halbieren, Kerne und weiße Trennhäute entfernen und den Rest in kleine Würfel schneiden.

Das Fruchtfleisch der Avocado auslösen und in kleine Würfel schneiden. Das Mangofruchtfleisch ebenfalls in Würfel schneiden.

Bohnen, Paprika, Avocado und Mango in eine Schüssel geben.

Die Frühlingszwiebeln putzen und mit der Chilischote in feine Ringe schneiden und beides zum Salat geben.

Alles miteinander vermengen. Koriander waschen, trocknen und die Blätter über den Salat zupfen.

Aus dem Limettensaft, Salz und Sesamöl ein Dressing zusammenrühren und über den Salat geben. Anrichten und optional mit schwarzen Sesamsamen bestreut servieren.

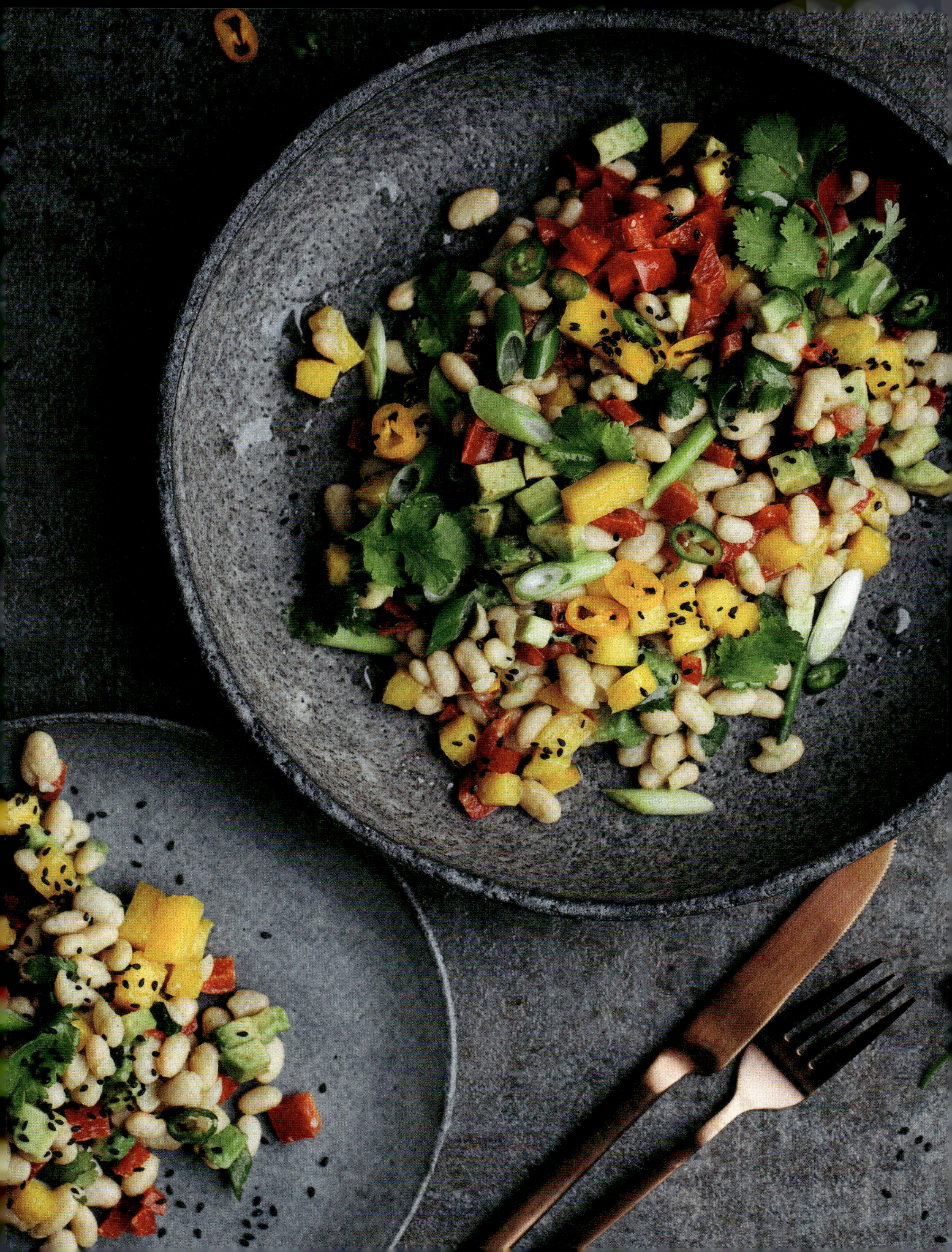

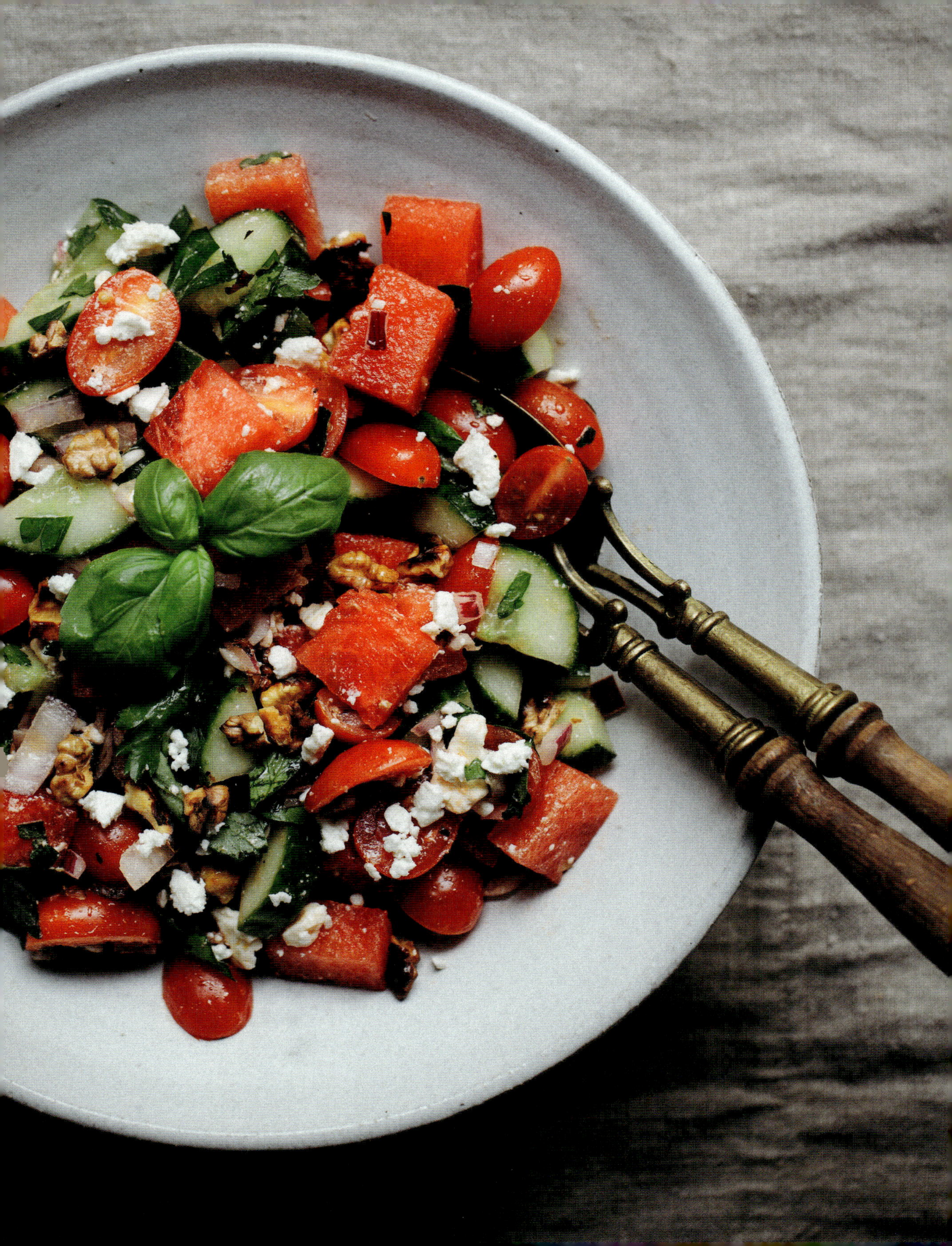

UNTER DER WOCHE

Wassermelonensalat

Dieser Salat – am liebsten von meinem Opa zubereitet, aber ohne Wassermelone – war über Jahre der einzige, den ich bereit war, zu essen. Grünzeug gehörte früher nicht zu meinen Leibspeisen. Das ist heute etwas anders, aber dieser Salat wird wohl dennoch für immer mein Liebling bleiben. Und ich habe meine eigene Note hinzufügt – die Wassermelone. Besonders mit Fetakäse eine leckere Angelegenheit.

Für 2 Personen

½ Wassermelone
250 g Kirschtomaten
½ Bio-Salatgurke
1 rote Zwiebel
1 Handvoll Walnüsse
½–1 Bund glatte Petersilie
1 Handvoll Basilikumblätter
Meersalz
2 EL Olivenöl
100 g Feta

**Zubereitungszeit:
15 Minuten**

Die Wassermelone vierteln und das Fruchtfleisch in kleine Würfel schneiden.

Kirschtomaten und Gurke waschen; die Tomaten halbieren. Die Gurke zuerst der Länge nach halbieren, dann vierteln und schließlich in Scheiben schneiden. Die Zwiebel schälen und in feine Würfel schneiden. Melone, Tomaten, Gurke und Zwiebeln in eine große Schüssel geben und vorsichtig mischen.

Die Walnüsse in einer Pfanne ohne Fett bei mittlerer Temperatur 1–2 Minuten leicht anrösten, bis sie beginnen zu duften und goldbraun zu werden.

Die Petersilie waschen, grob hacken und mit Basilikum, einigen Prisen Meersalz und dem Olivenöl zu den restlichen Zutaten in die Schüssel geben. Alles gut vermengen.

Walnüsse und Feta mit den Händen grob zerkrümeln und vor dem Servieren über dem Salat verteilen.

Hirsesalat

Für 2 Personen

Für den Salat:
100 g Hirse
1 TL Gemüsebrühe
100 g Erdbeeren
200 g Kirschtomaten
½ Bio-Salatgurke
1 Bund Minze

50 g Feta Käse (optional)

Für das Dressing:
1 EL Zitronensaft
Salz und frisch gemahlener schwarzer Pfeffer
2 EL Olivenöl
1 TL Balsamico-Essig

**Zubereitungszeit:
25 Minuten**

300 ml Wasser in einem kleinen Topf zum Kochen bringen. Die Gemüsebrühe zufügen und die Hirse einrieseln lassen. 10 Minuten köcheln lassen. Vom Herd nehmen und 10 Minuten ziehen lassen.

In der Zwischenzeit Erdbeeren, Tomaten und Gurke waschen. Erdbeeren und Gurke in kleine Viertel schneiden, die Kirschtomaten halbieren.

Die Minze waschen, trocken tupfen und die Blättchen abzupfen.

Für das Dressing alle Zutaten verrühren. Ich mache das ganz gerne in einer kleinen Schüssel mithilfe des Stabmixers, sodass sich alle Zutaten gut verbinden.

Hirse, Erdbeeren, Tomaten, Gurke und Minzblättchen in eine Schüssel geben, das Dressing darübergeben und alles gut vermengen.

Zum Servieren optional den Feta mit den Händen etwas zerkrümeln und über den Salat geben.

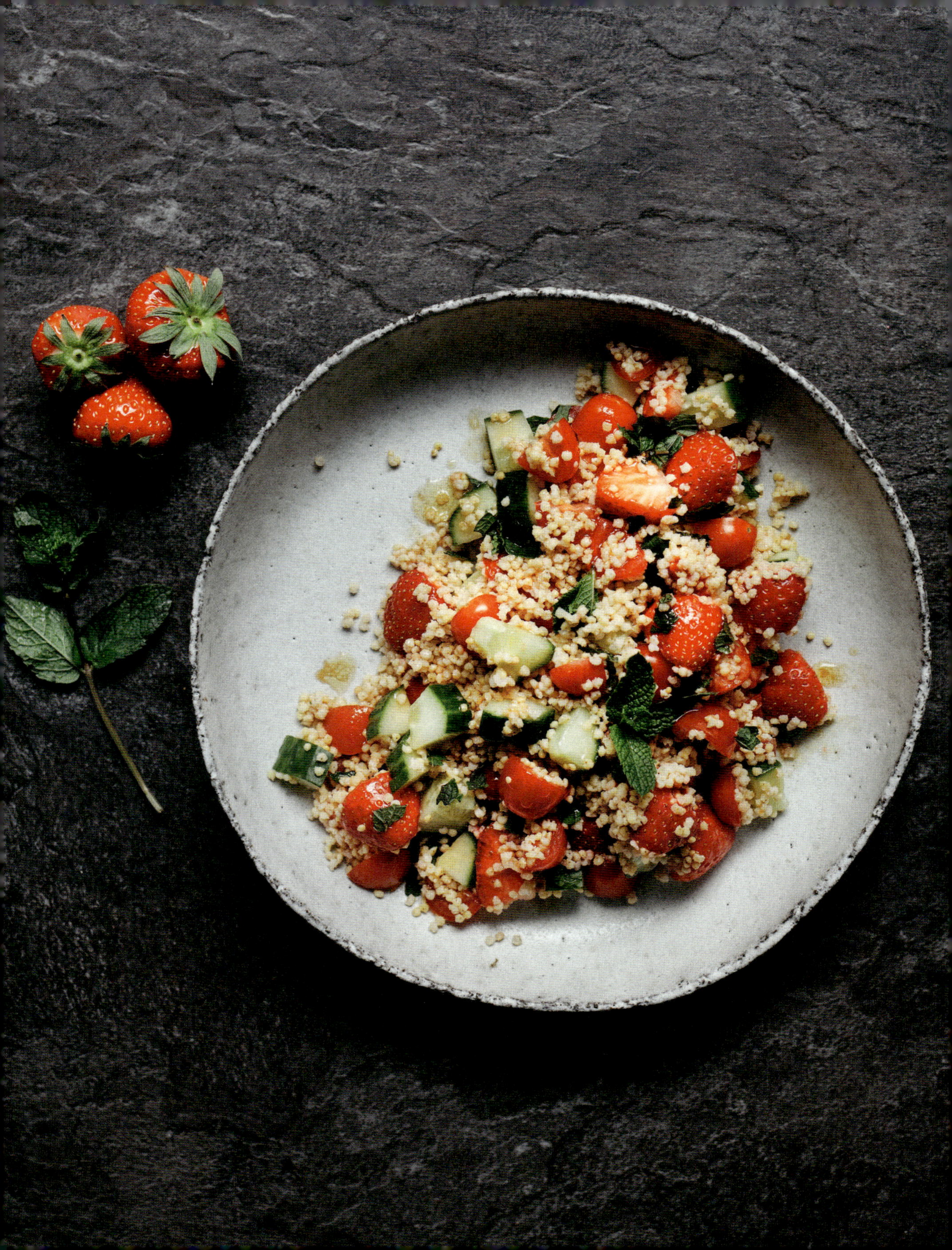

AM WOCHENENDE

Essen fürs Wochenende, wenn man etwas mehr Zeit und eventuell auch Gäste am Tisch hat. Ihr werdet in diesem Kapitel auf bekannte Gerichte stoßen, die ich ein wenig abgewandelt habe. Denn das Letzte, was man tun muss, wenn man sich ausgewogenen und pflanzlich ernähren möchte, ist auf Dinge zu verzichten: Burger, Gnocchi, Risotto und Pizza – nur eben alles ein wenig anders. Die Gerichte sind für 4 Personen, können aber leicht auch für mehr oder weniger Esser ausgelegt werden. Und sie sind, da ein wenig aufwendiger in der Zubereitung, einfach ideal um gemeinsam mit Familie oder Freunden zu kochen.

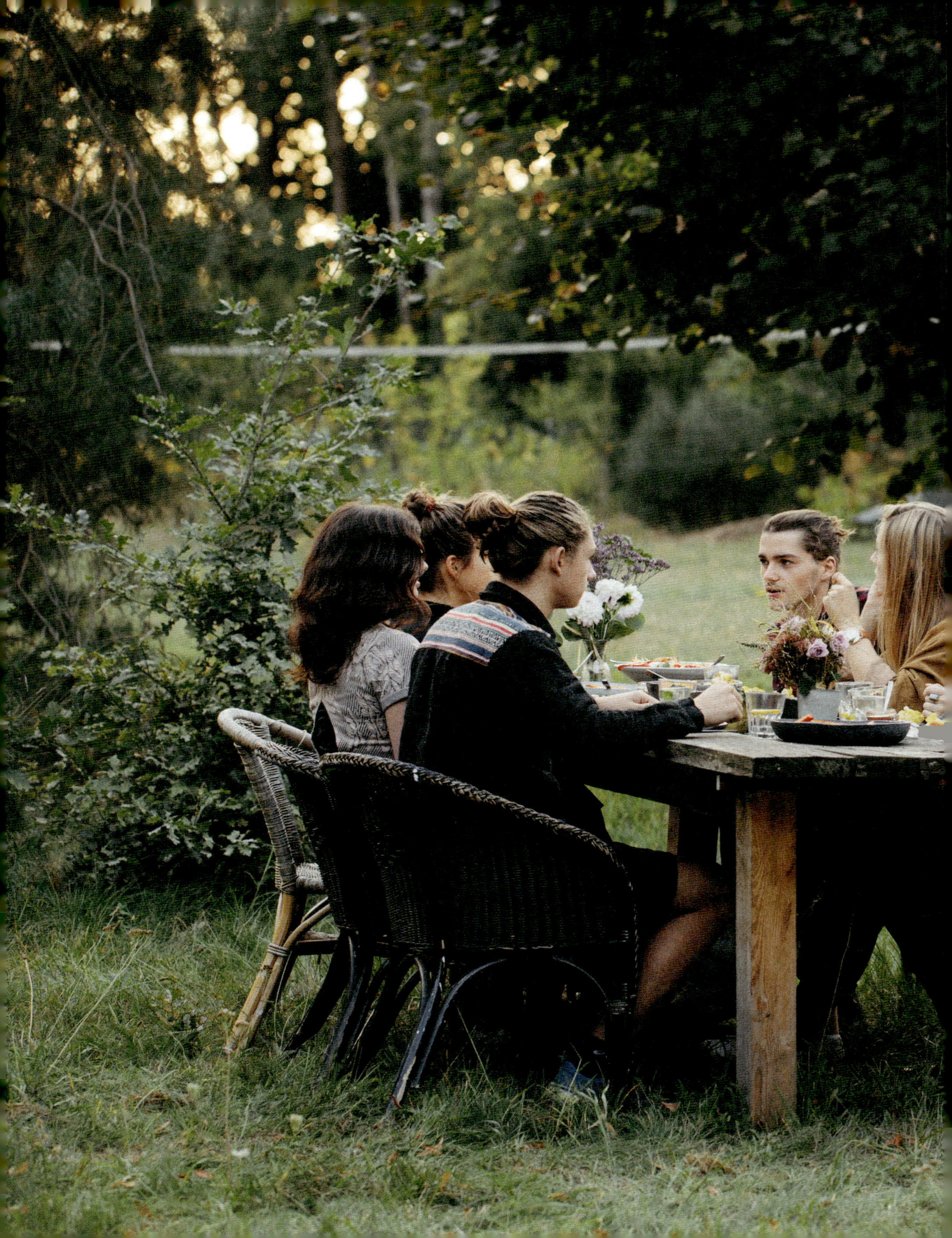

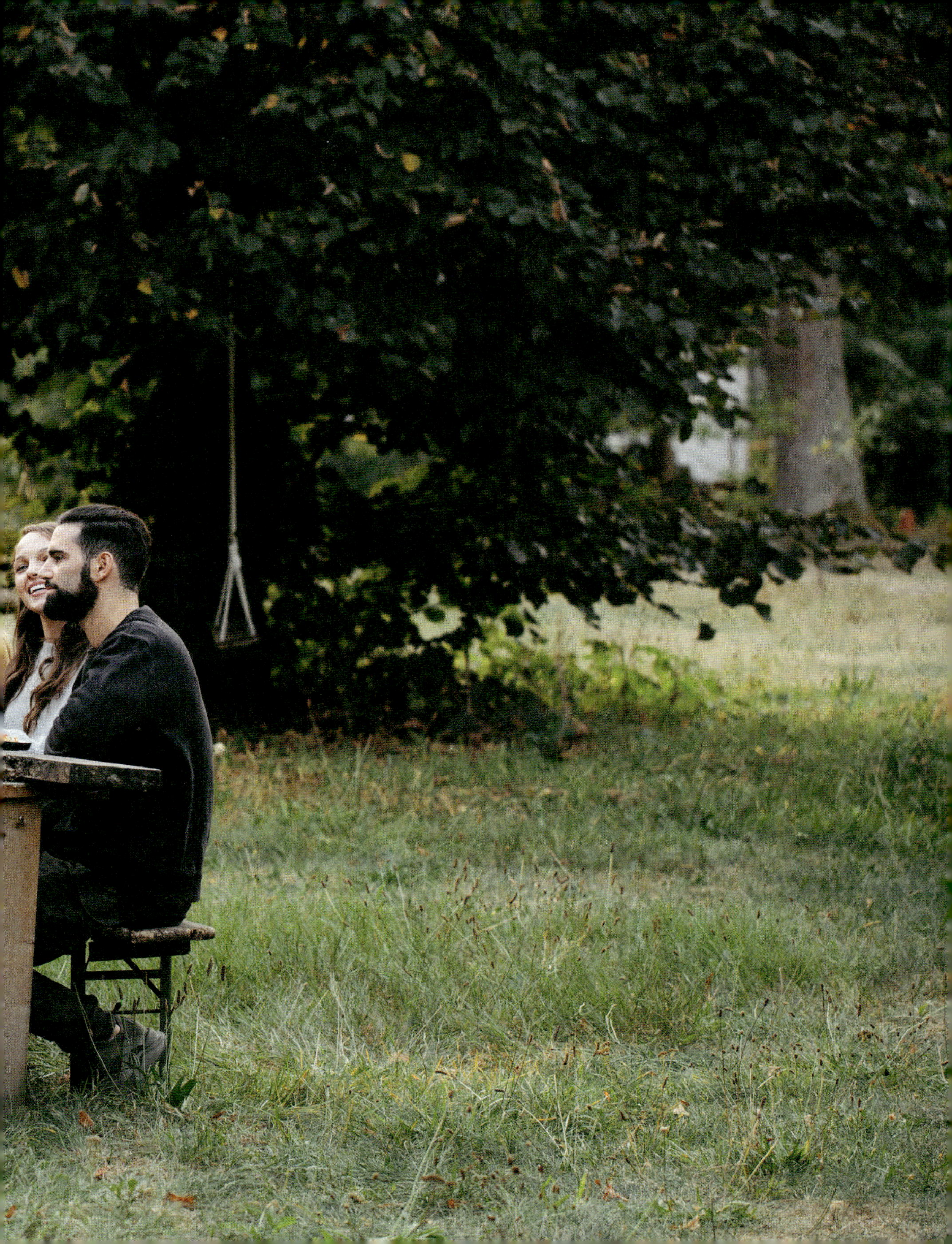

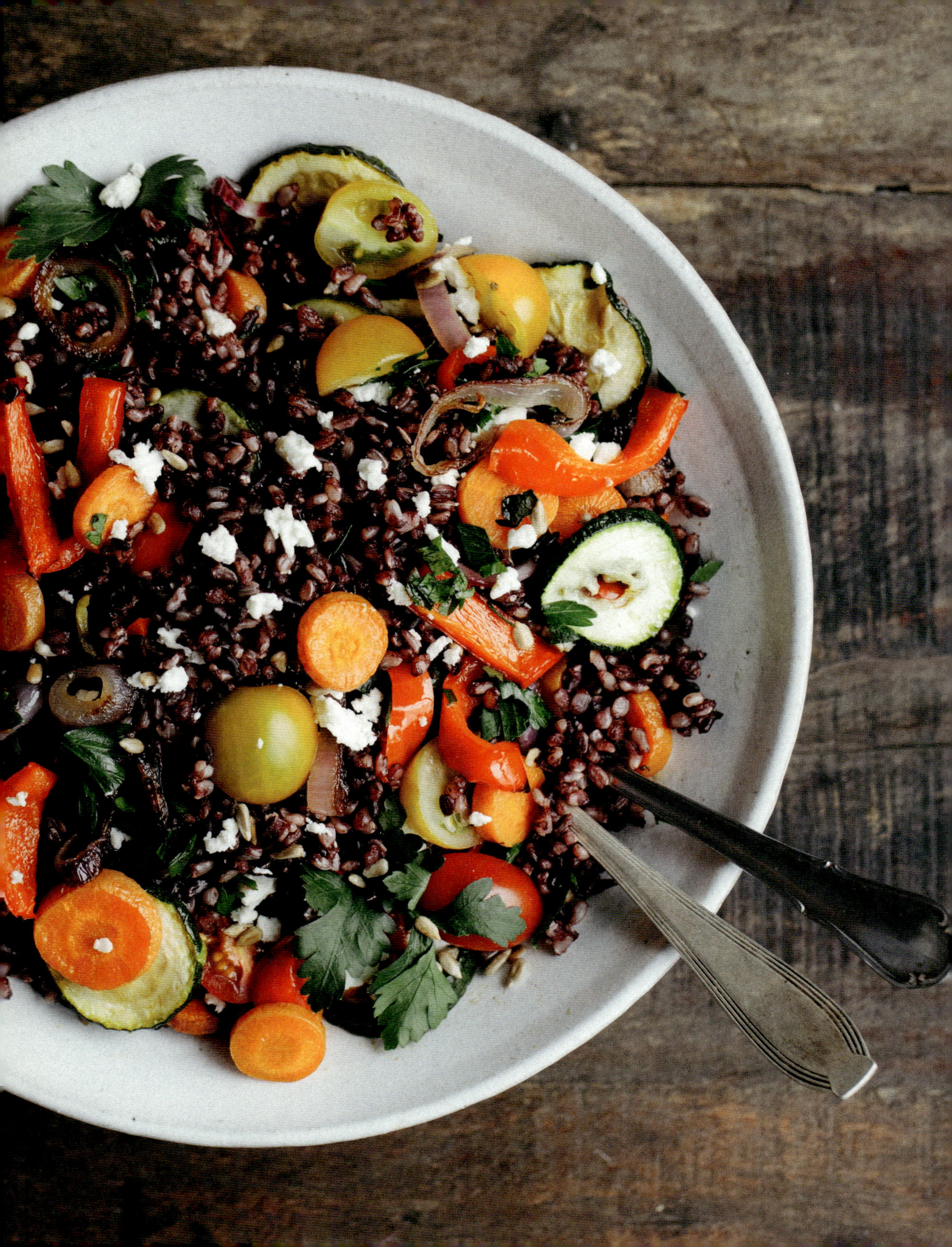

AM WOCHENENDE

Wildreissalat mit Sommergemüse

Jedes Jahr fahren meine engsten Freundinnen und ich ein Wochenende aufs Land. Keine Handys, Arbeit und Verpflichtungen – für einige Tage tauchen wir komplett ab. Morgens wird man von Kaffeeduft und Geschirrklappern geweckt und es wird lang und ausgiebig gefrühstückt. In diesem Umfeld ist auch dieser Salat entstanden. Statt in der Küche zu sitzen, schnippelte ich das Gemüse im Garten, während wir alle die frühsommerlichen Sonnenstrahlen genossen – ein wenig abschalten und sich von Natur und Freunden inspirieren lassen …

Für 4 Personen

160 g Vollkornnaturreis
80 g schwarzer Reis
1 Zucchini
2 Karotten
1 rote Paprikaschoten
200 g bunte Kirschtomaten
1½ EL Olivenöl
½ TL Meersalz
1 rote Zwiebel
3 EL Sonnenblumenkerne
1–2 Handvoll Petersilie
100 g Feta
2 TL Zitronensaft

**Zubereitungszeit:
50 Minuten**

Ohne Feta ist das Gericht vegan!

Den Backofen auf 200 °C vorheizen.

In einem Topf 800 ml Wasser zum Kochen bringen und beide Reissorten zugeben. Alles 35–40 Minuten kochen lassen bzw. den Reis nach Packungsangabe zubereiten.

In der Zwischenzeit Zucchini, Karotten, Paprika und Tomaten waschen. Zucchini und Karotten in Scheiben schneiden. Die Paprika halbieren und von Kernen und weißen Trennwänden befreien, dann in Streifen schneiden. Die Tomaten halbieren.

Das Gemüse in einer großen Schüssel mit 1 EL Olivenöl und dem Meersalz mischen. Sobald alles gleichmäßig mit dem Öl überzogen ist, das Gemüse auf einem mit Backpapier ausgelegten Backblech verteilen. Etwa 20 Minuten im Ofen rösten und nach 10 Minuten vorsichtig wenden.

Weiter auf Seite 134

Die Zwiebeln schälen und in Ringe schneiden. ½ EL Olivenöl in einer Pfanne bei mittlerer Temperatur erhitzen. Die Zwiebeln hineingeben und etwa 5 Minuten anschwitzen, umrühren nicht vergessen.

In einer zweiten Pfanne die Sonnenblumenkerne auf mittlerer Temperatur ohne Fett 1–2 Minuten sanft rösten, bis sie leicht goldbraun werden und zu duften beginnen.

Die Petersilie waschen, trocknen und hacken, den Feta in kleine Würfel schneiden oder mit den Händen zerkrümeln.

Den gekochten Reis in ein Sieb abgießen und mit dem fertigen Ofengemüse, Zwiebeln, Petersilie, Feta und Zitronensaft in einer großen Schüssel vermengen.

Den Salat mit Sonnenblumenkernen und Petersilie bestreut servieren.

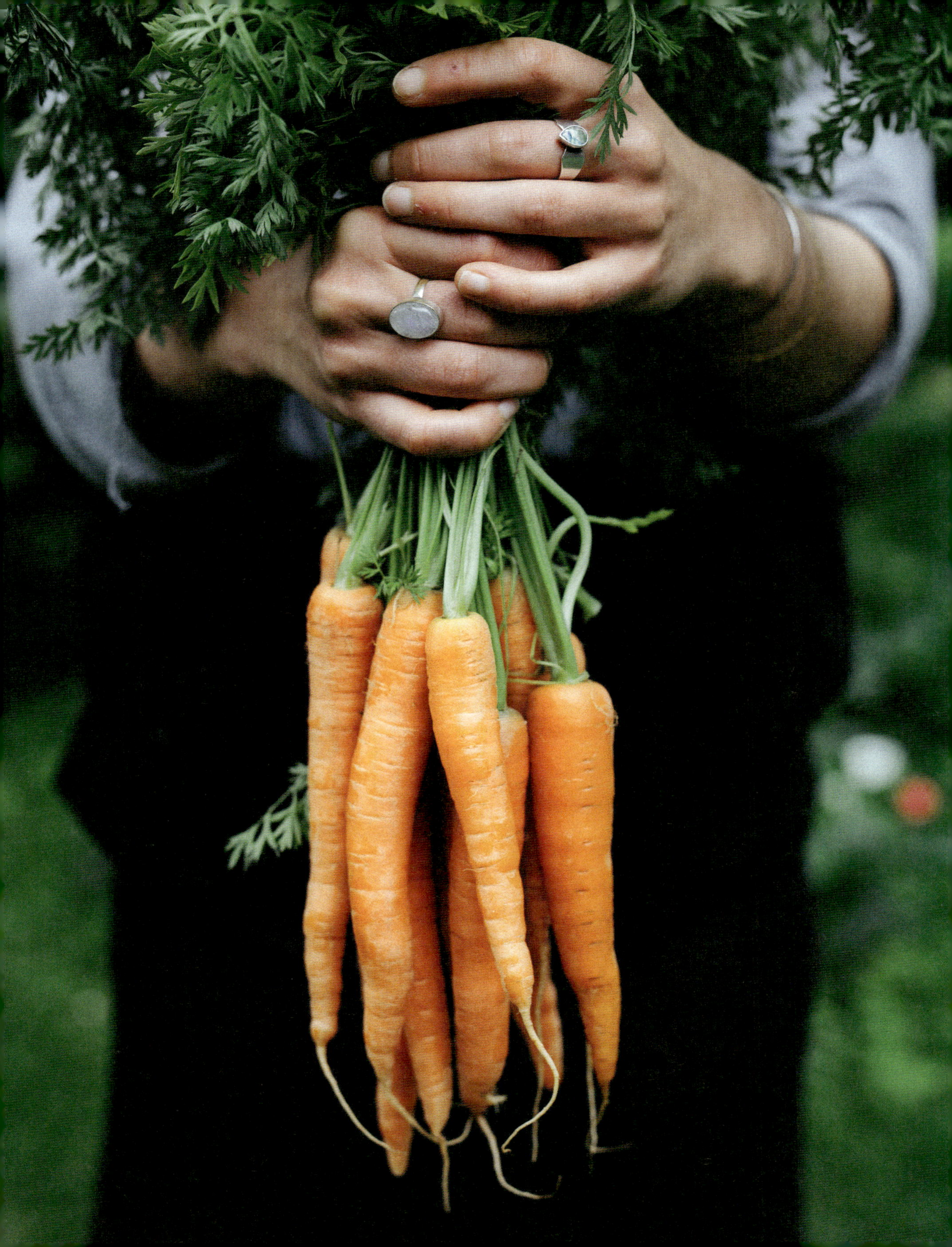

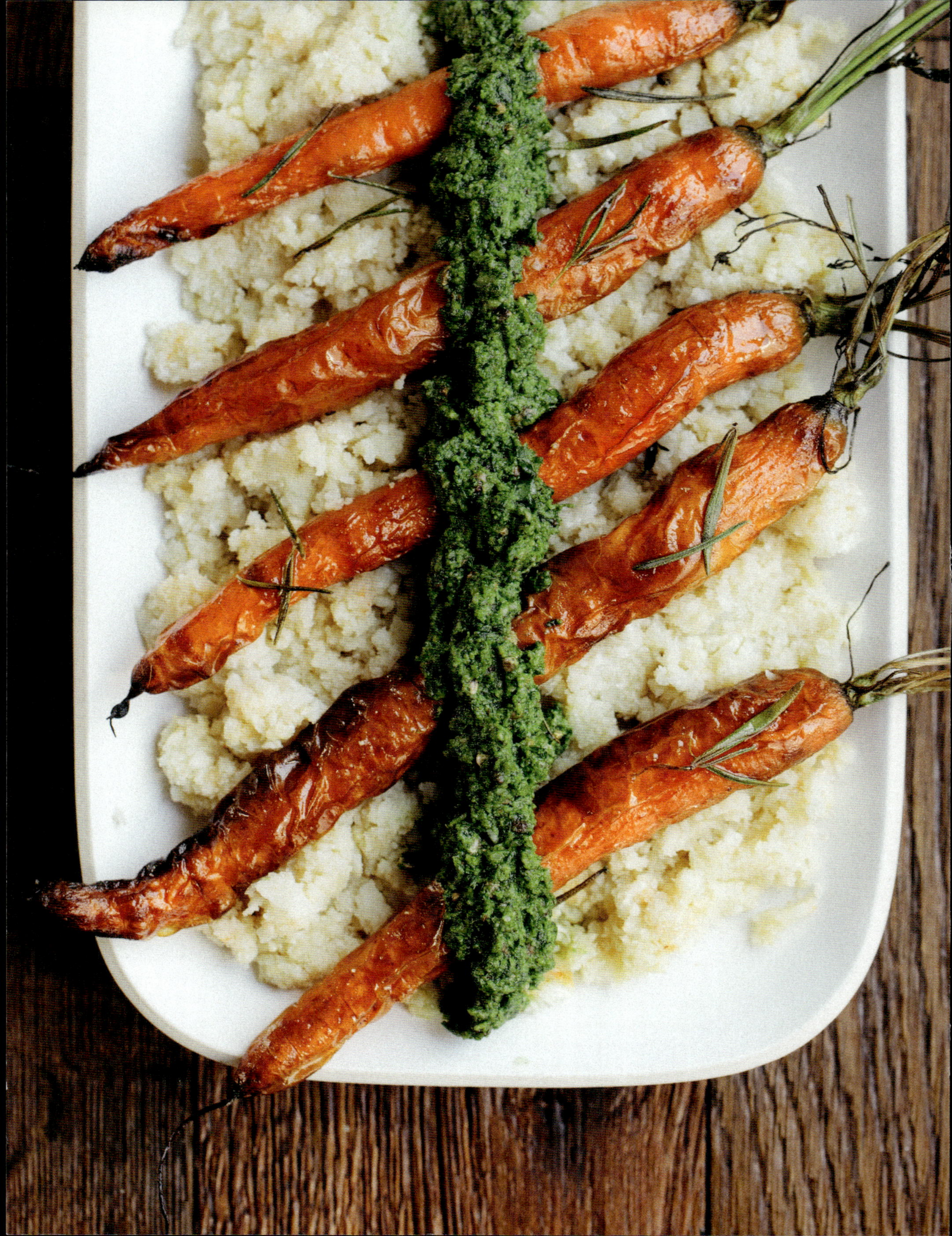

Geröstete Karotten mit Blumenkohlreis und grünem Pesto

Für 4 Personen

Für die Karotten:
10 Bio-Karotten
2 TL Olivenöl
1 TL Ahornsirup oder Honig
1 Rosmarinzweig, Nadeln abgezupft
Meersalz

Für den Blumenkohlreis:
2 Blumenkohlköpfe
2 EL Olivenöl
1 TL Meersalz
½ TL Cayennepfeffer

Für das Hanfpesto:
2 EL Hanfsamen
40 g glatte Petersilie
4 EL Sonnenblumenkerne
3 EL Olivenöl
1 Knoblauchzehe
1 EL Zitronensaft
Abrieb von ½ Bio-Zitrone
¼ TL Salz

**Zubereitungszeit:
30 Minuten**

Den Backofen auf 180 °C vorheizen.

Die Karotten gut waschen und mit Olivenöl, Ahornsirup, Rosmarin und Salz in eine Auflaufform geben. Die Karotten gut mit der Marinade vermengen, bis sie gleichmäßig damit überzogen sind. Auf einem mit Backpapier ausgelegten Backblech verteilen und etwa 25 Minuten im Ofen rösten.

Für den Blumenkohlreis die Röschen des Blumenkohls abtrennen, in einem Sieb waschen und abtropfen lassen. Den Blumenkohl in einen Mixer geben und zerkleinern. Mit den restlichen Zutaten in eine Pfanne geben und 5 Minuten anrösten.

Für das Hanfpesto die Hanfsamen bei mittlerer Temperatur in einer Pfanne ohne Fett anrösten, bis sie beginnen zu duften. Die härteren Stiele der Petersilie abtrennen. Die Sonnenblumenkerne mit der Hälfte der gerösteten Hanfsamen sowie den restlichen Zutaten mit einem Stabmixer zu einem cremigen Pesto pürieren, dann die andere Hälfte der Hanfsamen unterrühren.

Die gebackenen Karotten auf dem Blumenkohlreis anrichten und mit dem Pesto toppen.

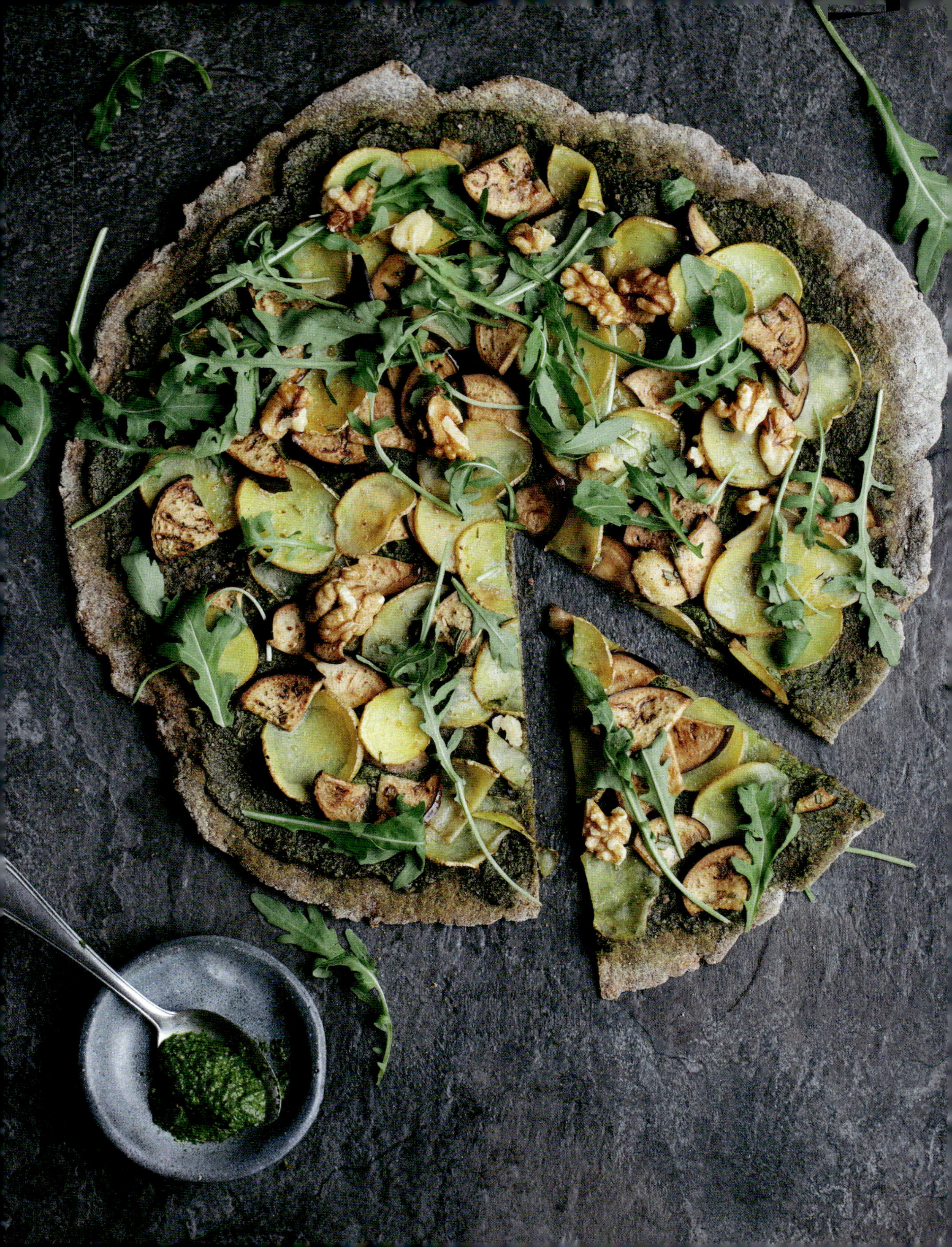

Grüne Chia-Pizza

Wenn man an Pizza denkt, verbindet man damit nicht gleich eine ausgewogene und natürliche Ernährung. Aber kein Problem, alles machbar. Dieser Pizzateig besteht aus Chia- und Leinsamen und wird wunderbar dünn und knusprig. Anstelle von Tomatensauce wird die Pizza mit einem frischen Pesto bestrichen und mit Kartoffel- und Auberginenscheiben belegt. Obwohl ich immer sage, dass ich meine Rezepte gleich gern habe, mag ich dieses hier vielleicht noch ein kleines bisschen mehr!

Für 2 große Pizzen

Für den Pizzateig:
50 g Chia-Samen
100 g Leinsamen
100 g Reismehl, plus etwas zum Bestäuben
½ TL Salz

Für das Pesto:
30 g Sonnenblumenkerne
1 Knoblauchzehe
2 EL Olivenöl
80 g Basilikum
2 TL Zitronensaft
½ TL Salz

Für den Kartoffel-Auberginen-Belag:
2 mittelgroße Kartoffeln
½ Aubergine

Für den Pizzateig Chia- und Leinsamen im Mixer oder der Küchenmaschine 30–50 Sekunden auf hoher Stufe zu feinem »Mehl« verarbeiten. Mit Reismehl und Salz in einer Schüssel mischen. Dann etwa 300 ml warmes Wasser dazugeben und alles mit den Händen zu einem geschmeidigen Teig verarbeiten. Eine Kugel formen und diese abgedeckt 30 Minuten ruhen lassen.

In der Zwischenzeit das Pesto zubereiten. Dazu die Sonnenblumenkerne in einer Pfanne ohne Fett anrösten, bis sie braun werden und duften. Alle Zutaten für das Pesto im Mixer oder mit einem Stabmixer zu einem cremigen Pesto pürieren.

Den Backofen auf 180 °C vorheizen. Die Teigkugel halbieren. Die Arbeitsfläche mit etwas Reismehl bestäuben und den Teig mit einem Nudelholz zu je einem etwa 0,5 cm dicken Kreis ausrollen.

Beide Pizzaböden auf ein mit Backpapier ausgelegtes Backblech geben und im Ofen 15 Minuten bei 180 °C vorbacken.

Weiter auf Seite 140

2 EL Olivenöl
2 Rosmarinzweige, gehackt
Salz

Zum Servieren:
frisch gemahlener schwarzer Pfeffer
Rucola
Walnüsse
Parmesanspäne (optional)

**Zubereitungszeit:
etwa 1 Stunde**

In der Zwischenzeit den Gemüse-Belag vorbereiten. Dazu die Kartoffeln schälen und mit einem Messer oder mit dem Gemüsehobel in sehr feine Scheiben schneiden. Die Aubergine waschen und zunächst in Scheiben und dann in Viertel schneiden. Kartoffeln und Auberginen in eine Schüssel geben und mit Olivenöl, Rosmarin und etwas Salz marinieren. Alles mit den Händen alles gut vermengen, sodass das Gemüse gleichmäßig mit der Marinade benetzt ist. Abdecken und bis zur Verwendung kühl stellen.

Nach dem Ende der Backzeit die Pizzaböden aus dem Ofen nehmen, mit dem Pesto bestreichen und Kartoffel- und Auberginenscheiben darauf verteilen. Die Pizza nochmals 10–15 Minuten in den Ofen schieben und fertig backen, bis die Kartoffelscheiben gar sind. Gegebenenfalls die Temperatur etwas reduzieren und die Pizza noch ein paar Minuten länger im Ofen lassen.

Zum Servieren frisch gemahlenen Pfeffer über die Pizza streuen und mit Ruccola und Walnüssen garnieren. Wer mag, streut noch etwas Parmesan darüber.

Wenn ich die Pizza mache, verdopple ich die Teigmenge gerne und friere die überschüssigen Teigkugeln ein. Dies erspart mir Arbeit und Zeit beim nächsten Mal. Einfach einige Zeit vorher aus dem Gefrierfach nehmen, auftauen lassen und verarbeiten!

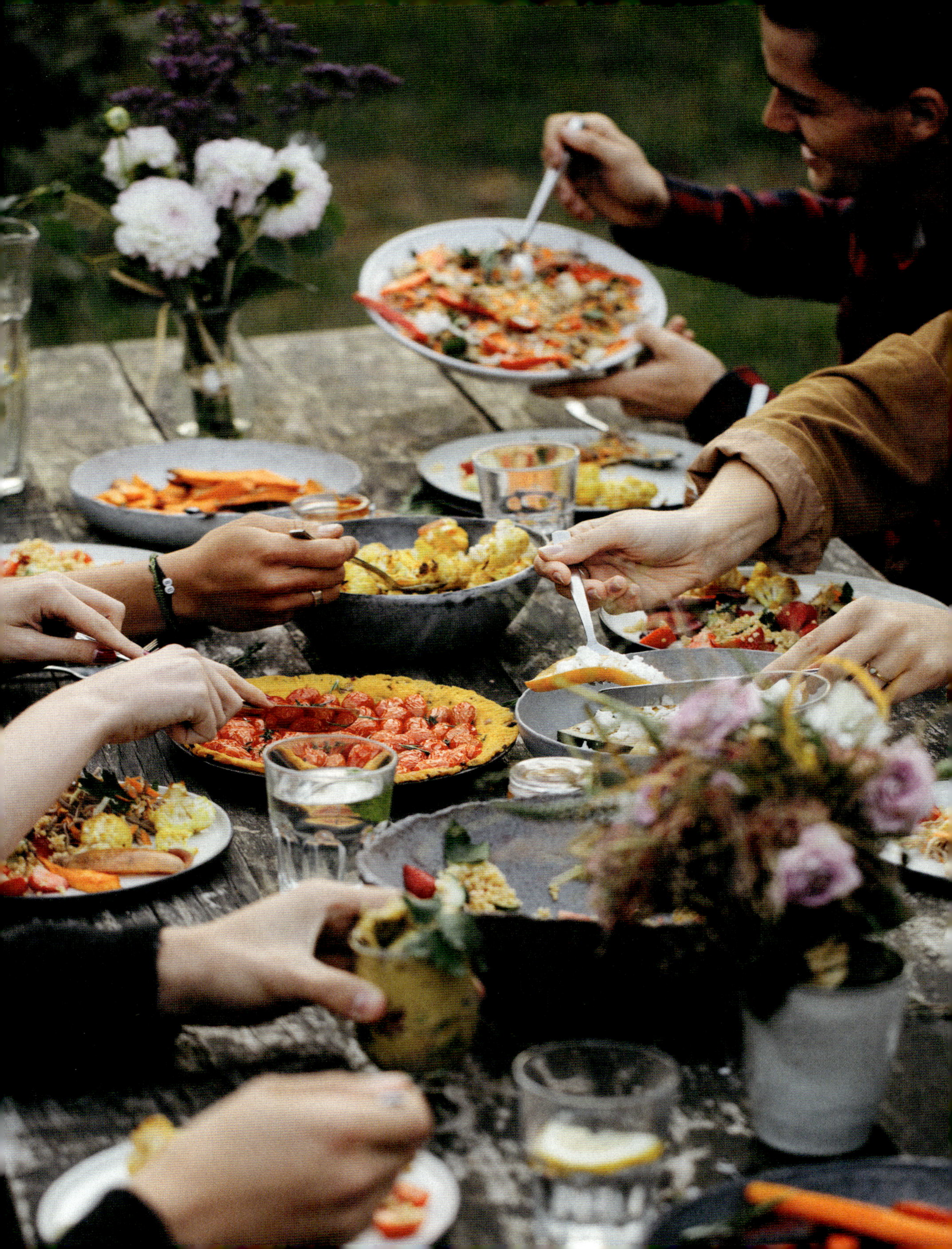

AM WOCHENENDE

Kürbis-Vanille-Suppe mit Zartbitterschokolade

Wenn ich ein Rezept wirklich gerne mag und es häufig zubereite, versuche ich es immer leicht abzuwandeln. So auch bei diesem Gericht. Vanille und Kürbis passen absolut himmlisch zusammen und wenn man noch ein wenig dunkle Schokolade darüberraspelt, entsteht nicht nur ein visueller Reiz, sondern auch eine tolle Geschmackskomposition!

Für 4 Personen

1 Hokkaido-Kürbis
(1 kg, ohne Kerne)
1 große Zwiebel
2 Knoblauchzehen
2 EL Kokosöl
3 Karotten
30 g Ingwer
400 ml Kokosmilch
1 EL Gemüsebrühe
1–2 TL Meersalz
1–2 Prisen Chilipulver
2 TL gemahlene Vanille
Rosmarinnadeln
10 g dunkle Schokolade
(mind. 75%)

**Zubereitungszeit:
75 Minuten**

Die Suppe kann in einem luftdichten Gefäß eingefroren und nach Bedarf aufgetaut werden.

Den Backofen auf 175 °C vorheizen. Den Kürbis waschen, halbieren und die Kerne herauskratzen. Das Kürbisfleisch in gleich große Stücke schneiden und auf einem mit Backpapier ausgelegten Backblech verteilen. 30 Minuten im Ofen rösten, bis der Kürbis weich geworden ist.

In der Zwischenzeit Zwiebel und Knoblauchzehen schälen, dann in Würfel schneiden. Das Kokosöl in einem großen Topf schmelzen und Zwiebel und Knoblauch bei mittlerer Temperatur 1–2 Minuten darin anschwitzen. Karotten und Ingwer schälen und klein schneiden, zugeben und 10 Minuten schmoren lassen.

Kokosmilch, 250 ml Wasser sowie Gemüsebrühe und Meersalz zugeben und 10 Minuten köcheln lassen.

Die Kürbisstücke aus dem Ofen nehmen und in den Topf geben. Den Topf von der Herdplatte nehmen und das Gemüse mit einem Stabmixer pürieren. Alternativ alle Zutaten in einen Standmixer gegeben und darin pürieren.

Die Rosmarinnadeln fein hacken. Die Suppe wieder im Topf erhitzen und 300 ml Wasser dazugeben. Mit Salz, Chili, Vanille und Rosmarin nach Geschmack würzen. Zum Servieren etwas Schokolade darüberreiben.

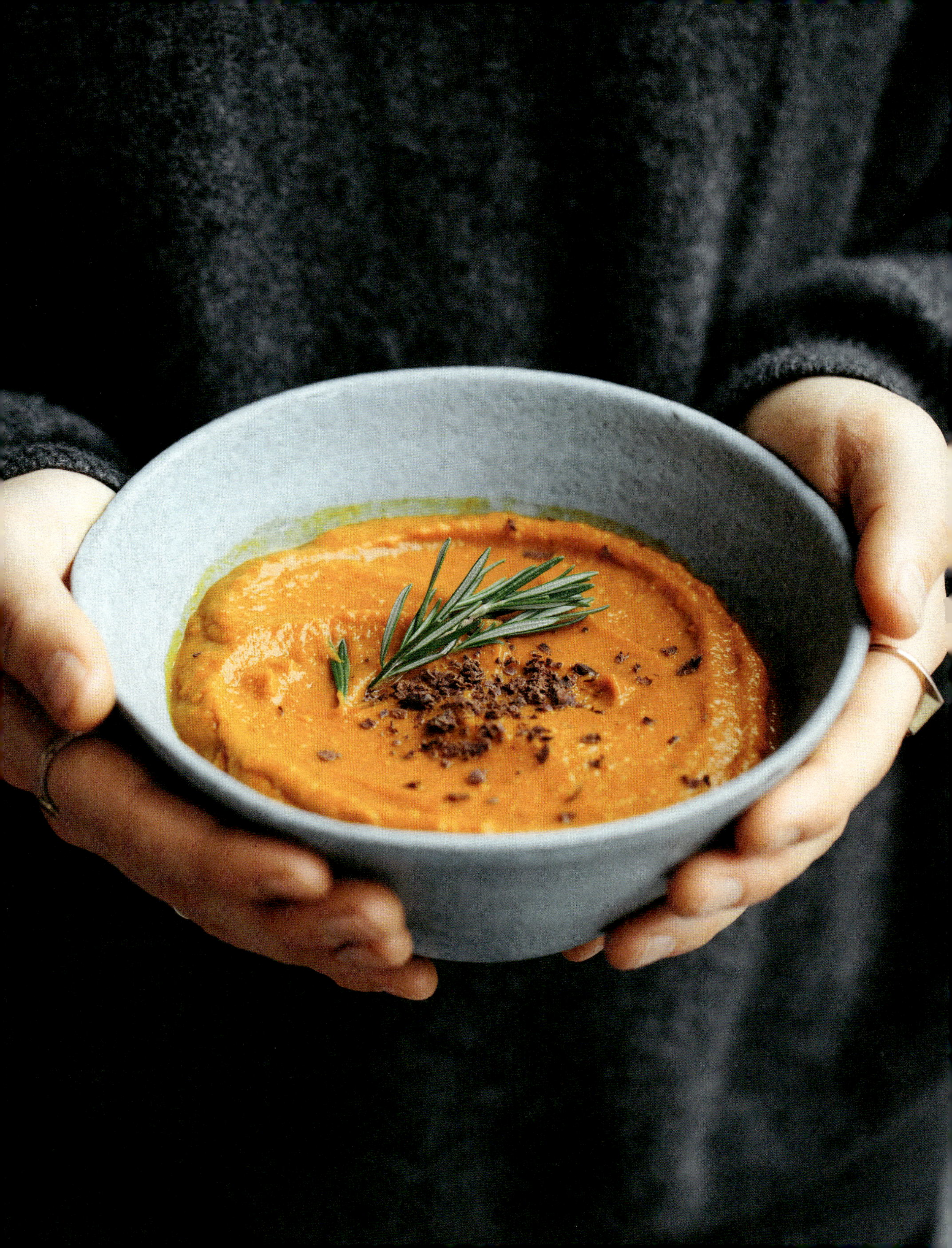

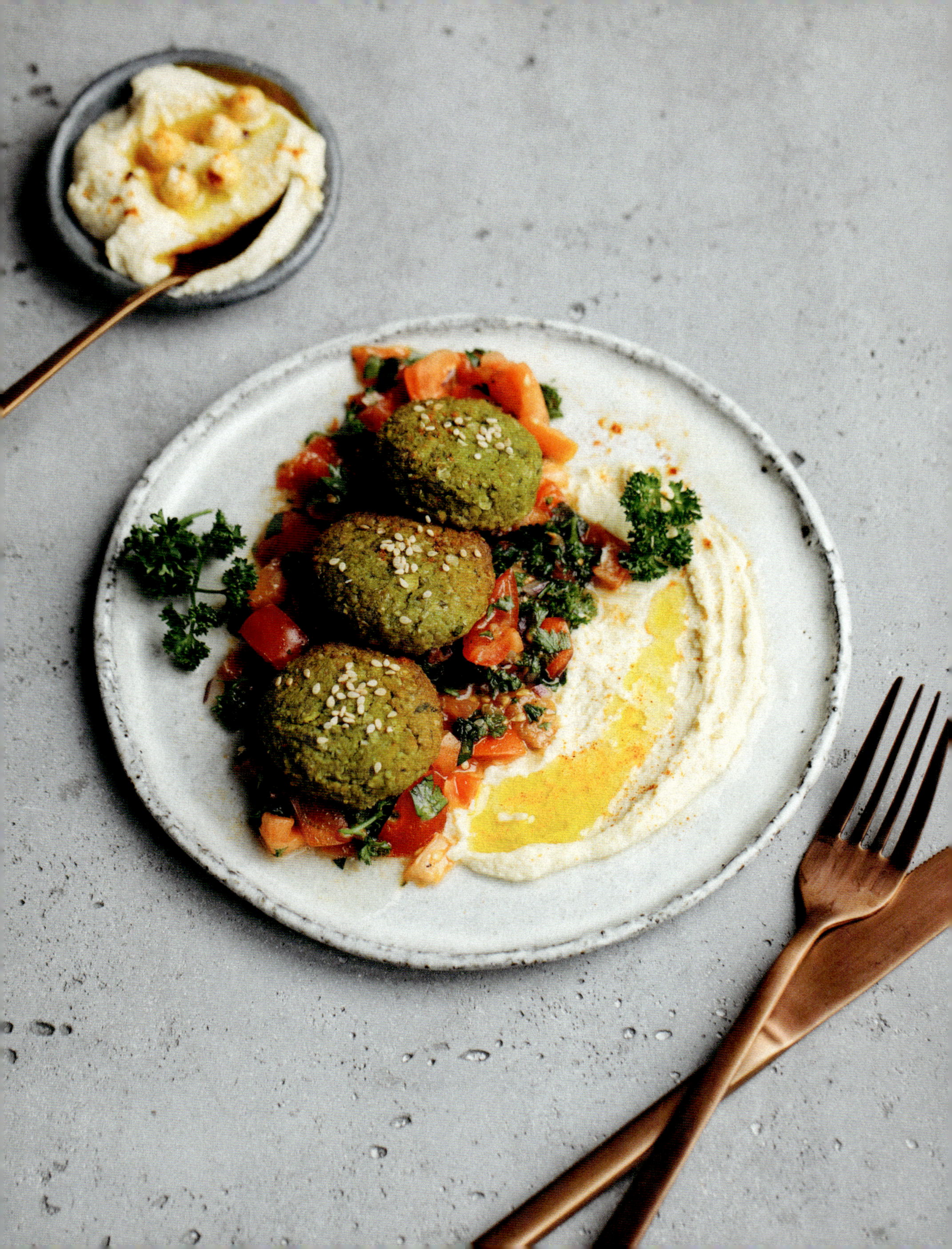

Falafel auf Tomaten-Taboulé

Wenn man in Berlin wohnt, ist es schwer, kein Falafel-Fan zu werden. Keine Zeit zu kochen? Wenig Geld ausgeben? Nachts auf dem Nachhauseweg noch was essen? All diese Situationen enden oft in »Ein Falafel im Dürüm, bitte«. Auch bei mir. Wovon ich allerdings kein Fan bin: der Friteuse. Deswegen versuche ich mich dann doch ab und zu selbst an dieser wunderbaren Speise, aber eben mit meinem eigenen kleinen Twist.

Für 4 Personen

Für die Falafel:
200 g Kichererbsen, eingeweicht
2 EL Kichererbsenmehl
1 Handvoll Spinat
2 Knoblauchzehen
1 kleine Zwiebel, gehackt
1 EL Korianderblätter
1 TL getrocknete Minze
1 Handvoll glatte Petersilie
1 TL Zitronensaft
¼ TL Cayennepfeffer
1 EL Kreuzkümmel
½ TL Salz
2 EL Kokosöl zum Anbraten

Für die Falafel die Kichererbsen abgießen. Dann mit den restlichen Zutaten in den Mixer geben und zerkleinern, bis eine Masse mit cremiger Konsistenz erreicht ist.

Den Falafelteig in eine Schüssel umfüllen und mit einem Löffel glatt streichen. Abdecken und mindestens 2 Stunden im Kühlschrank ziehen lassen.

Für das Tomaten-Taboulé die Tomaten waschen, halbieren und Stielansätze entfernen. Anschließend in kleine Stücke schneiden und in eine Schüssel geben. Die Petersilie abbrausen und die harten Stiele entfernen. Die Petersilie am einfachsten in der Salatschleuder trocken schleudern oder mit einem sauberen Küchenhandtuch trocken tupfen. Anschließend fein hacken. Die Schalotte schälen und ebenfalls klein hacken.

Alle Zutaten in eine Schüssel geben und mit den Zutaten für das Dressing würzen. Das Tomaten-Taboulé zur Seite stellen.

Weiter auf Seite 146

Für das Tomaten-Taboulé:
4 mittelgroße Tomaten
2 Bund glatte oder krause Petersilie
½ Schalotte
2 EL Sesamsamen

Für das Dressing:
Abrieb von ½ Bio-Zitrone
1 EL Zitronensaft
1½ EL Olivenöl
Salz und frisch gemahlener schwarzer Pfeffer

Zum Servieren:
Hummus (siehe Seite 83)
Tahini
Olivenöl
Sesamsamen

**Zubereitungszeit:
45 Minuten, plus 2 Stunden Ruhezeit**

Die Falafelmasse aus dem Kühlschrank nehmen. Mit einem Esslöffel kleine Kugel ausstechen und mit feuchten Händen zu walnussgroßen, aber leicht flach gedrückten Bällchen formen. Die Falafel sollten nicht zu rund sein, so lassen sie sich besser braten. So lange wiederholen, bis die Masse aufgebraucht ist.

Das Kokosöl in einer beschichteten Pfanne erhitzen und die Falafel von jeder Seite etwa 5 Minuten auf mittlerer Temperatur vorsichtig ausbraten; sie sollten leicht gebräunt sein.

Die Falafel mit dem Tomaten-Taboulé anrichten und nach Belieben mit Hummus, etwas Tahini, Olivenöl und Sesam garniert servieren.

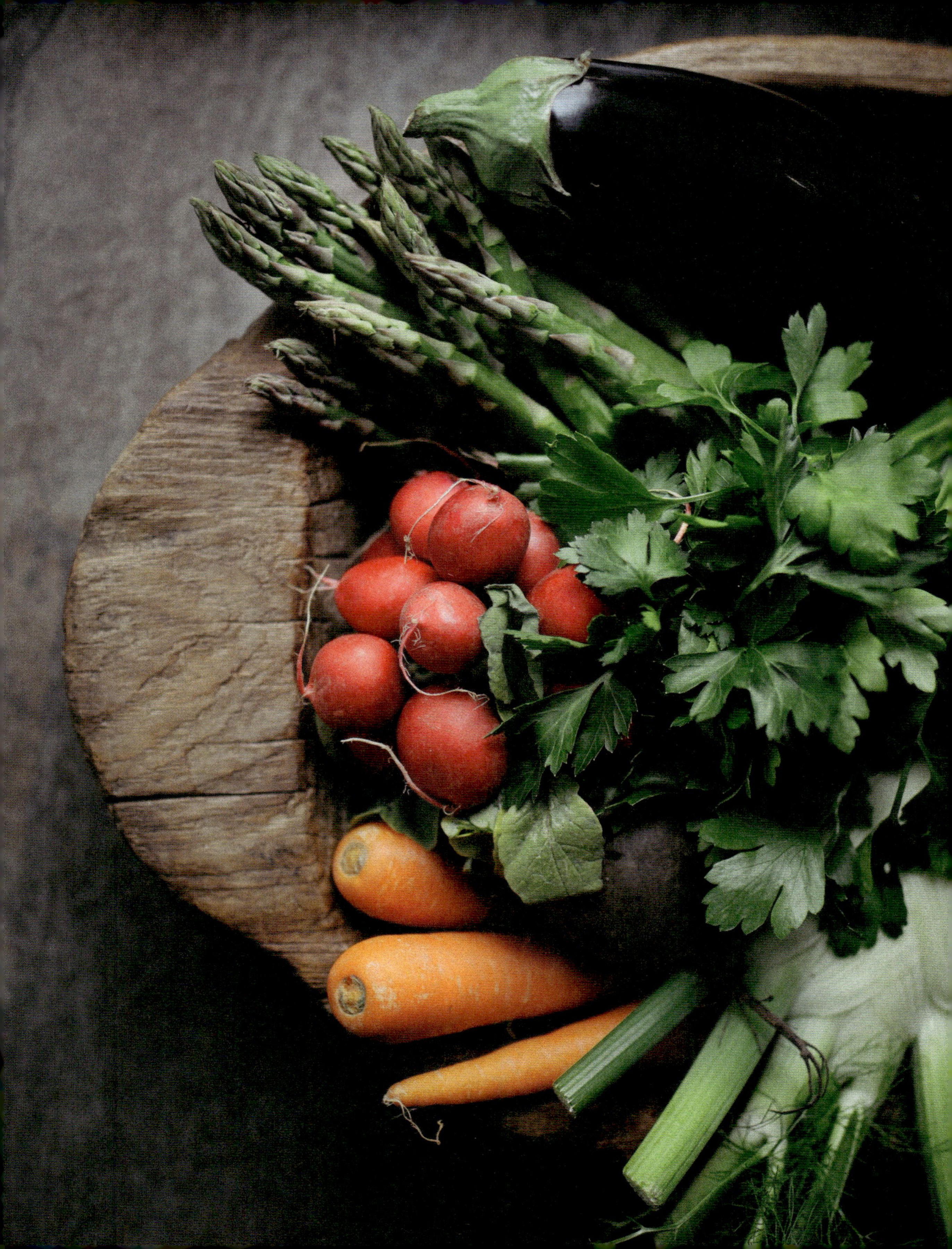

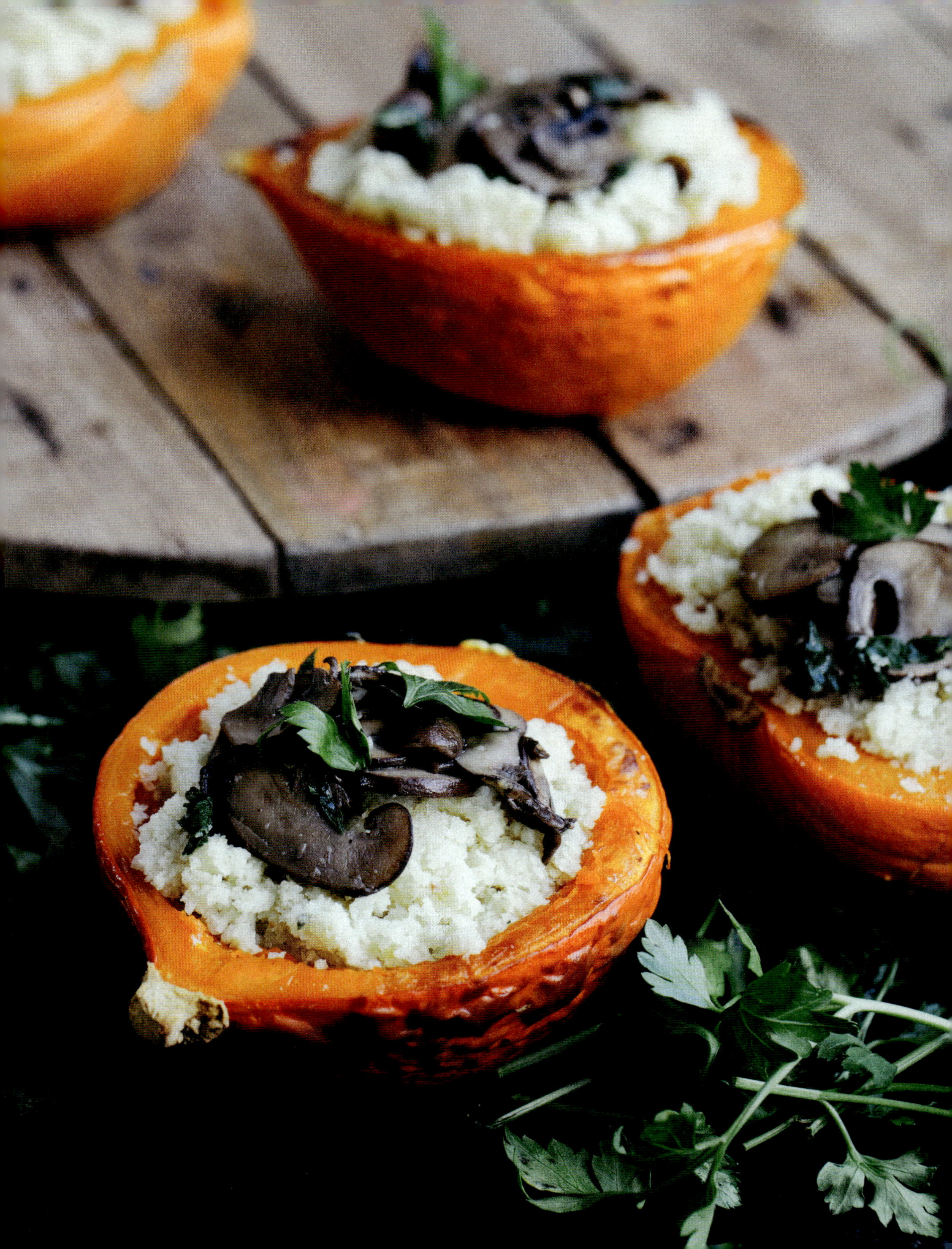

Kürbishälften mit Blumenkohlrisotto

Es gibt so einige Momente im Leben, da fühlt man sich ziemlich erwachsen. Bei der Steuererklärung zum Beispiel. Es gibt aber auch Momente, in denen man sich ein wenig mehr über dieses Gefühl freut. Mir ging es beim Kreieren dieses Rezeptes so. Als ich den Blumenkohlrisotto mit Weißwein ablöschte, roch es plötzlich ganz intensiv nach »Erwachsenen-Essen«.
Außerdem ist Blumenkohl eine wunderbare Alternative zu Reis. Mit weiteren Zutaten und Gewürzen verfeinert und in geröstete Kürbishälften gefüllt, entsteht eine tolle Mahlzeit für Auge und Gaumen.

Für 4 Personen

2 kleine Hokkaido-Kürbisse
1–2 TL Tamari (oder Sojasauce)
1½ Blumenkohl (800 g Röschen)
2½ EL Olivenöl
Meersalz
1 TL Cayennepfeffer
1 kleine Zwiebel
2 Stangensellerie
1 Knoblauchzehe
50 ml Weißwein
100 ml Gemüsebrühe
frisch gemahlener schwarzer Pfeffer
1 Prise Muskatnuss

Den Backofen auf 180 °C vorheizen.

Die Hokkaido-Kürbisse mit heißem Wasser waschen, der Länge nach halbieren und die Kerne mit einem Löffel herauskratzen. Die Kürbishälften mithilfe eines Pinsels gleichmäßig mit Tamari bestreichen. Dies ist optional, da Hokkaido-Kürbis aber relativ süß ist, mache ich dies gerne, um ihn ein wenig herzhafter zu gestalten.

Die Kürbishälften mit der aufgeschnittenen Seite nach unten auf ein mit Backpapier ausgelegtes Backblech legen und etwa 20 Minuten rösten, bis der Kürbis weich ist, aber nicht zerfällt.

In der Zwischenzeit die Blätter des Blumenkohls entfernen und die Röschen von den dicken Stielen abschneiden. Die Röschen in ein Sieb geben, gut waschen und abtropfen lassen.

Weiter auf Seite 150

250 g Champignons oder
eine andere Pilzsorte
1 Handvoll glatte Petersilie

**Zubereitungszeit:
50 Minuten**

Den Blumenkohl in einen Mixer geben und kurz körnig zerkleinern.

In einem Topf oder einer Pfanne 1 EL Olivenöl erhitzen, den »Blumenkohlreis« zugeben und mit Meersalz und Cayennepfeffer würzen. Gut verrühren und 5 Minuten bei mittlerer Temperatur anbraten.

Die Zwiebel schälen und in Würfel schneiden. Den Sellerie waschen und ebenfalls fein würfeln. Den Knoblauch schälen und fein hacken oder durch die Knoblauchpresse drücken.

1 weiteren EL Olivenöl in einer Pfanne erhitzen, Zwiebeln und Sellerie darin etwa 10 Minuten bei niedriger Temperatur glasig dünsten, dann den Knoblauch dazugeben und 1–2 Minuten weiterdünsten. Die Temperatur etwas nach oben schalten, den Blumenkohlreis sowie etwas Meersalz dazugeben. Etwa 5 Minuten rösten und anschließend mit Weißwein ablöschen. Die Gemüsebrühe zugeben und mit etwas Pfeffer und Muskat abschmecken; 5 Minuten weitergaren.

In der Zwischenzeit die Pilze putzen und in feine Scheiben schneiden. Die Petersilie waschen, die groben Stile entfernen und den Rest hacken. Einige Blättchen für die Dekoration zur Seite stellen.

In einer separaten Pfanne das restliche Olivenöl stark erhitzen und die Pilze 6–8 Minuten scharf darin anbraten; erst am Ende mit Salz würzen. Dabei nicht zu häufig umrühren, damit die Pilze schön gebräunt werden. Zum Schluss die Petersilie unterrühren.

Die gebackenen Kürbishälften mit dem Blumenkohlrisotto füllen und die Pilze darauf verteilen. Mit den Petersilienblättchen garnieren und servieren.

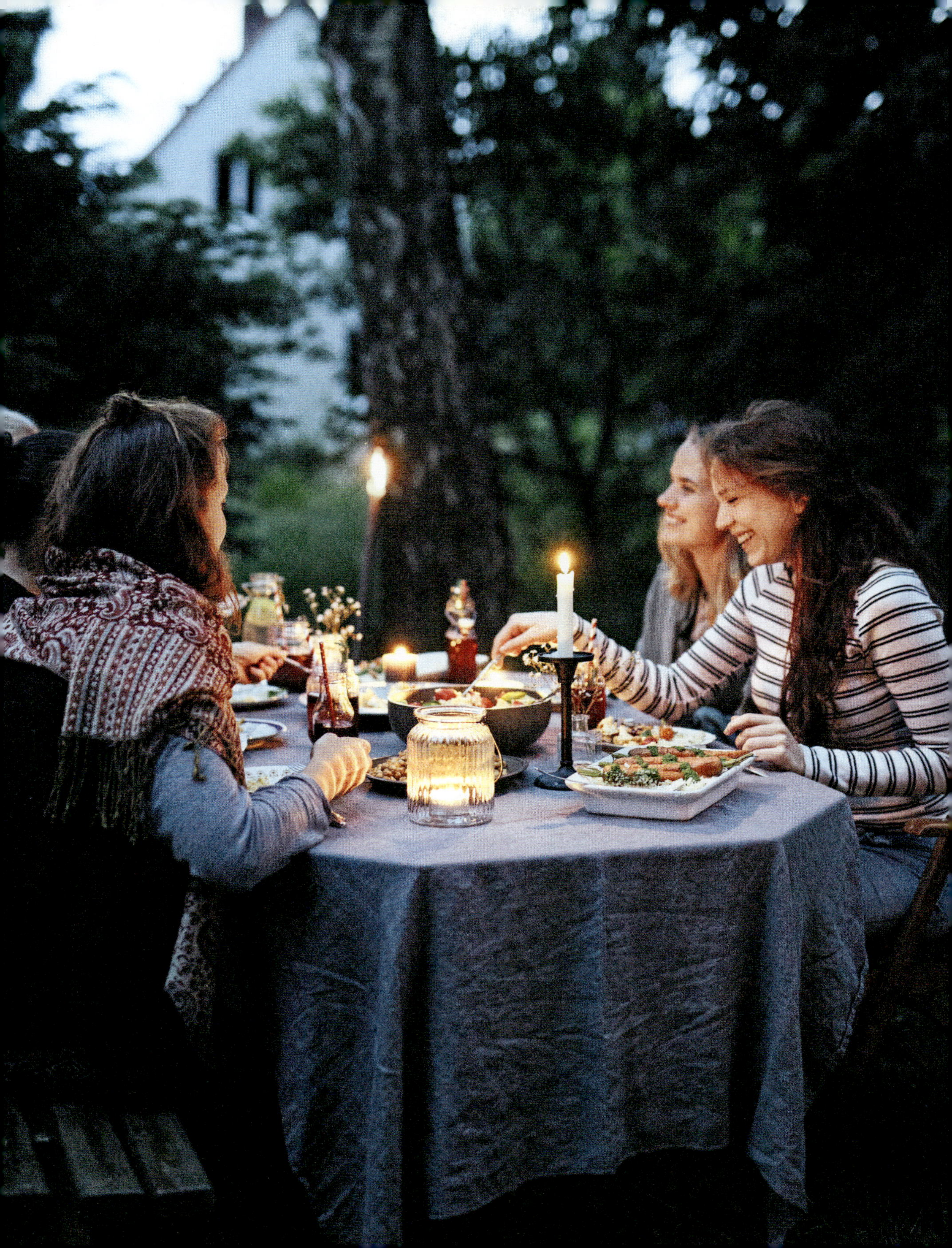

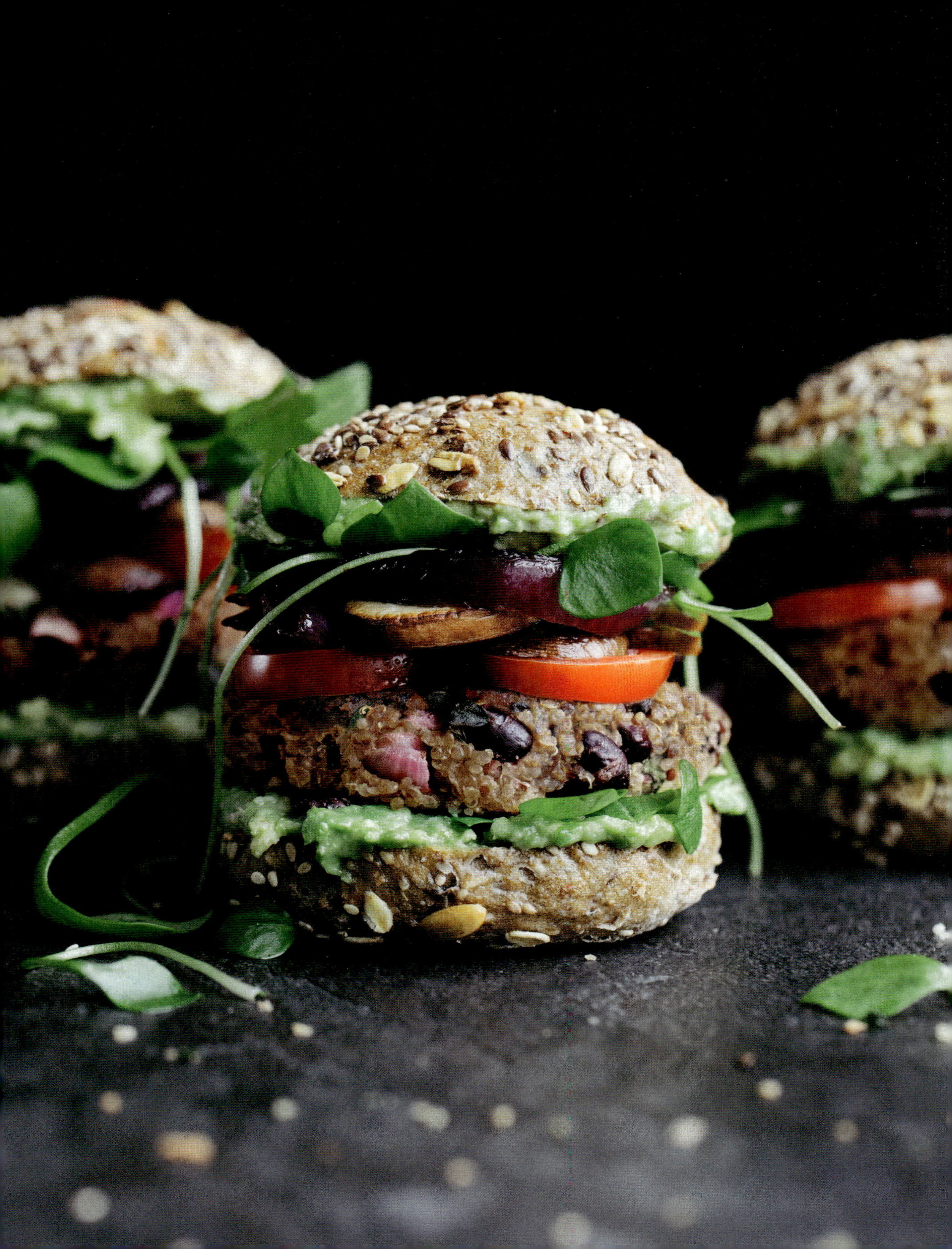

AM WOCHENENDE

Quinoa-Bohnen-Burger

Für 6 Patties

Für die Patties:
120 g Quinoa
60 g schwarze Bohnen
1 TL Gemüsebrühe
1 kleine rote Zwiebel
1 Knoblauchzehe
½ EL Olivenöl
½ TL Salz
frisch gemahlener schwarzer Pfeffer
1 Prise Cayennepfeffer
1 TL Dijonsenf
1 TL Zitronensaft
1 EL Tomatenmark
40 g Buchweizenmehl
2 TL Kokosöl zum Anbraten

Für das Leinsamen-Ei:
1 EL geschrotete Leinsamen

Für den Belag:
1 Handvoll frischer Babyblattspinat oder Rucola
1 rote Zwiebel
4 Pilze
1 Tomate
1 Avocado
Olivenöl zum Anbraten
1 EL Balsamicoessig
Salz

Weiter auf Seite 154

Für die Patties die Bohnen über Nacht in Wasser einweichen. Am nächsten Tag abgießen, kurz abspülen und mit 150 ml Wasser zum Kochen bringen; dann etwa 90 Minuten weich kochen. In der Zwischenzeit die Zwiebel schälen und in Würfel schneiden. 5 Minuten vor Ende der Kochzeit der Bohnen die Zwiebel dazugeben, fertig kochen und abgießen.

Die Quinoa gründlich waschen und mit der doppelten Menge Wasser und der Gemüsebrühe zum Kochen bringen. Dann 10–15 Minuten bei geringer Temperatur ohne Deckel köcheln lassen, vom Herd nehmen und 5 Minuten quellen lassen.

Für das Leinsamen-»Ei« die geschroteten Leinsamen mit 3 EL Wasser in einer kleinen Schüssel vermengen und quellen lassen, dies ergibt das »Leinsamen-Ei« als Bindemittel für die Patties.

Die Hälfte der Quinoa und die Hälfte der Bohnen mit dem Leinsamen-Ei in einen Mixer geben. Den Knoblauch schälen und zusammen mit Öl, Gewürzen, Senf, Zitronensaft und Tomatenmark dazugeben und zu einer Masse verarbeiten. Diese immer wieder mit einem Löffel von den Seiten des Mixers schaben, sodass alles gut vermengt wird. Die Masse in eine Schüssel umfüllen und restliche Bohnen, Quinoa sowie das Buchweizenmehl unterheben.

Für den Belag den Spinat waschen, harte Stängel abtrennen und den Rest klein schneiden. Die rote Zwiebel in Ringe schneiden. Die Pilze putzen und in Scheiben schneiden. Die Tomate waschen und ebenfalls in Scheiben schneiden.
Die Avocado halbieren, den Kern entfernen und das Avocadofleisch herauslösen; mit einer Gabel zerquetschen. Alle Zutaten zum Belegen der Burger beiseitestellen.

Außerdem:
Petersilien-Hanf-Pesto
(siehe S. 79)
(alternativ: gekauftes Pesto)
6 Brötchen nach Wahl

Zubereitungszeit:
45 Minuten, plus
90 Minuten Kochzeit und
8 Stunden Einweichzeit

In einer Pfanne das Olivenöl erhitzen und die Zwiebelringe kurz scharf darin anbraten, dann mit Balsamico ablöschen. 1 Minute weiterbraten, bis die Flüssigkeit verdunstet ist, mit etwas Salz würzen. Die Zwiebeln herausnehmen und beiseitestellen.

Nochmals ein wenig Öl in die Pfanne geben und die Pilze kurz scharf darin anbraten. Dabei nur einmal wenden, so werden sie schön braun und ziehen nicht zu viel Wasser. Erst wenn die Pilze gebräunt sind, mit etwas Salz würzen.

Das Kokosöl in einer Pfanne erhitzen und die Patties zuerst bei hoher Temperatur etwa 2 Minuten scharf anbraten, dann die Temperatur herunterschalten und weitere 5 Minuten von der gleichen Seite braten. Die Patties wenden und 10 Minuten fertig braten.

Zum Belegen die Brötchen quer aufschneiden. Die Oberseite mit Petersilien-Hanf-Pesto bestreichen und anschließend auf beiden Seiten etwas Avocadocreme verteilen. Auf die Unterseite zusätzlich einige Spinatblätter legen. Je 1 Patty, Tomaten, Pilze und karamellisierte Zwiebeln daraufschichten und wieder mit etwas Spinat belegen. Mit je einem bestrichenen »Deckel« abschließen.

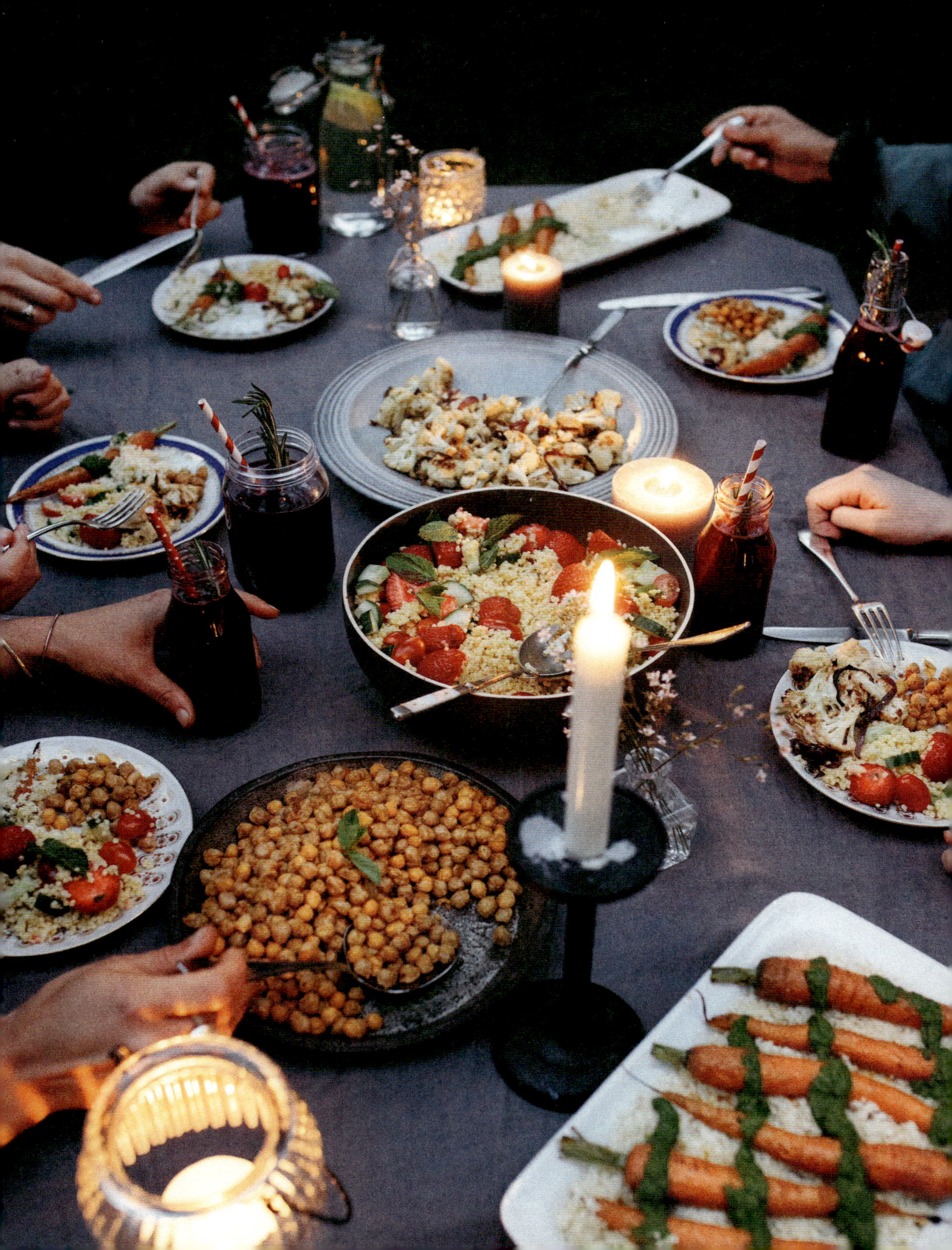

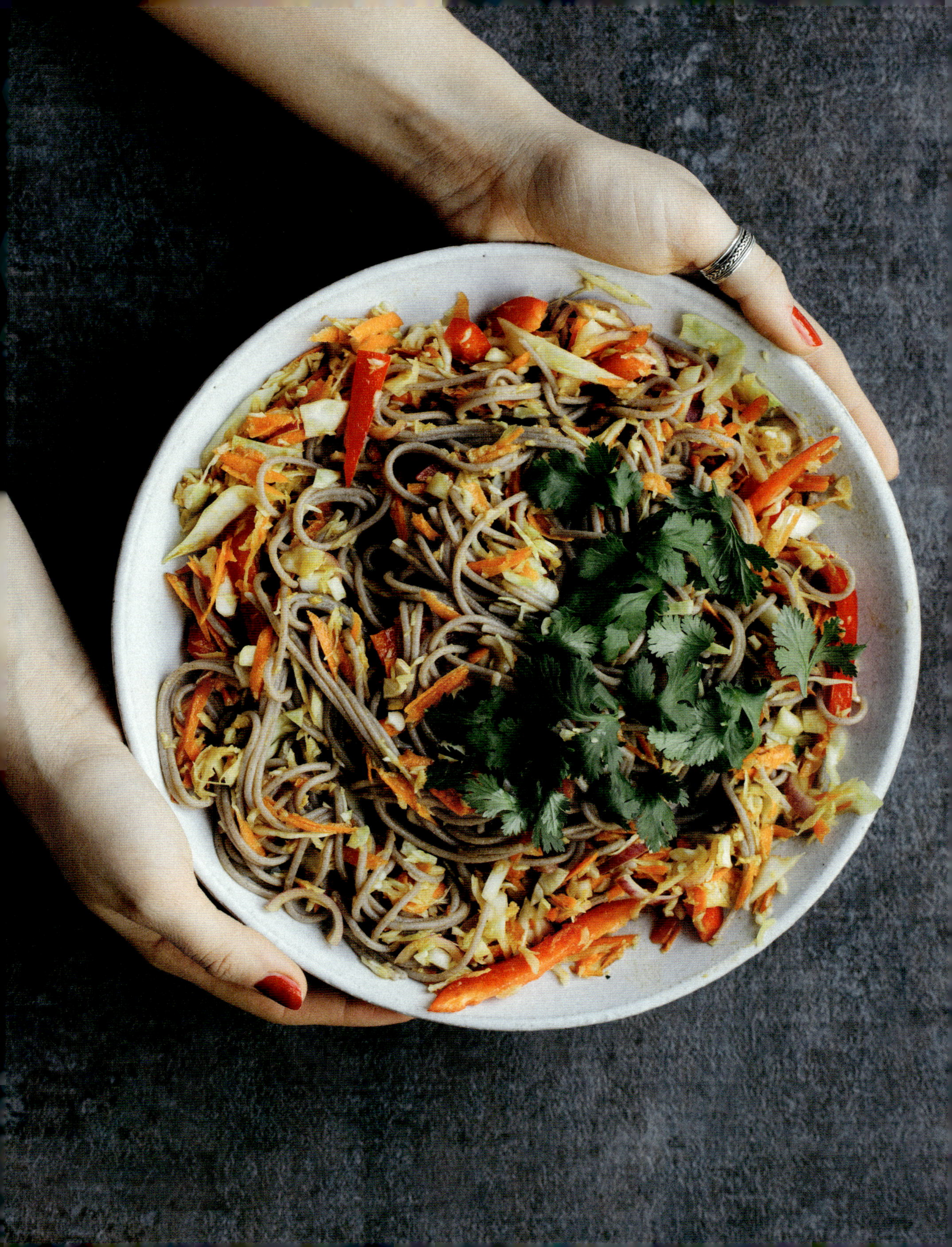

Buchweizennudeln mit Kohlgemüse und Ingwer-Dressing

Eine Abwandlung dieses Gerichts aß ich das erste Mal bei meiner Freundin in Brooklyn, New York. Eines Abends waren wir zu Gast bei einer Kochbuchautorin. Sie empfing uns mit einer Tafel voller Salate und ich verliebte mich sofort in den leckeren Buchweizennudelsalat. Ich bin sehr zufrieden mit meiner Variante davon und fühle mich beim Genießen wie im frühlingshaften Brooklyn.

Für 4 Personen

Für den Nudelsalat:
1 Paprikaschote
2 Karotten
½ mittelgroßer Kopf Weißkohl
½ TL Salz
200 g Buchweizen – oder Udon-Nudeln
1 Handvoll Koriander

Für das Dressing:
50 g Ingwer
2–3 EL Tamari (alternativ: Sojasauce)
1 EL Apfelessig
3 EL Rapsöl

**Zubereitungszeit:
20 Minuten**

Für den Salat die Paprika waschen, halbieren, dann Kern und weiße Trennwände entfernen und den Rest in feine, dünne Streifen schneiden. Die Karotten waschen und mit einer Reibe fein raspeln. Paprika und Karotten in eine große Schüssel geben.

Die äußeren Blätter des Weißkohls entfernen, den Strunk herausschneiden und den Rest ebenfalls grob raspeln. Den Kohl in eine Schüssel geben und das Salz darüberstreuen. Den Kohl mit den Händen gut kneten, dann zur Seite stellen. Eventuell gezogenes Wasser später bei Bedarf abgießen.

Die Nudeln nach Packungsangabe in Salzwasser kochen, anschließend abgießen, mit warmen Wasser abschrecken und in die Schüssel zu Paprika und Karotten geben.

Für das Dressing den Ingwer schälen und reiben. Mit den restlichen Zutaten in eine kleine Schüssel geben, zu einem homogenen Dressing verrühren, über die Nudeln gießen und gut vermengen. Den Kohl zum Salat geben und alles vermengen. Den Koriander abbrausen, trocken schütteln, die Blättchen abzupfen und über den Salat streuen.

Süßkartoffel-Gnocchi mit Thymian-Zitronen-Ghee

Dieses Rezept mag auf den ersten (und vielleicht auch auf den zweiten) Blick ein wenig komplizierter und zeitaufwändiger wirken, aber es ist es allemal wert! Es ist nicht nur ein visuelles Highlight, sondern auch ein geschmackliches!
Ich kann jedoch dazu raten, sich beim Zubereiten ein paar helfende Hände einzuladen, da es doch ein wenig aufwendiger ist, als manch anderes Rezept. Und mehr Spaß macht es in der Runde sicherlich auch!

Für etwa 4 Personen

Für die Süßkartoffel-Gnocchi:
700 g Süßkartoffeln
1 Stück Ingwer (1 cm), gerieben
1 kleine getrocknete Chilischote
160 g Dinkelvollkorngrieß
80 g Dinkelvollkornmehl, plus etwas zum Bestäuben
1 TL Salz
½ TL geriebene Muskatnuss
1 TL Kurkuma

Den Backofen auf 150 °C vorheizen.

Die Süßkartoffeln halbieren und auf ein mit Backpapier ausgelegtes Backblech legen. 40–50 Minuten im Ofen backen, bis die Süßkartoffeln weich sind.

Kurz abkühlen lassen und aus der Schale lösen. Die Süßkartoffeln mit Ingwer und Chili in einem Mixer pürieren, bis eine weiche Masse entstanden ist.

In einer Schüssel das Süßkartoffelpüree mit Dinkelvollkorngrieß, Dinkelvollkornmehl, Kurkuma und Salz zügig vermengen; mit Muskatnuss abschmecken. Falls der Teig noch zu klebrig ist, mehr Mehl hinzufügen.

Den Teig zu zwei Kugeln formen und 20–30 Minuten im Kühlschrank ruhen lassen. Anschließend die Teigkugeln mit etwas Mehl bestäuben und zu einer langen Rolle formen.

Weiter auf Seite 161

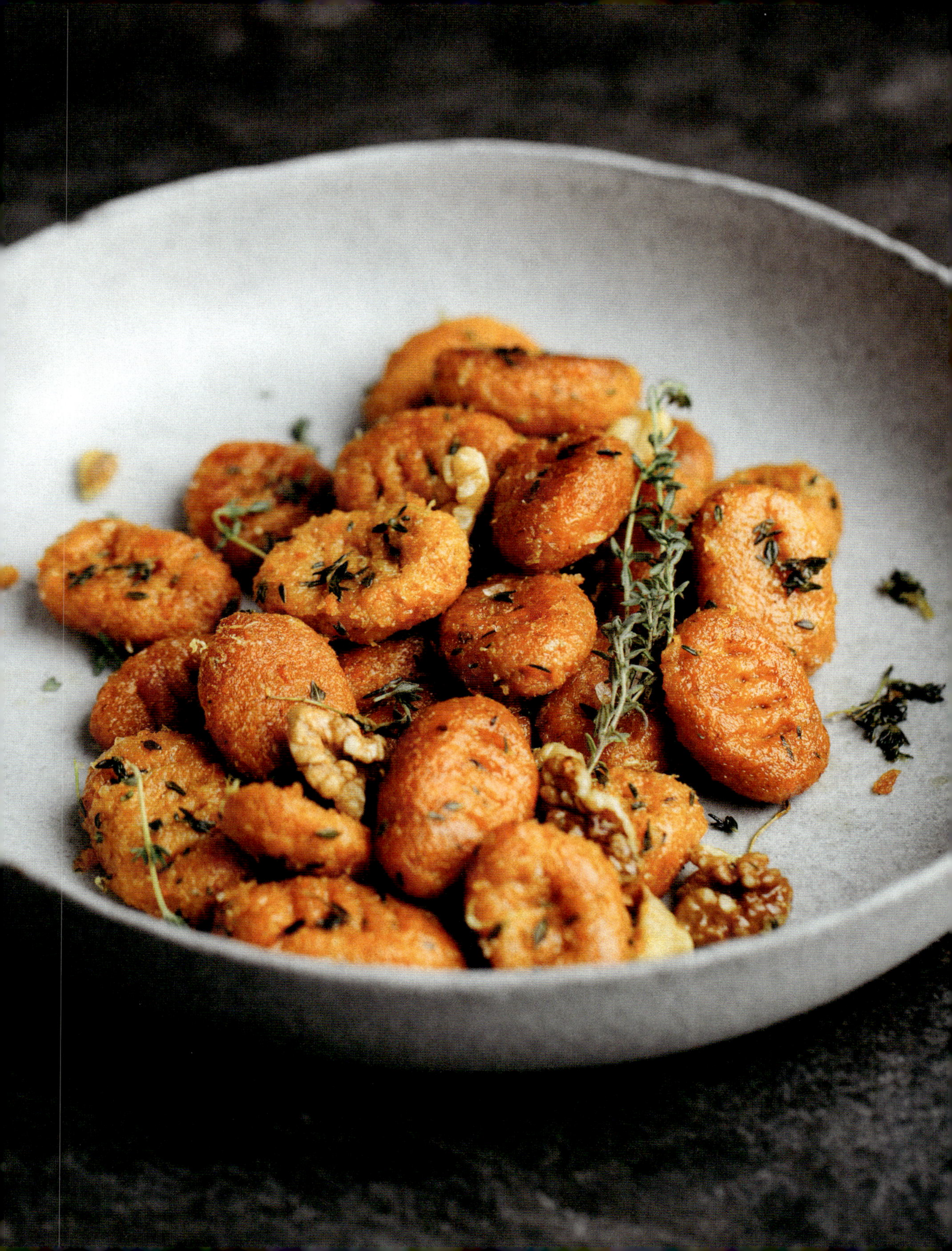

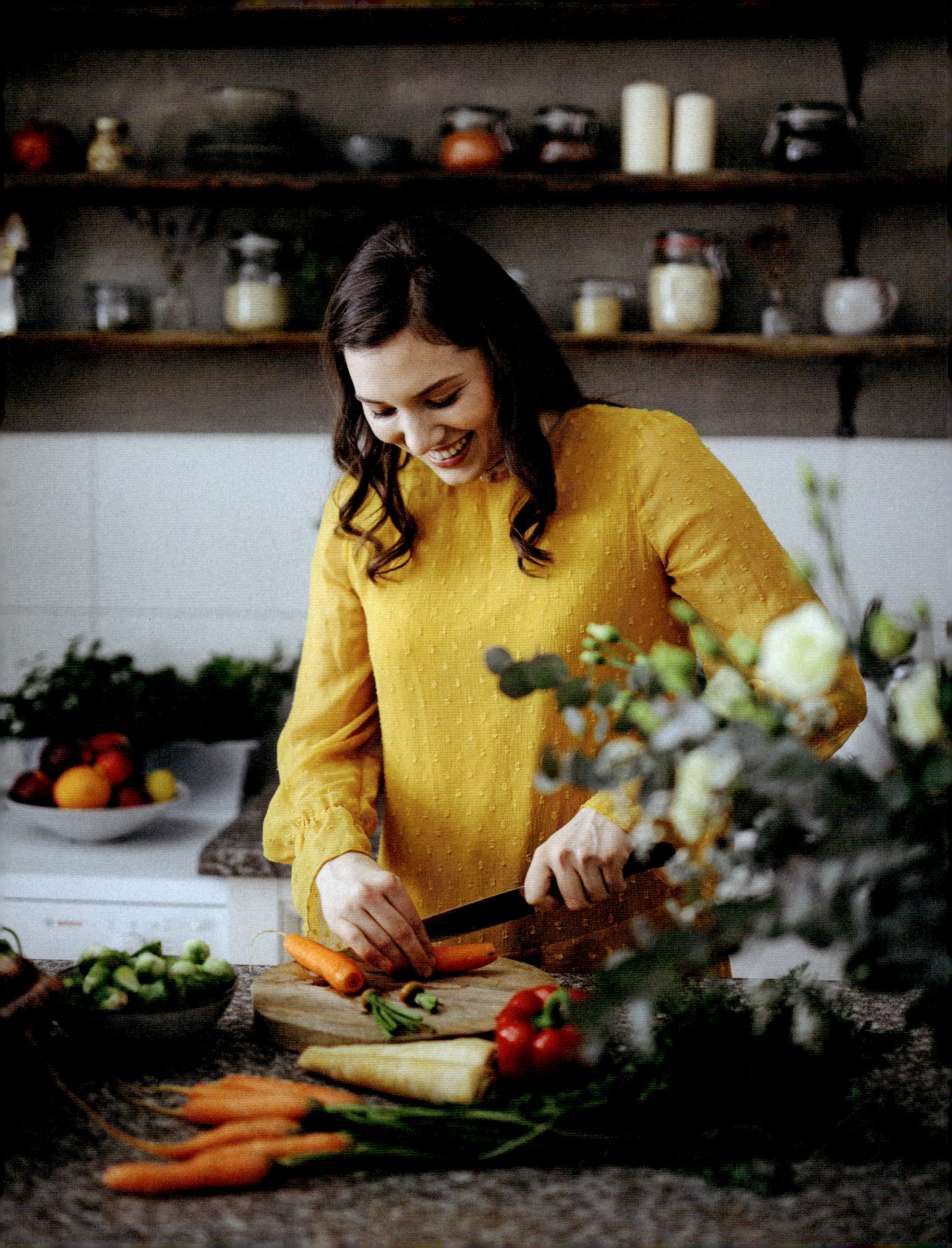

**Für die Thymian-
Zitronen-Butter**
3 EL Ghee
6 Thymianzweige, plus bei
Bedarf mehr
2 Handvoll Walnüsse
Abrieb von ½ Bio-Zitrone
1 TL Zitronensaft
grobes Meersalz
frisch gemahlener schwarzer
Pfeffer

**Zubereitungszeit:
etwa 90 Minuten**

Etwa 2 cm große Stücke von der Rolle schneiden und die Teigstücke zu kleinen Gnocchi formen und mit einer Gabel leicht platt drücken. Die fertigen Gnocchi auf einem Teller zur Seite stellen.

Für die Thymian-Zitronen-Butter das Ghee in einer Pfanne erhitzen, den Thymian dazugeben und die Gnocchi leicht darin anrösten, bis sie etwas knusprig werden.

Die Walnüsse grob zerkleinern. Walnüsse sowie Zitronenabrieb und -saft zu den Gnocchi geben, alles nochmals gut vermengen und mit Meersalz und Pfeffer abschmecken.

Gnocci können auch gut auf Vorrat zubereitet werden. Dafür die Zutaten verdoppeln und die Gnocchi nach dem Formen direkt im Tiefkühlfach einfrieren. Bei Bedarf herausnehmen, auftauen lassen und dann in der Pfanne anrösten.

Die Buttersauce kann auch leicht veganisiert werden, indem Ghee durch Olivenöl ersetzt wird!

Auberginen-Lasagne

Diese Lasagne mag ein wenig anders aussehen als die allseits bekannte Version, geschmacklich kann sie aber bei Weitem mithalten. Auberginen bilden hier die Schichtgrundlage anstelle der sonst üblichen Pasta und gefüllt wird das Ganze mit Gemüse und Bohnen. Nährstoffreich sättigend und einfach lecker!

Für 2 Personen

2 Auberginen
2 EL Olivenöl
Salz
1 Knoblauchzehe
1 kleine rote Zwiebel
125 g weiße Bohnen (aus der Dose)
1 Karotte
1 Selleriestange
5 getrocknete Tomaten
200 g passierte Tomaten
10 Blätter Basilikum
1 EL Balsamico-Essig
frisch gemahlener schwarzer Pfeffer
2 Handvoll Rucola

Zubereitungszeit: 45 Minuten

Optional: Geröstete Sonnenblumen-, Kürbis- oder Pinienkerne über die Auberginen-Lasagne geben.

Den Backofen auf 200 °C vorheizen. Auberginen waschen und der Länge nach in dünne Scheiben (0,5–1 cm) schneiden.

Die Auberginenscheiben auf ein mit Backpapier ausgelegtes Backblech legen. 1 EL Olivenöl gleichmäßig über den Auberginenscheiben verteilen, am besten mit einem Küchenpinsel. Anschließend etwas salzen und 20 Minuten im Ofen rösten. Nach der Hälfte der Zeit einmal wenden.

Den Knoblauch schälen und hacken. Die Zwiebel schälen und würfeln. Die Bohnen in ein Sieb gießen und abtropfen lassen. In einer Pfanne 1 EL Olivenöl erhitzen und Zwiebeln und Knoblauch bei mittlerer Temperatur darin anschwitzen.

Karotte und Sellerie waschen und beides fein würfeln. In die Pfanne zur Zwiebel-Knoblauch-Mischung geben und etwa 5 Minuten anbraten. Die getrockneten Tomaten klein schneiden. Bohnen, getrocknete Tomaten, passierte Tomaten, Basilikum und Balsamico zufügen und 10 Minuten bei geringer Temperatur köcheln lassen. Mit Salz und Pfeffer abschmecken.

Die Auberginen aus dem Ofen nehmen. Den Rucola waschen und abtrocknen. Jeweils eine Handvoll auf den Tellern verteilen. Auberginenscheiben und Bohnen-Gemüse-Füllung im Wechsel stapeln.

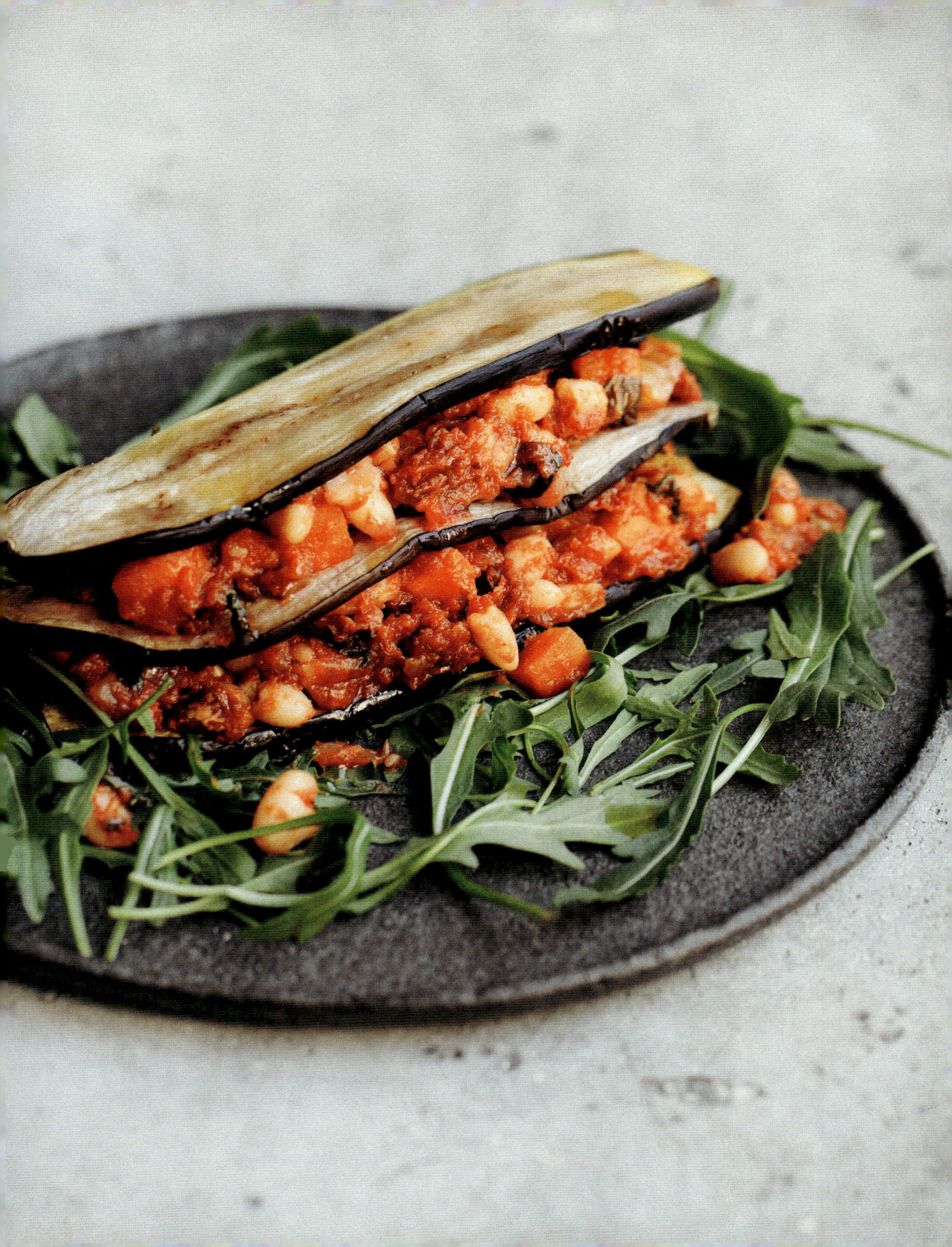

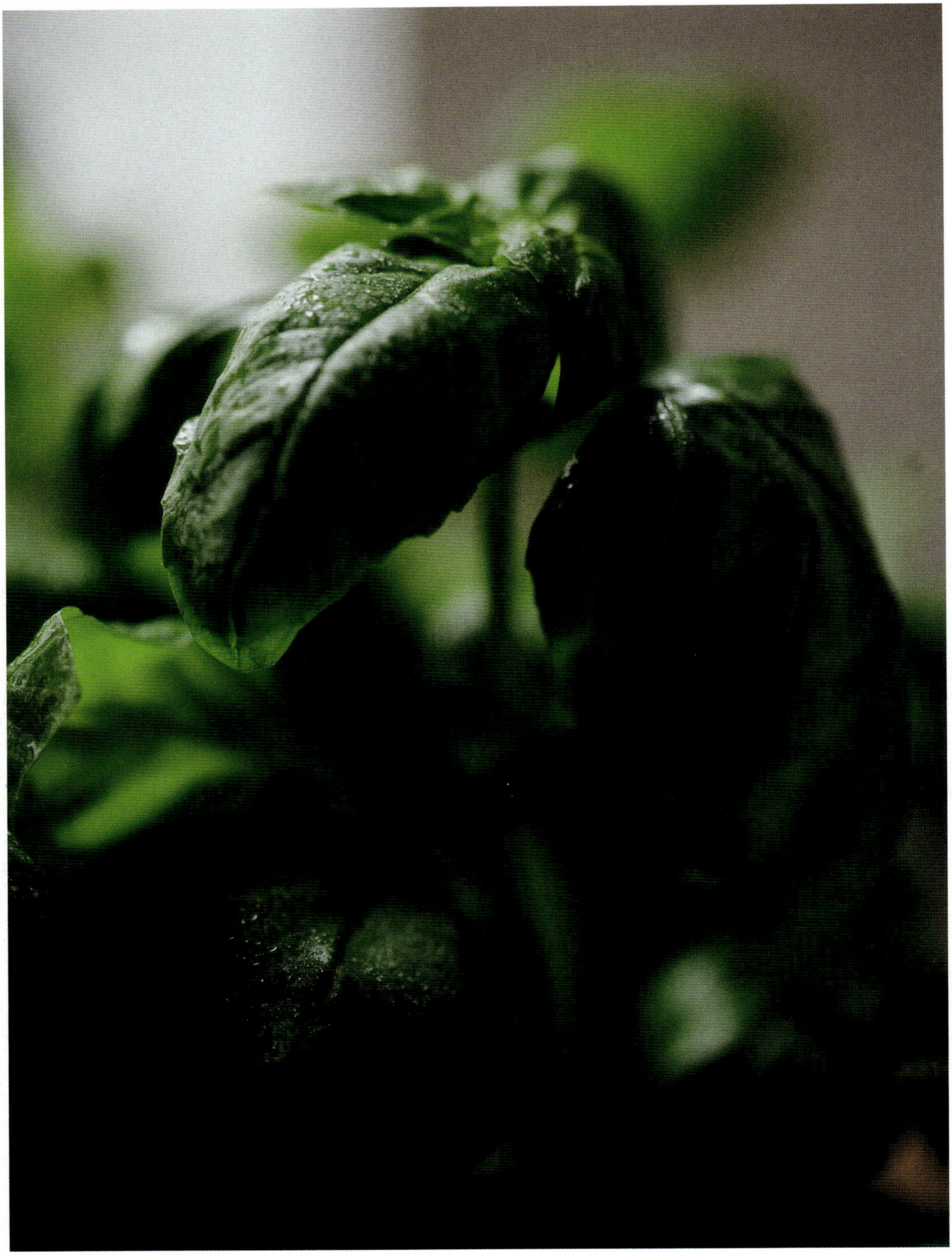

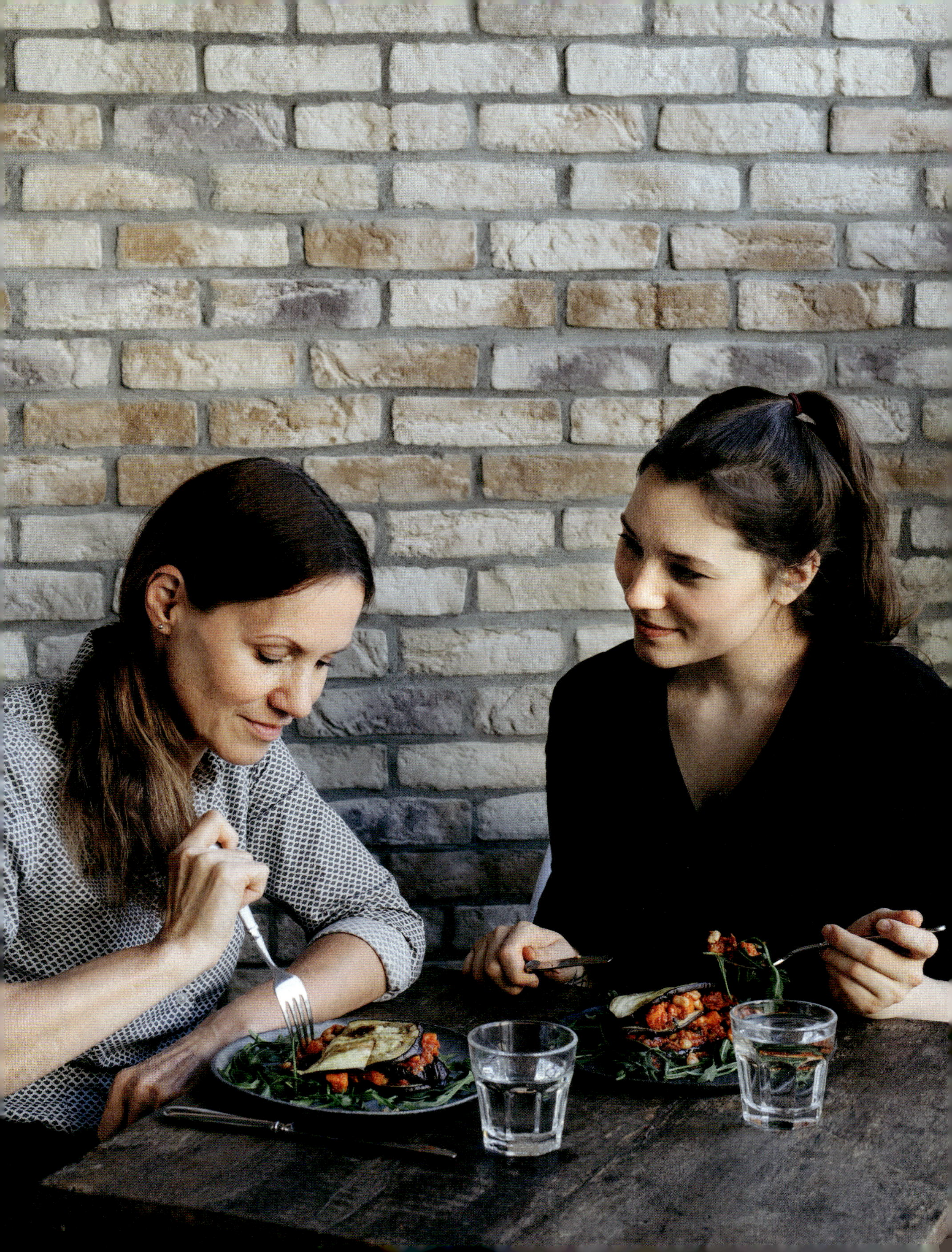

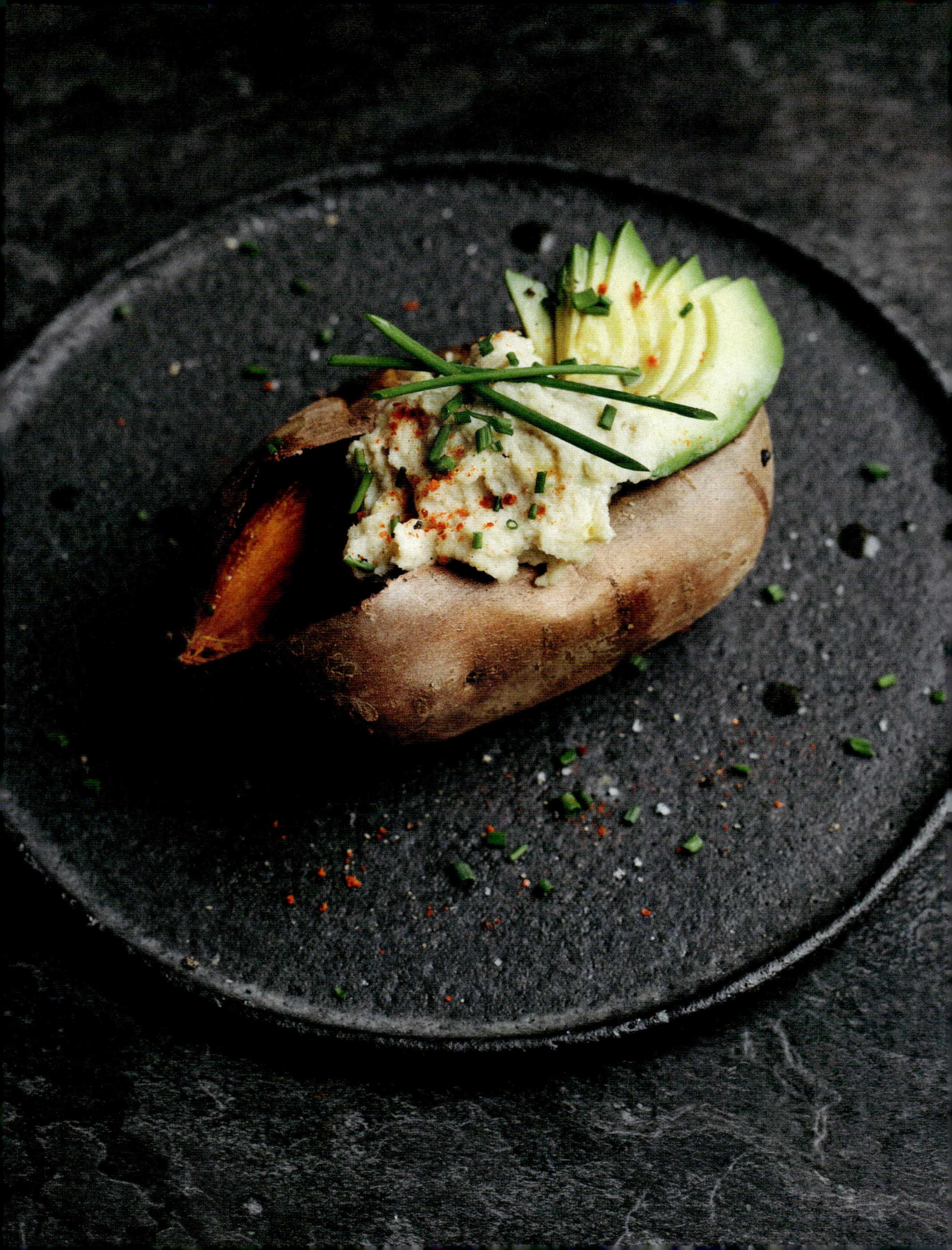

Gebackene Süßkartoffel mit Cashew-Käse

Für 4 Personen

4 Süßkartoffeln
1 Avocado, gefächert,
200 g Cashew-Käse
(siehe Seite 75)
1 kleines Bund Schnittlauch
Salz und frisch gemahlener
schwarzer Pfeffer
Cayennepfeffer
Olivenöl

**Zubereitungszeit:
etwa 50 Minuten**

Den Backofen auf 200 °C vorheizen.

In jede Süßkartoffel mit einem Messer einen Schlitz einritzen. Auf ein mit Backpapier ausgelegtes Backblech legen und im Ofen 45–60 Minuten backen. Die Zeit hängt von der Größe der Süßkartoffeln ab – mit einem Stäbchen testen; sie sollten innen schön weich sein.

In der Zwischenzeit die Avocado halbieren, den Kern entfernen und das Avocadofleisch fächerartig aufschneiden.

Die Süßkartoffeln aus dem Ofen nehmen und mit Cashew-Käse toppen. Jeweils ein Viertel der Avocado als Fächer daraufsetzen. Den Schnittlauch waschen, klein schneiden und aufstreuen. Mit etwas Salz, Pfeffer und Cayennepfeffer würzen und zum Schluss etwas Olivenöl darauftäufeln.

UNTERWEGS

In diesem Kapitel – das ich auch gerne heimlich »Party Food« nenne – habe ich mich auf Rezepte konzentriert, die gut zu transportieren sind. Passend zu jeder Art von (kulinarischen) Zusammenkünften. Fingerfood für Partys, Filmabende, Büfetts, Treffen im Park oder Picknicks, zu denen jeder eine Kleinigkeit beisteuert. Eine wilde und bunte Mischung an Gerichten, deren Zusammenstellung – zugegebenermaßen – unglaublich viel Spaß gemacht hat und die euch hoffentlich auch so viel Freude bereiten wird.

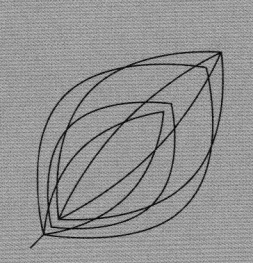

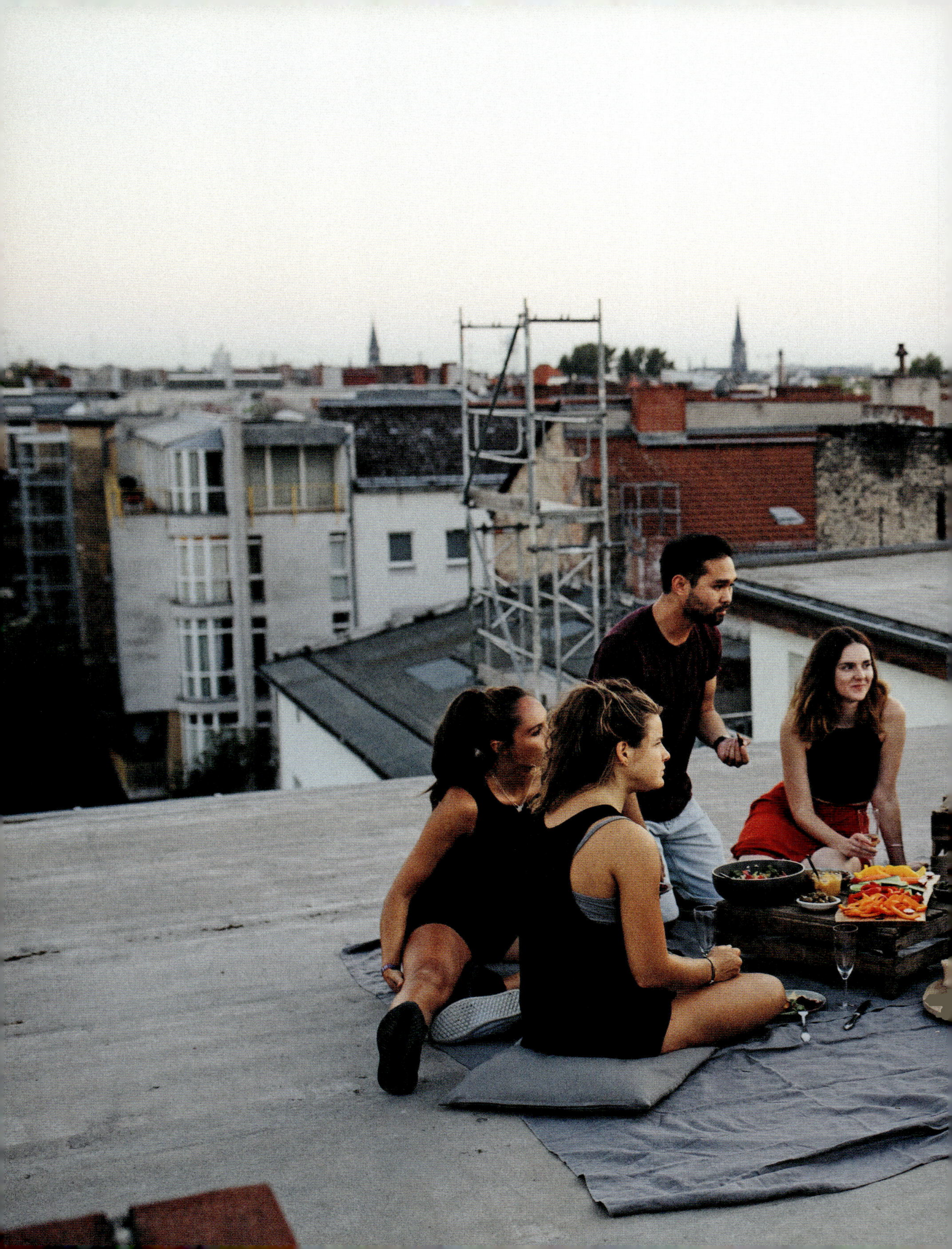

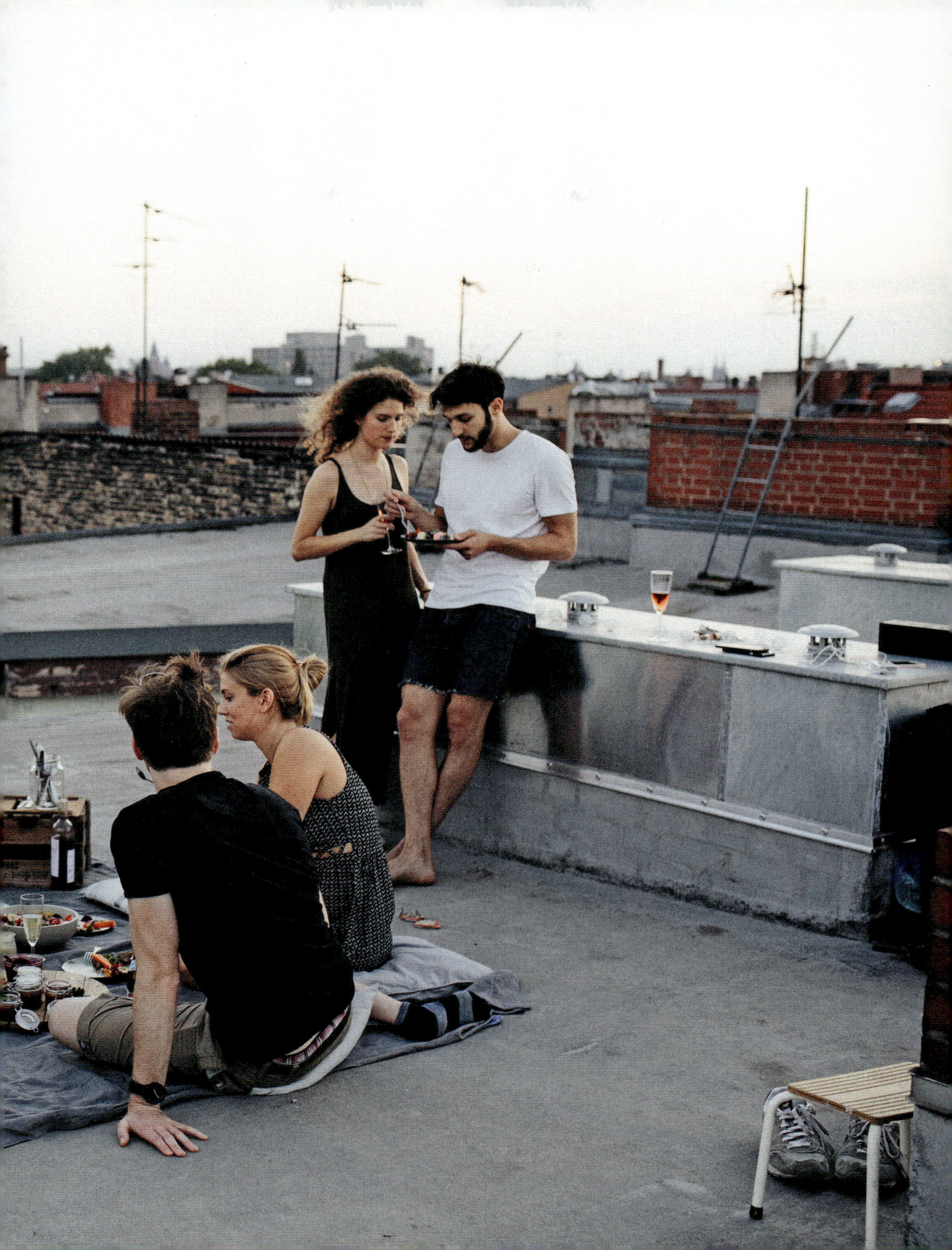

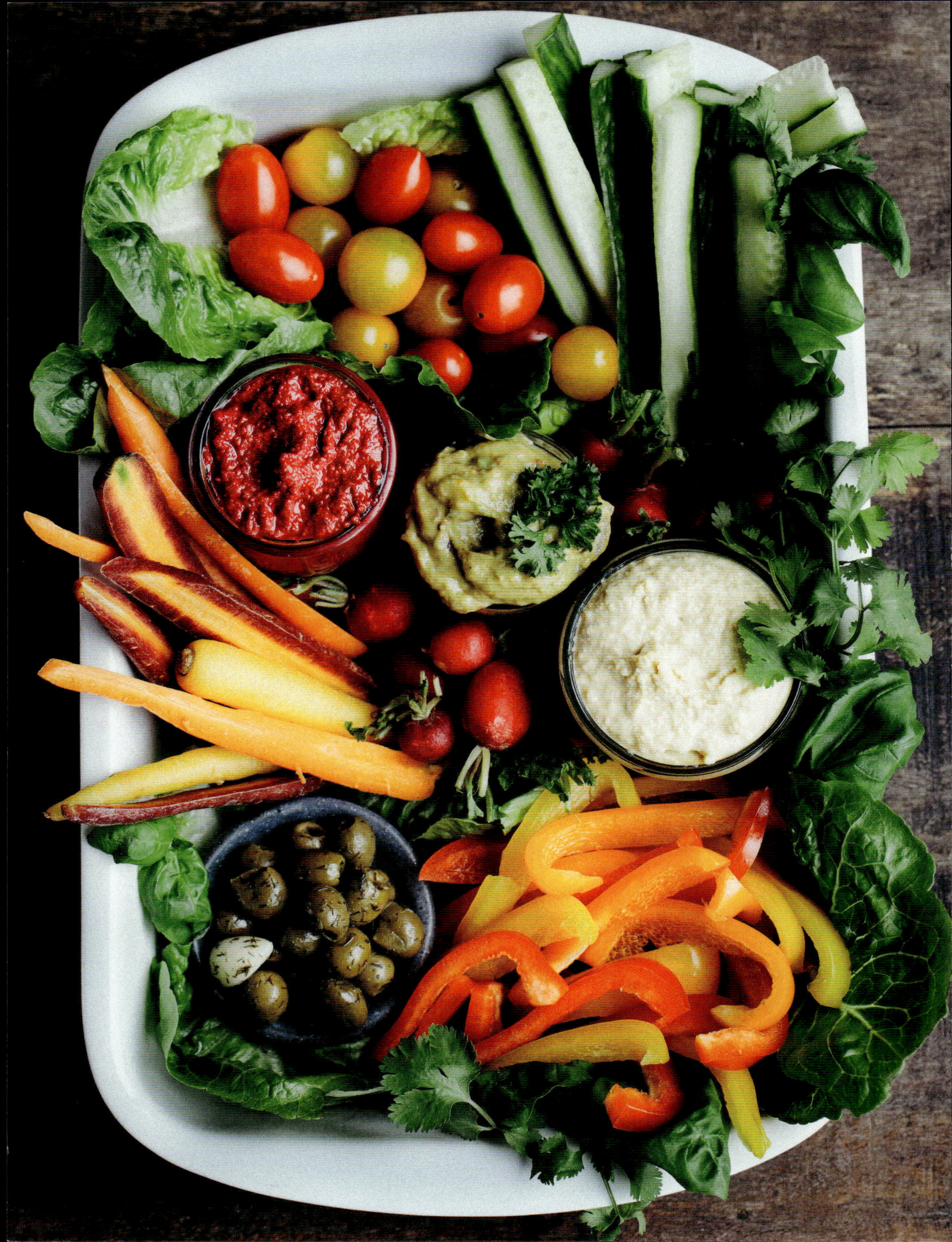

Bunte Platte

Ich bin ja ein großer Fan von Gemüseplatten, besonders wenn spontan Besuch vor der Tür steht. Irgendwann kommt der Hunger nämlich immer. Karotten, Paprika, Gurke und Tomaten sind meine Standard-Gemüsesorten, die ich meistens zu Hause habe. Auch Sellerie, Pilze oder, wie hier, Radieschen und Oliven eignen sich immer.
Gute Dips sind dabei essenziell (und meist auch am schnellsten weg). Meine Favoriten: Der unschlagbare Klassiker Hummus (siehe S. 72), Rote-Bete-Bohnen-Dip und eine Guacamole-Variante.

Guacamole

Als Dip für 4 Personen

2 Avocados
1 große Tomate
Saft von 1 Zitrone
1 kleine rote Zwiebel
1 kleine Knoblauchzehe
1 Handvoll glatte Petersilie
1 Handvoll Sonnenblumenkerne
Salz und frisch gemahlener schwarzer Pfeffer

Die Avocado halbieren, entkernen und das Fleisch aus der Avocado lösen; in eine Schüssel geben.

Die Tomate waschen, halbieren und den Strunk entfernen. Dann in kleine Würfel schneiden. Avocado und Tomaten in einer Schüssel mit einer Gabel zerdrücken, den Zitronensaft zugeben und alles gut miteinander vermengen.

Die Zwiebel schälen und in Würfel schneiden. Den Knoblauch pressen oder in kleine Stücke hacken.

Die Petersilie waschen und grob zerkleinern. Alles miteinander vermischen.

Die Sonnenblumenkerne in einer kleinen Pfanne ohne Fett bei mittlerer Temperatur anrösten, bis sie beginnen zu duften und goldbraun werden.

Weiter auf Seite 174

Die Sonnenblumenkerne zur Guacamole geben und alles mit einem Stabmixer grob pürieren. Mit Salz und Pfeffer würzen.

Hummus

Das Rezept für »Original Hummus« befindet sich auf Seite 73.

Rote-Bete-Bohnen-Dip

Als Dip für 4 Personen

1 mittelgroße rohe Rote Bete
1 kleine rote Zwiebel
250 g weiße Bohnen, gekocht
1 kleine Knoblauchzehe
1 EL Olivenöl
½ EL Apfelessig
½ EL Balsamicoessig
½ TL Salz
frisch gemahlener schwarzer Pfeffer
30 ml warmes Wasser

Die Rote Bete mit einem Sparschäler schälen; dazu unbedingt Handschuhe tragen, sie färbt stark ab. Die Zwiebel schälen und in feine Würfel schneiden.

Alle Zutaten – bis auf die Zwiebeln – mit einem Stabmixer zu einer homogenen Masse verarbeiten. Die Zwiebelwürfel unter den Dip rühren.

Die Dips halten sich in einem luftdichten Gefäß etwa 1 Woche im Kühlschrank.

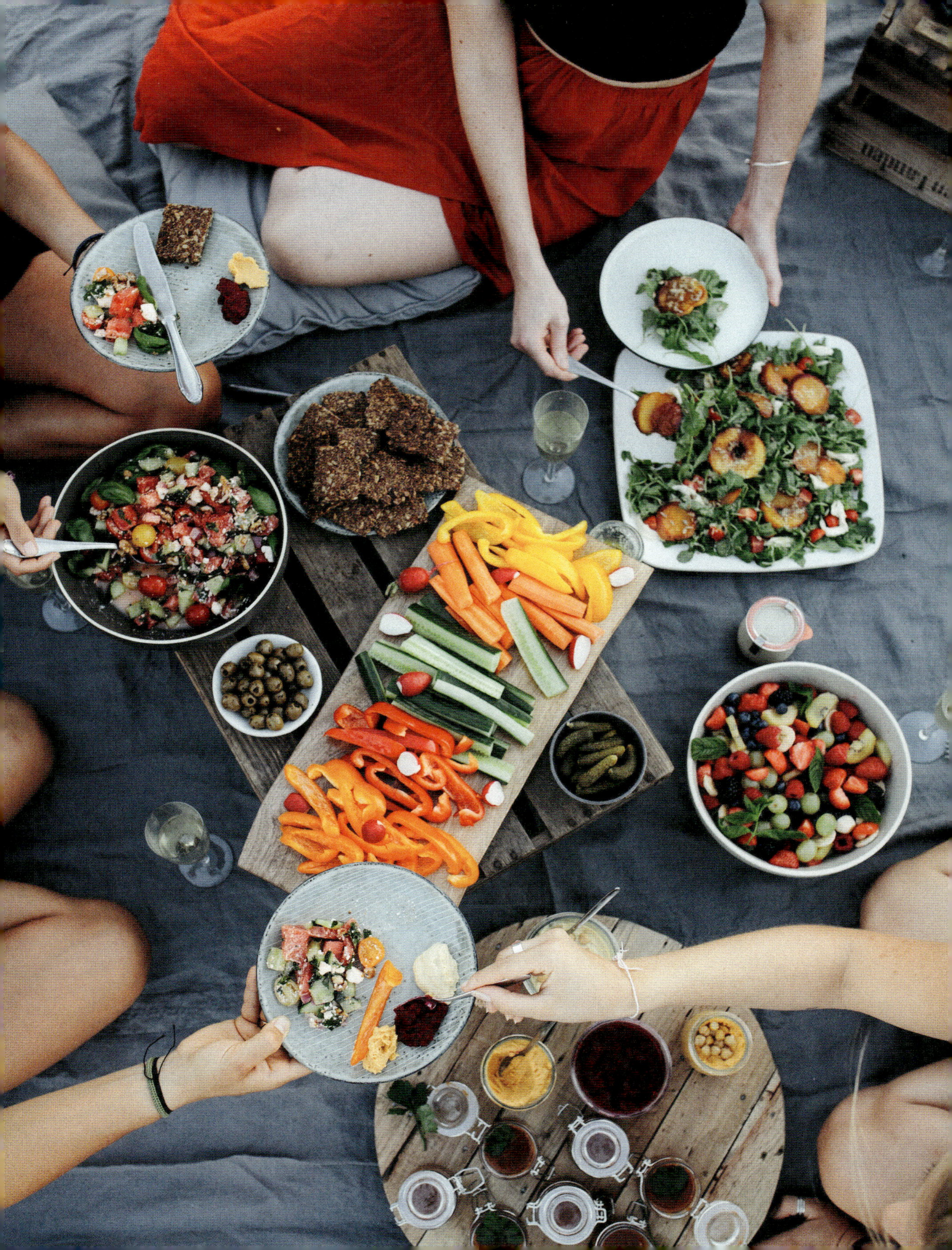

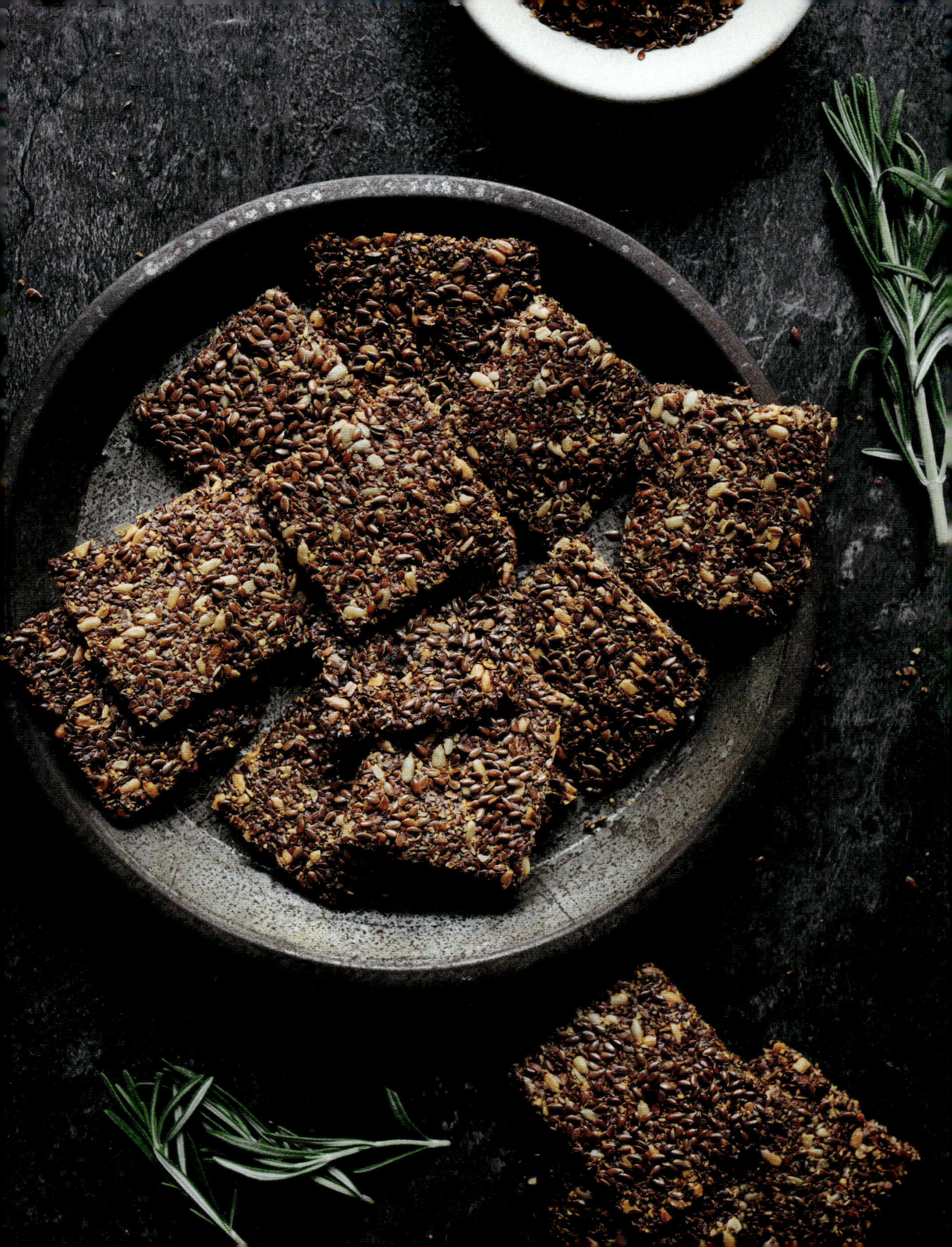

Leinsamen-Cracker

Knäckebrot war schon oft mein Retter in der Not, wenn ich nach einer Reise zu einem komplett leeren Kühlschrank nach Hause zurückkam. Ich verspreche, dass diese Leinsamen-Cracker mehr hergeben als trockenes Knäckebrot. Gefüllt mit Leinsamen, sind sie nicht nur sehr nahrhaft, sondern auch wirklich erschwinglich. Besonders gerne esse ich sie bestrichen oder getunkt in Dips, wie zum Beispiel Guacamole oder Hummus!

Für 1 großes Blech

1 rote Zwiebel
2 Knoblauchzehen
1 Rosmarinzweig
300 g Leinsamen, geschrotet
100 g Sonnenblumenkerne
220 ml Wasser
2 EL Olivenöl
2 EL Zitronensaft
2 TL Cayennepfeffer
1 TL Meersalz
frisch gemahlener schwarzer Pfeffer
Leinsamen zum Bestreuen

**Zubereitungszeit:
70 Minuten, davon 20 Minuten Quellzeit**

Die Cracker halten sich für einige Wochen und sind besonders lecker mit verschiedenen Dips (siehe S. 173/174).

Die Zwiebel schälen und in Würfel schneiden. Den Knoblauch schälen, pressen oder sehr klein hacken. Die Rosmarinnadeln vom Zweig zupfen und ebenfalls klein hacken.

Leinsamen, Sonnenblumenkerne, die Hälfte des Rosmarins sowie die restlichen Zutaten in eine große Schüssel geben und gut verrühren. Die Schüssel etwa 20 Minuten in den Kühlschrank stellen, damit die Leinsamenmasse die Flüssigkeit aufnehmen kann. Sollte die Masse zu trocken und bröcklig sein, ein wenig Wasser hinzufügen.

Den Backofen auf 160 °C vorheizen.

Die Masse gleichmäßig auf einem mit Backpapier ausgelegten Backblech verstreichen. Sobald die Masse auf dem Blech verteilt ist, das Blech mehrmals auf die Arbeitsfläche klopfen, damit der Teig später nicht auseinanderfällt. Im Anschluss die Masse nochmals mit einem mit Wasser befeuchteten Esslöffel andrücken.

Mit einem Messer feine Linien vorzeichnen, dort wo die Cracker später geschnitten werden sollen. Mit etwas Leinsamen und dem restlichen Rosmarin bestreuen.

Im Ofen 35–40 Minuten backen. Am Ende der Backzeit die Cracker gut im Blick haben, da sie leicht anbrennen können. Die fertigen Cracker aus dem Ofen nehmen, leicht abkühlen lassen und vorsichtig in die vorgezeichneten Stücke schneiden.

Chili-Kichererbsen

Dieses Rezept ist so simpel und doch ziemlich gut! Kichererbsen im Ofen geröstet und mit Gewürzen verfeinert, erinnern fast an Chips. Man kann sie gleich so snacken – ich stelle sie gerne einfach so auf den Tisch, wenn ich Freunde zu Besuch habe oder bringe sie zu einer Party mit. Oft sind sie auch ein Bestandteil meiner Lunch-/Dinner-Bowls oder ich streue sie als knuspriges Topping über Salate!

Für etwa 1 Schüssel

250 g Kichererbsen (aus dem Glas)
½ EL Olivenöl
½ TL gemahlener Kreuzkümmel
¼ TL Meersalz
1 Msp. Chilipulver
½ EL Zitronensaft

**Zubereitungszeit:
20 Minuten**

Den Backofen auf 180 °C Umluft vorheizen.

Die Kichererbsen in ein Sieb abgießen, gut abtropfen lassen und anschließend in eine Schüssel geben.

Zuerst das Olivenöl zu den Kichererbsen geben und vermengen. Dann die restlichen Zutaten zugeben und behutsam vermengen, sodass die Kichererbsen von allen Seiten mit der Würzmischung überzogen sind.

Die Kichererbsen auf ein mit Backpapier ausgelegtes Backblech geben und gleichmäßig verteilen. Sie sollten flach auf dem Blech und nicht zu nah aufeinander liegen. Im Ofen bei 180 °C insgesamt 15 Minuten rösten.

Nach 10 Minuten die Kichererbsen mit einem Löffel wenden und weitere 5 Minuten backen, bis sie knusprig und leicht braun geröstet sind.

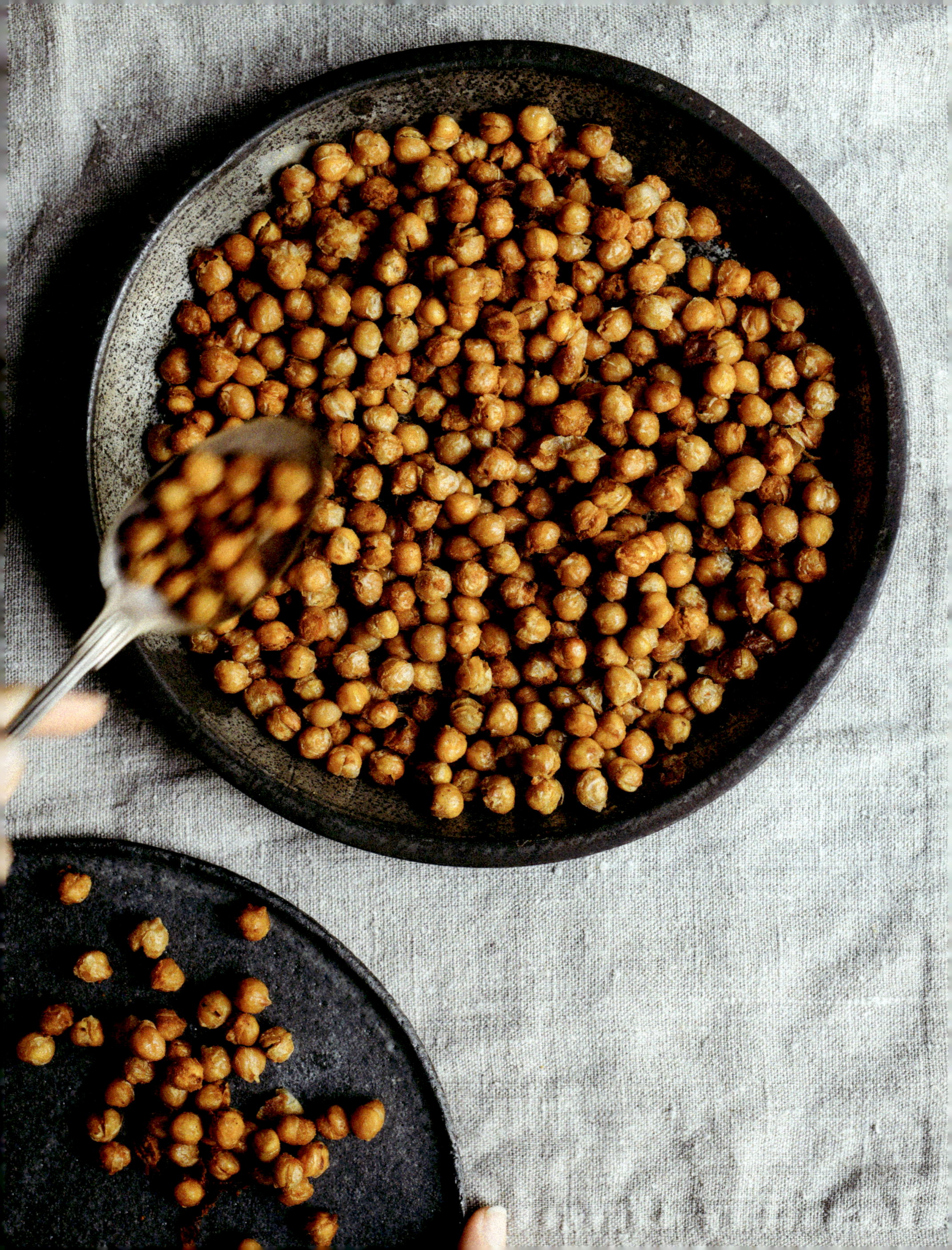

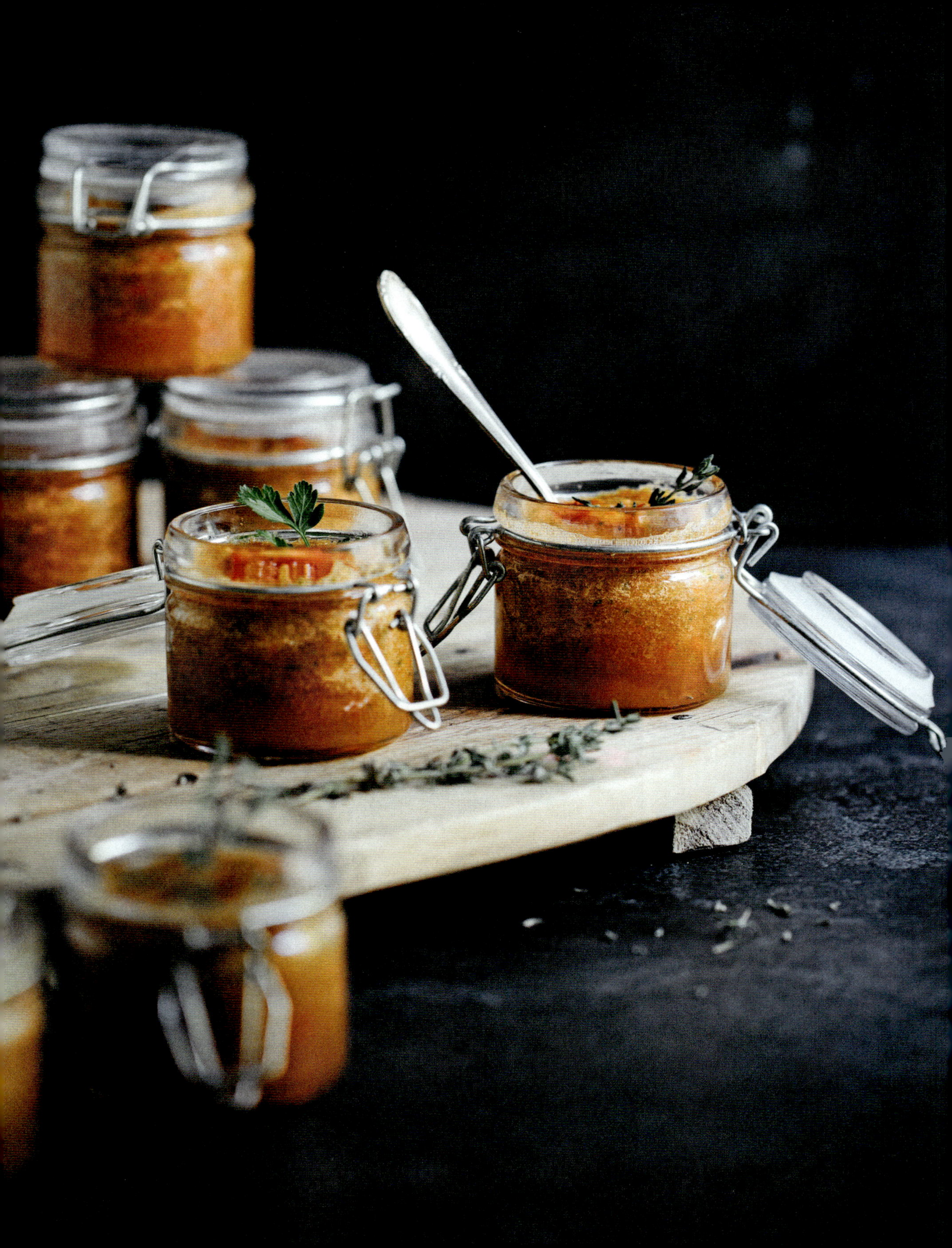

Limetten-Thymian-Gazpacho-Shots

Gazpacho-Shots sind perfekt für das Party-Büfett oder als Vorspeise. Außerdem lassen sich die Shots gut vorbereiten, sodass man am Tag der Party weniger Stress hat. Einfach nach der Zubereitung in einem luftdichten Gefäß verstauen und kurz vor dem Servieren in kleine Gläser eurer Wahl umfüllen.

Für 6–8 kleine Gläser

1 große Tomate
1 kleine Knoblauchzehe
½ Paprikaschote
½ rote Zwiebel
½ Bio-Salatgurke
Saft von 1 Limette
1 EL Apfelessig
200 ml kaltes Wasser
1 EL Tomatenmark
½ Handvoll glatte Petersilie
¼ TL Cayennepfeffer
½ TL getrockneter Thymian
2 TL Salz und frisch gemahlener schwarzer Pfeffer
Petersilie- und Thymianblättchen zum Servieren

Zubereitungszeit: 10–15 Minuten

Die Tomate häuten. Dazu die Tomate am Strunk kreuzförmig einritzen und in einer Schüssel mit kochendem Wasser übergießen. Die Schale lässt sich dann mithilfe eines Küchenmessers leicht von der Tomate lösen.

Den Knoblauch schälen und grob hacken. Die Paprika waschen, entkernen und von den weißen Trennwänden befreien. Die Zwiebel schälen und halbieren.

Alle Zutaten in einen Mixer geben und kräftig pürieren.

In Gläschen der Wahl füllen und mit Petersilien- und oder Thymianblättern bestreut servieren.

Die Gazpacho-Shots kommen auf einer Party immer gut an! Entweder den Gästen zum Aperitiv anbieten oder zu später Stunde als kleiner Energie-Kick verabreicht, macht er garantiert alle wieder munter!

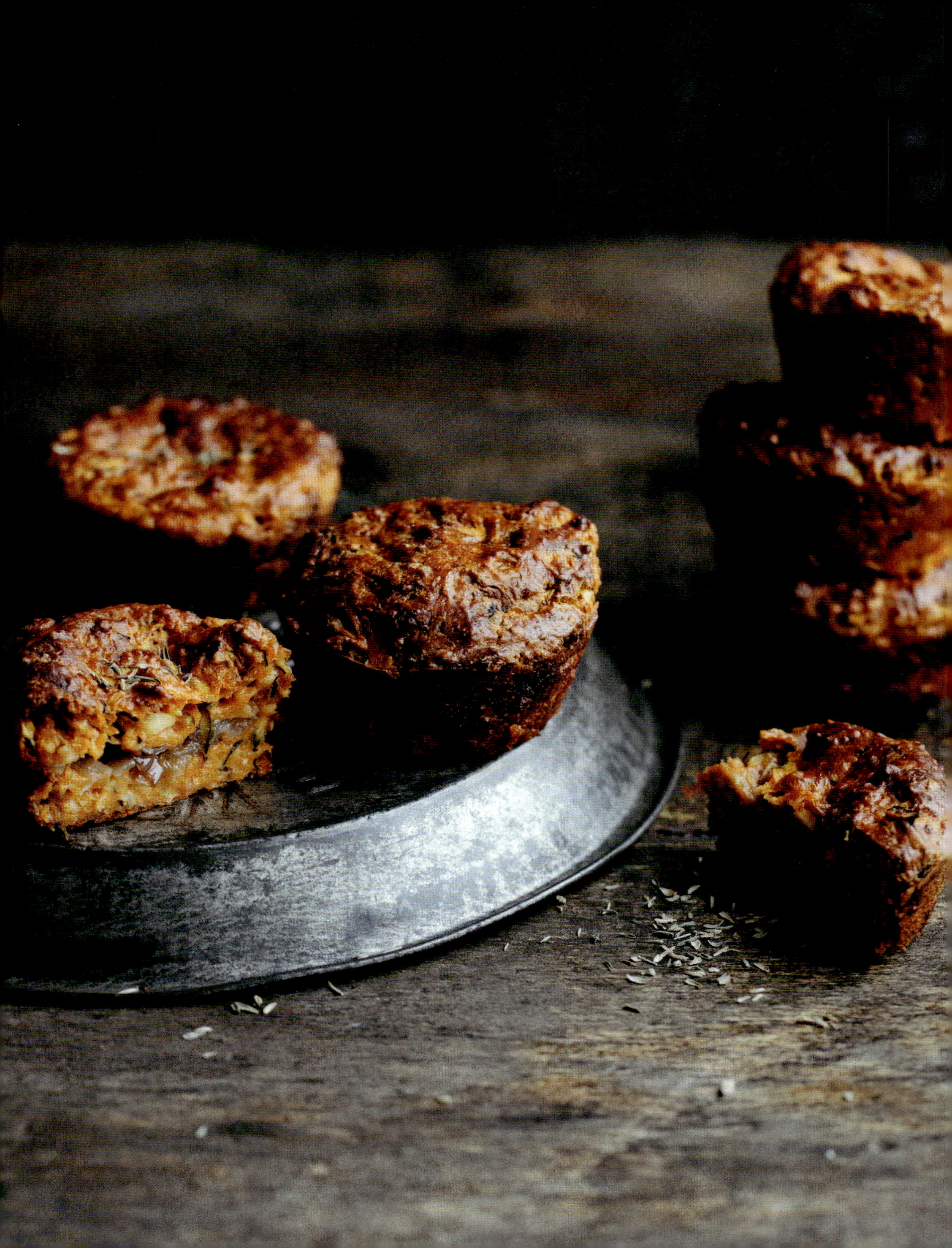

Thymian-Muffins

Muffins eignen sich besonders gut für unterwegs: Für Picknicks, Büfetts oder als Mitbringsel zu Partys; man kann sie kalt oder warm essen, und sie sind gut zu transportieren. Aber auch als Snack für die Arbeit oder zwischen den Mahlzeiten sind sie bei mir gut erprobt. Ich toppe sie auch gerne noch mit Hummus oder Guacamole und extra Walnüssen für ein bisschen Crunch.

Für 6 Stück

1 rote Zwiebel
2 TL Olivenöl
½ TL Ahornsirup
80 g Sonnenblumenkerne
150 g Zucchini
80 g Feta
100 g Dinkelmehl
½ TL Backpulver
2 EL Tomatenmark
1 TL getrockneter Thymian
½ TL Salz

Außerdem:
Muffinform
Olivenöl für die Form

Zubereitungszeit:
20 Minuten, plus
30 Minuten Backzeit

Den Backofen auf 175 °C vorheizen. Die Form mit Olivenöl einfetten.

Die Zwiebel schälen und in Würfel schneiden. In einer Pfanne einen Teelöffel Olivenöl bei mittlerer Temperatur erhitzen und die Zwiebel darin anbraten, dann den Ahornsirup zugeben und die Pfanne von der Herdplatte nehmen.

Die Sonnenblumenkerne in einem Mixer zu Mehl verarbeiten.

Die Zucchini waschen und mit der Reibe raspeln. Den Feta zerbröckeln.

In einer Schüssel Sonnenblumenkernmehl, Dinkelmehl, Backpulver, geraspelte Zucchini, Feta, Tomatenmark, 100 ml Wasser, getrockneten Thymian, restliches Olivenöl sowie das Salz gut miteinander vermengen.

Die Mulden des Muffinblechs zur Hälfte mit dem Teig füllen, dann 1 TL karamellisierte Zwiebeln daraufgeben und bis knapp unter den Rand mit Teig auffüllen.

Die Muffins im Ofen etwa 30 Minuten backen, dann herausnehmen und abkühlen lassen. Sie sollten innen noch schön weich sein.

Salat im Glas
Quinoa-Rote-Bete-Fenchel

Salat im Glas sieht nicht nur gut aus, er ist auch ziemlich praktisch. Ich habe leider viel zu oft das genaue Stapelprinzip missachtet und hatte zum Schluss eine komplett durchgeweichte Masse. Damit das nicht passiert, gibt es hier das Prinzip: Die Flüssigkeiten, also das Dressing, kommt ganz nach unten, gefolgt von »wasserabweisenden« Zutaten, die man nach und nach stapelt. Obendrauf kommt dann das Blattgemüse und Kerne oder Nüsse. Zum Essen einfach alles gut schütteln oder durchmixen. Tada!

Für 2 Personen

Für den Salat:
100 g Quinoa
Salz
160 g vorgekochte Rote Bete
½ Fenchelknolle
1 Apfel
2 Handvoll frischer Baby-Blattspinat
60 g Haselnüsse

Für das Dressing:
10 Minzeblätter
100 ml Apfelsaft
4 TL Kokosmilch
2 TL Apfelessig
20 g Feta
Salz und frisch gemahlener schwarzer Pfeffer

**Zubereitungszeit:
25 Minuten**

Für den Salat die Quinoa in ein Sieb geben und mit heißem Wasser gründlich abspülen. Anschließend mit 200 ml Wasser und 1 Prise Salz in einen Topf geben, zudecken und etwa 20 Minuten bissfest kochen.

Die Rote Bete in etwa 1 cm große Würfel schneiden. Den Fenchel waschen, den Strunk entfernen und die Enden der Stiele abschneiden. Das Fenchelgrün abschneiden und zum Garnieren beiseitelegen. Den Fenchel dann in feine Stücke schneiden.

Den Apfel waschen, entkernen und in mundgerechte Würfel schneiden. Den Spinat waschen. Die Haselnüsse in einer Pfanne bei mittlerer Temperatur ohne Fett leicht anrösten.

Für das Dressing die Minzblätter abbrausen und trocken tupfen. Alle Zutaten in ein hohes Gefäß geben und mit dem Stabmixer pürieren. Mit Salz und Pfeffer abschmecken.

Alle Zutaten in ein Glas schichten: Zuerst das Dressing, dann Fenchel, Apfel, Rote Bete und Quinoa, zum Schluss Haselnüsse und Spinat.

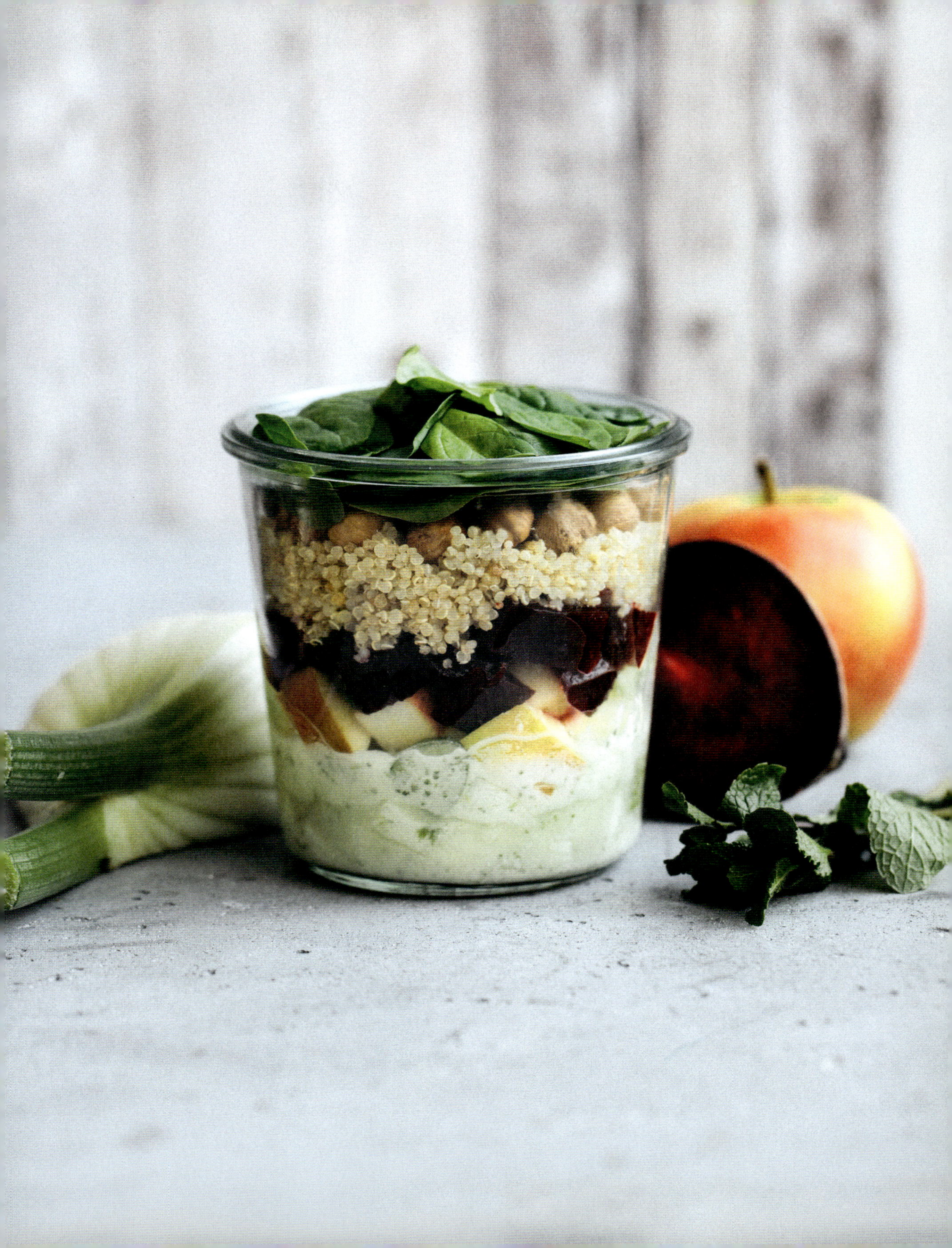

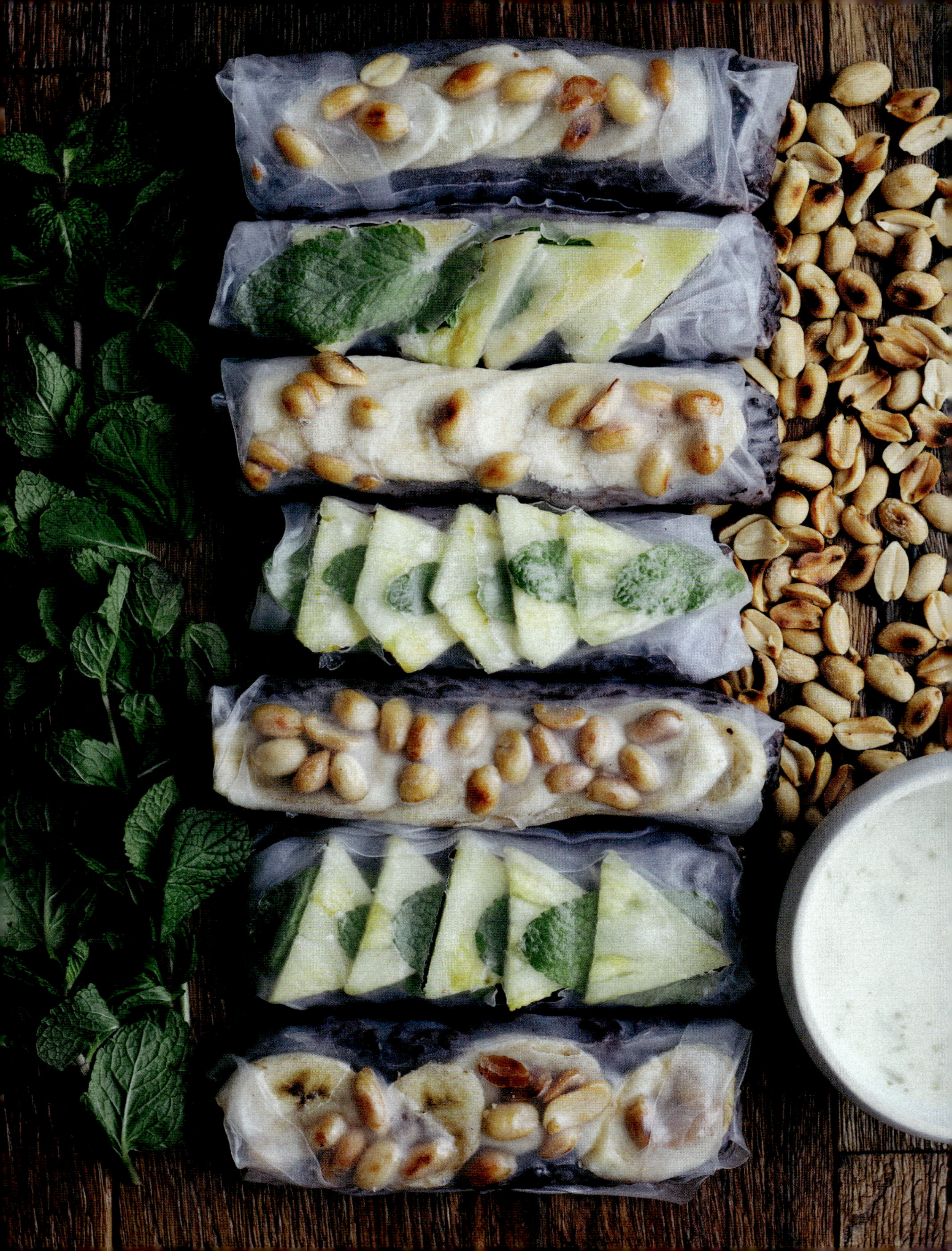

Süße Sommerrollen

Als ich einmal mit einer Freundin darüber debattierte, ob wir zum Essen vietnamesische Sommerrollen machen sollten, stellten wir fest, dass es für uns eine eindeutige Marktlücke gibt: Süße Sommerrollen! Gesagt, getan, und ich muss sagen: Die beste Idee überhaupt!

Für 10–12 Rollen

Für die Rollen:
300 g schwarzer Reis
300 ml Kokosmilch
10–12 Reisblätter

Für die Ananasfüllung:
½ Ananas
1 Bund Minze

Für die Bananenfüllung:
2–3 Bananen
½ EL Zitronensaft
etwa 30 g ungesalzene Erdnüsse

Für die Sauce:
15 g Ingwer
6 EL Limettensaft
Abrieb von ½ Bio-Limette
2 EL Ahornsirup
5 EL Kokosmilch

Zubereitungszeit:
60 Minuten

Für die Rollen 525 ml Wasser in einem Topf mit Deckel zum Kochen bringen.

Den Reis gründlich waschen und ins kochende Wasser geben; einen Deckel auflegen. Nach 20 Minuten die Kokosmilch zufügen, gut verrühren und den Reis weitere 20 Minuten ohne Deckel köcheln lassen.

In der Zwischenzeit für die Ananasfüllung von der Ananas die Schale abschneiden. Die Ananas dann halbieren und zuerst in 0,5 cm feine Scheiben und anschließend in Achtel schneiden. Die Minze abbrausen, trocken tupfen und die Blättchen abzupfen.

Für die Bananenfüllung die Bananen schälen und längs in feine Scheiben schneiden. Die Bananenscheiben mit Zitronensaft beträufeln, damit sie nicht braun werden. Ananas und Bananen beiseitestellen. Die Erdnüsse in einer kleinen Pfanne ohne Fett leicht anrösten. Ebenfalls beiseitestellen.

Für die Sauce den Ingwer schälen und reiben. Mit den restlichen Zutaten in den Mixer geben und gut verrühren, sodass eine leicht cremige Sauce entsteht.

Sobald der Reis fertig gegart ist, vom Herd nehmen und abkühlen lassen.

Weiter auf Seite 188

Eine Schüssel mit kaltem Wasser vorbereiten und die Reisblätter einzeln hineingeben. Jeweils ein so vorbereitetes Reisblatt auf einen Teller legen – falls es zu nass sein sollte, ein wenig mit einem Küchentuch abtupfen.

Den Reis in 10–12 kleine, gleich große Kugeln aufteilen. Jeweils eine Reiskugel auf das Reisblatt geben, längs verteilen und entweder mit Ananas und Minze oder Bananenscheiben und etwas Erdnüssen füllen. Jeweils 1 TL der Sauce darüberträufeln. Auf diese Weise die Hälfte der Sommerrollen mit Ananas und die andere mit Banane füllen.

Die Enden des Reisblattes umklappen und das Blatt mitsamt der Füllung vorsichtig zusammenrollen. Mit allen Reisblättern ebenso verfahren, bis alle Sommerrollen fertig gefüllt und gerollt sind.

Die restliche Sauce in einer Schüssel als Dip dazu reichen.

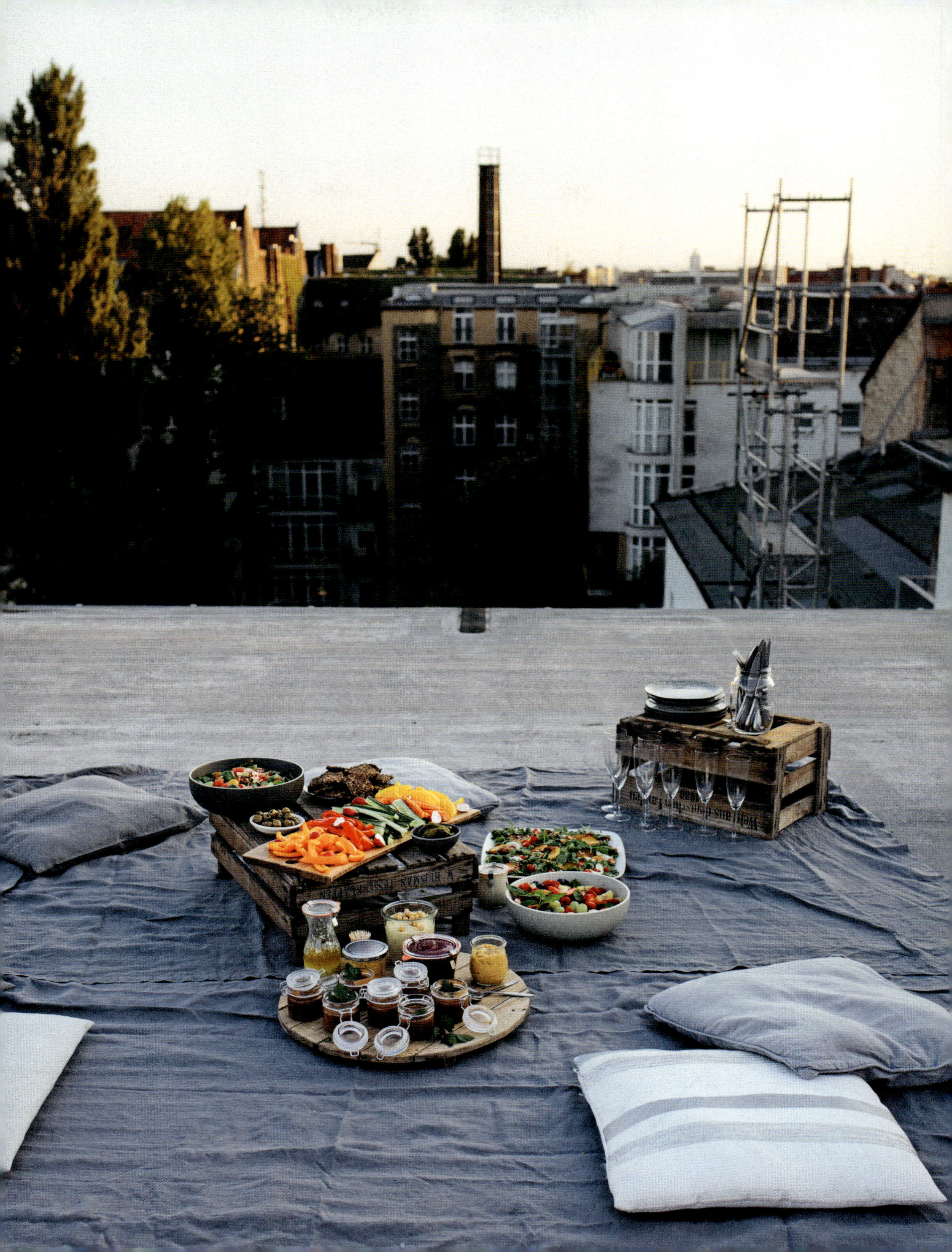

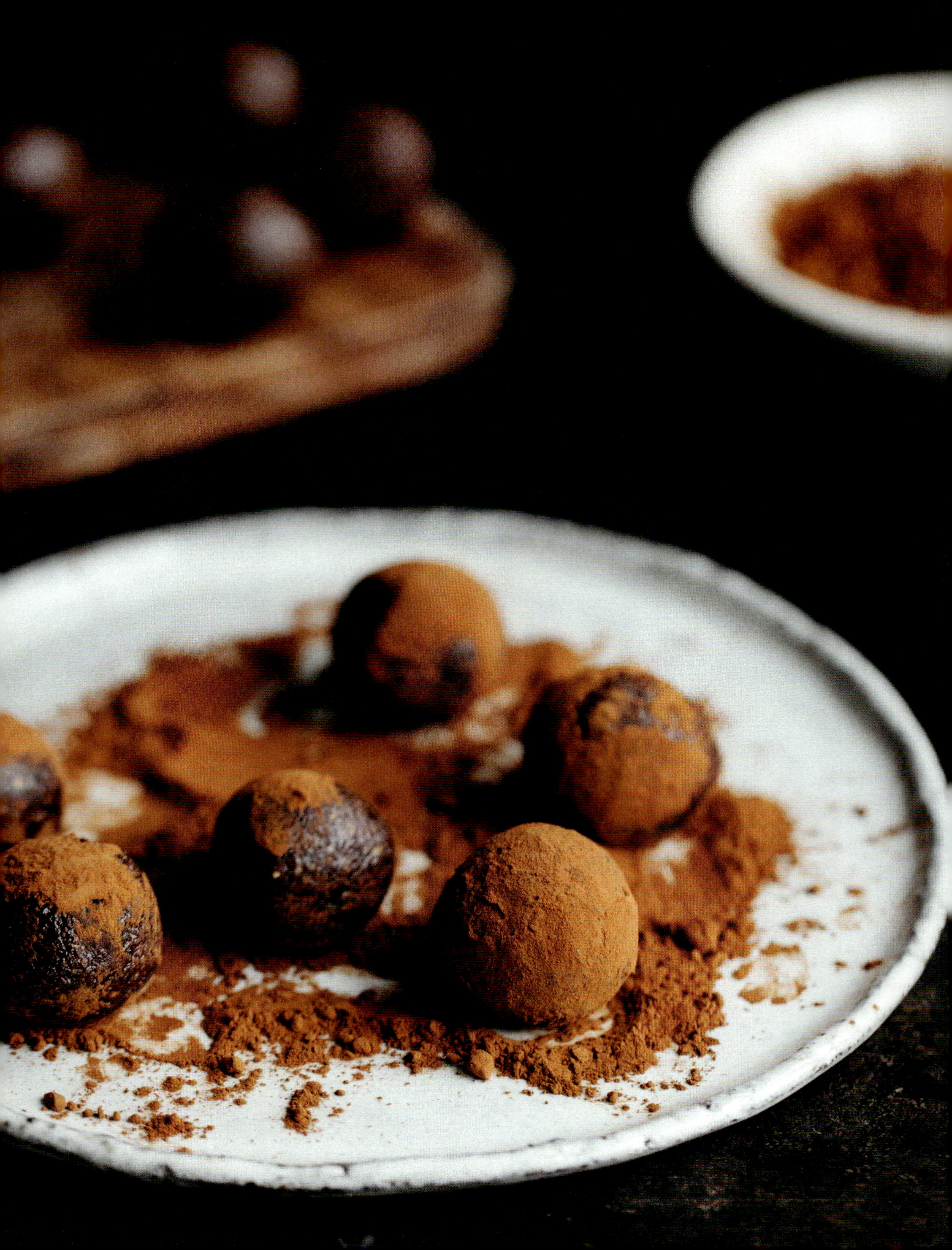

Mandel-Ingwer-Trüffel

Ich mag vielleicht ein wenig voreingenommen sein, aber dieses »Trüffel-« oder auch »Energy-Ball-Rezept« ist nahezu unschlagbar. Nur fünf Zutaten und es entsteht eine aromatische Mischung aus Mandeln, Ingwer und Schokolade. Als kleinen Zusatz rolle ich die fertigen Trüffel noch in Kakaopulver und voilà – ein tolles Dessert, süßes Fingerfood oder schönes Mitbringsel für jeden Anlass.

Für 12 Stück

80 g Mandeln
1 Stück Ingwer (1 cm)
20 g Kokosöl
100 g Medjool-Datteln, entsteint
10 g Rohkakaopulver, plus 2 EL zusätzlich

**Zubereitungszeit:
10 Minuten
(mit Wartezeit etwa
1 Stunde)**

Die Trüffel in einem luftdichten Gefäß im Kühlschrank lagern. Sie sollten sich etwa 1 Woche halten.

Die Mandeln in der Küchenmaschine oder in einem leistungsstarken Mixer 20–30 Sekunden mahlen, es sollte aber kein zu feines Mehl entstehen.

Das Kokosöl in einem kleinen Topf schmelzen. In der Zwischenzeit den Ingwer schälen und mit einer feinen Reibe raspeln.

Sobald das Öl flüssig ist, mit Datteln, Kakaopulver und geriebenem Ingwer zu den Mandeln in den Mixer geben und alles gut mixen, sodass eine zähe, recht klebrige Masse entsteht.

Die Masse mit einem Löffel sorgfältig aus dem Mixer in eine Schüssel umfüllen.

Die Hände leicht mit Wasser befeuchten und aus der Masse etwas kleiner als tischtennisballgroße Kugeln formen.

Diese Trüffelkugeln nebeneinander auf einen Teller setzen und mindestens in 1 Stunde in den Kühlschrank stellen, damit sie fester werden.

Das restliche Kakaopulver in eine kleine Schüssel geben und die kalten Trüffel nacheinander sorgfältig darin wälzen – sie sollten gleichmäßig mit Kakao überzogen sein.

Am besten kalt servieren.

Fruchtsalat mit Cashew-Vanille-Sauce

Was diesen Fruchtsalat so besonders werden lässt, ist die Sauce. Im Sommer veranstalteten wir mit Freunden ein kleines Picknick und ich brachte unter anderem diesen frischen Salat mit. Als ich dann begeistert bedrängt wurde, zu verraten, was an dieser »Cashew-Vanille-Sauce« alles noch dran sei, war es mir beinahe unangenehm zuzugeben, dass es das eigentlich schon sei – Cashews und Vanille, ganz simpel.

Für 1 große Schüssel

Für den Obstsalat:
2 Kiwis
1 Orange
1 Banane
1 Apfel
250 g Erdbeeren
125 g Himbeeren
125 g Blaubeeren
125 g Brombeeren
2 Handvoll Weintrauben
1 Spritzer Zitronensaft

Für die Cashew-Vanille-Sauce:
100 g Cashewkerne
150 ml Pflanzenmilch
¼ TL gemahlene Vanille
2 TL Ahornsirup

**Zubereitungszeit:
15 Minuten plus
6 Stunden Einweichzeit**

Für die Sauce die Cashews für mindestens 6 Stunden, am besten über Nacht, in etwas Wasser einweichen.

Cashews abgießen und mit Pflanzenmilch, Vanille und Ahornsirup in einem leistungsstarken Mixer kräftig mixen, bis eine cremige, feine Sauce entstanden ist. Nicht wundern, das kann einige Minuten dauern.

Für den Salat Kiwis, Orange und Banane schälen, in mundgerechte Stücke schneiden und in eine große Schüssel geben. Apfel, Beeren und Weintrauben gründlich waschen.

Den Apfel in kleine Stücke schneiden und in die Schüssel geben. Etwas Zitronensaft über das Obst geben, damit es nicht braun wird.

Erdbeeren und Trauben halbieren, übrige Beeren ganz lassen und alles zum restlichen Obst in die Schüssel geben.

Die fertige Cashew-Vanille-Sauce in eine kleine Flasche oder Karaffe füllen und erst unmittelbar vor dem Verzehr über den Salat geben.

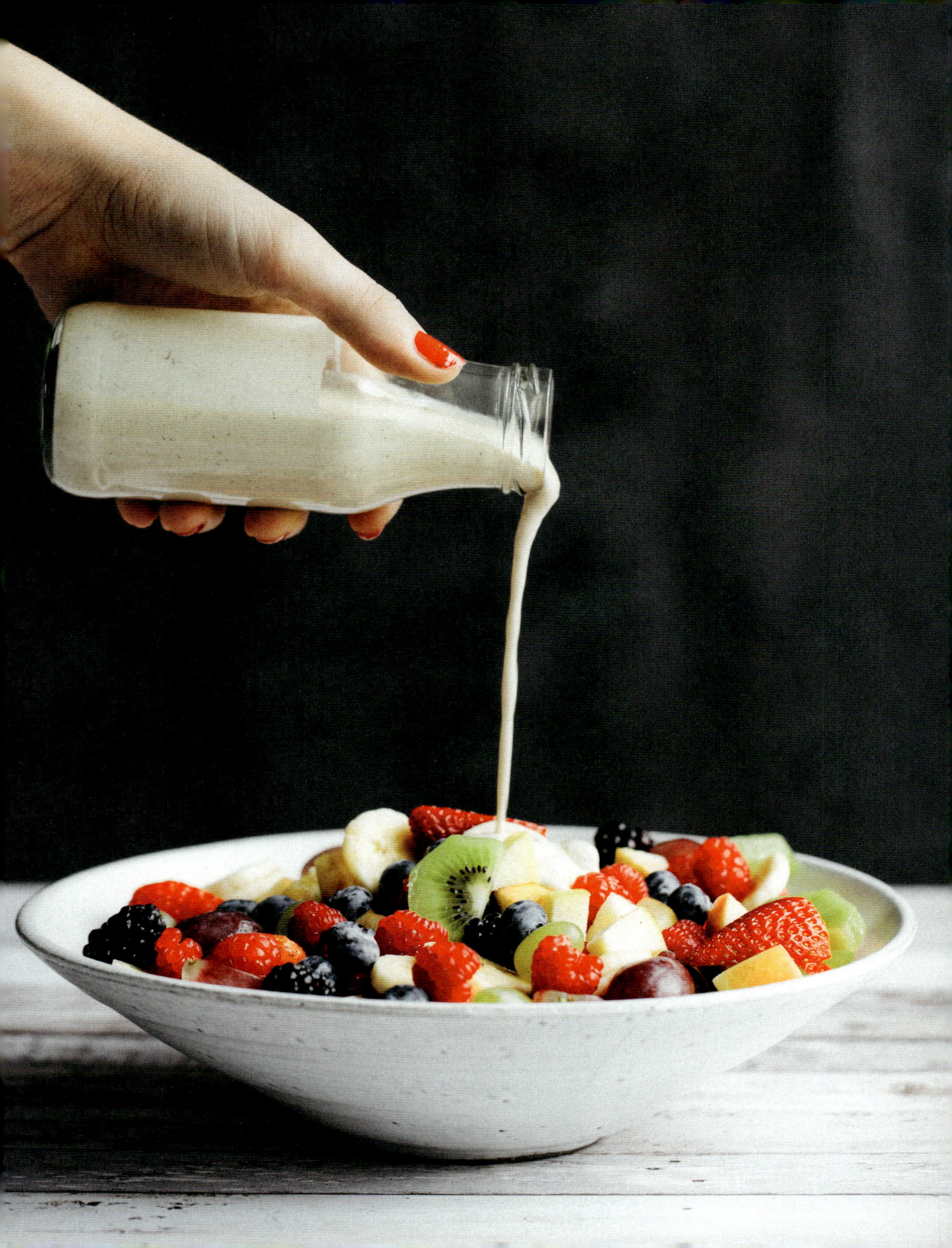

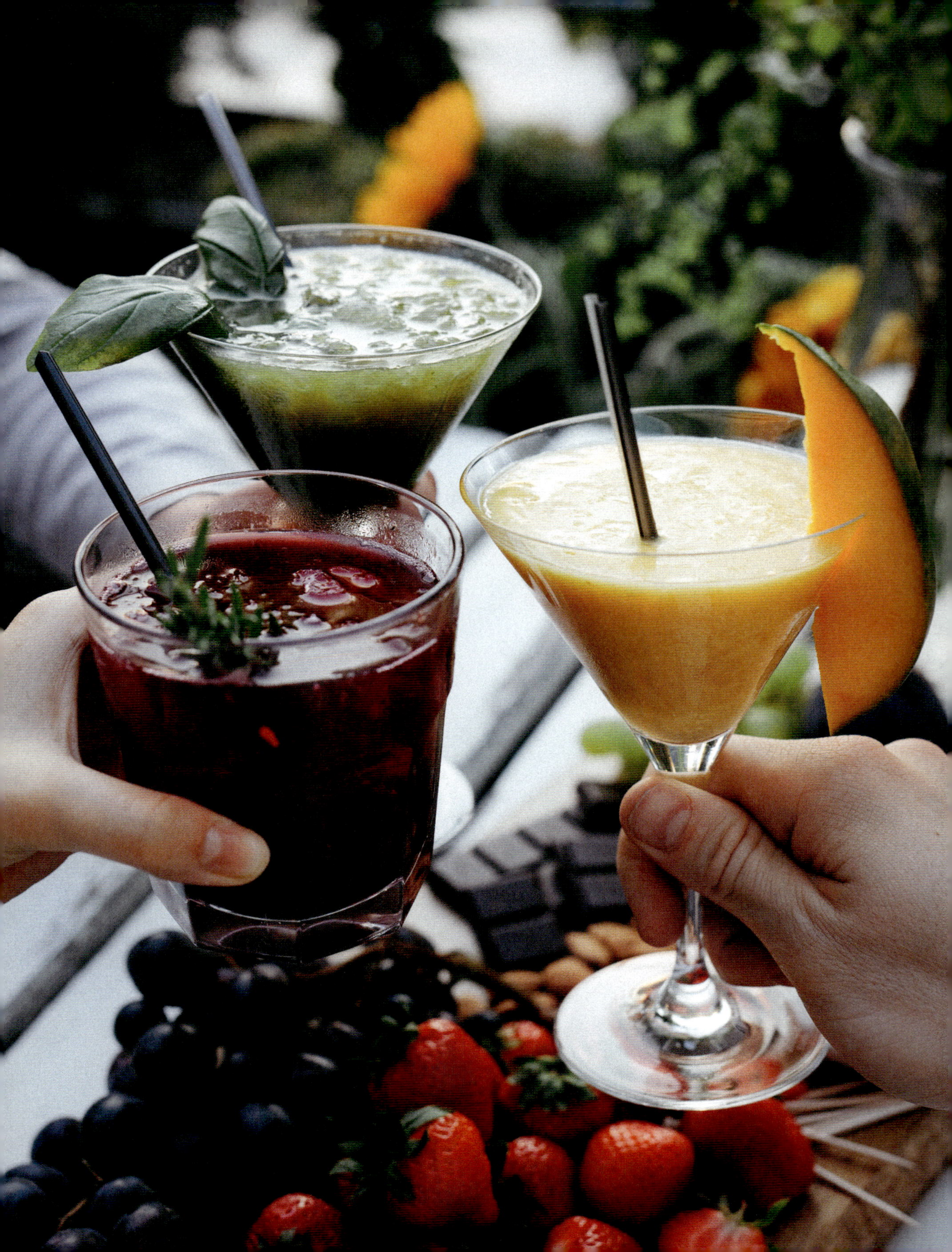

Cocktails

Cocktails mag ich wirklich gerne. Was ich nicht so gern mag, ist die enorme Zuckermenge, die einen meist dabei erwartet. Daher habe ich eigene Kreationen entwickelt, mit denen munter experimentiert werden kann.

Ich muss gestehen, dass es durchaus besonderen Spaß gemacht hat, diese Rezepte zu testen, während meine Küche sich in eine Cocktail-Bar verwandelte. Ein großes Dankeschön an meinen Bruder, der sich (tapfer) dazu bereit erklärte, meine Cocktail-Variationen zu testen.

Basilikum und Limette

Für 2 kleine Gläser

12 g Basilikumblätter
60 ml Gin
Saft von 3 Limetten
3 EL Ahornsirup
80 g Crushed Eis oder Eiswürfel

Zubereitungszeit: etwa 10 Minuten

Die Basilikumblätter von den Stängeln zupfen, waschen und abtrocknen. Einige Blättchen zum Dekorieren beiseite stellen. In einem Mixer Basilikum, Gin, Limettensaft und Ahornsirup gründlich zerkleinern lassen. Dies kann 1–2 Minuten dauern, bis die Basilikumblätter gänzlich aufgebrochen sind.

In einen Shaker umfüllen und zusammen mit Eis shaken.

Nach Belieben auf Eis servieren und mit Basilikumblättchen dekorieren. Außerdem möglich: 1 Scheibe Limette und 3 Minzblätter/Zitronenmelisse im Glas stampfen, dann Eis hineingeben und den Cocktail aufgießen.

Blaubeer und Rosmarin

Für 2 kleine Gläser

200 g Blaubeeren
2 EL Ahornsirup
½ EL Rosmarinblätter, plus 2 Zweige zum Dekorieren
40 ml Wodka
3 EL Zitronensaft
80 g Crushed Eis oder Eiswürfel
80 ml Sprudelwasser

Zubereitungszeit: etwa 10 Minuten

Die Blaubeeren waschen und mit 2 EL Wasser in einem Mixer gründlich zerkleinern lassen. Blaubeerpüree durch ein feinmaschiges Sieb drücken und die Flüssigkeit auffangen.

In einem Mixer Blaubeerflüssigkeit, Ahornsirup, Rosmarin, Wodka und Zitronensaft auf höchster Stufe für mind. 1 Minute vermengen.

In einen Shaker umfüllen und mit Crushed Eis gründlich schütteln.

Falls gewünscht, auf Eis, mit jeweils 40 ml Sprudelwasser und mit einem extra Rosmarinzweig garniert servieren.

Mango und Kokos

Für 1 großes Glas oder 2 kleine Gläser

1 Mango
20 ml Rum
2 EL Ahornsirup
80 ml Kokosmilch
50 g Crushed Eis
Mangoschnitten zum Dekorieren

Zubereitungszeit: etwa 10 Minuten

Die Mango schälen und das Fruchtfleisch in einem Mixer mit Rum und Ahornsirup gut mischen, bis alles gleichmäßig zerkleinert ist.

In einen Shaker umfüllen und mit Kokosmilch und Crushed Eis kräftig schütteln.

Falls gewünscht, auf Eis servieren und mit je einer Mangoschnitte dekorieren.

Wenn es an die genauen Maße des Alkohols geht, möchte ich euch nicht im Weg stehen. Manche mögen ihre Cocktails stärker, manche eher weniger stark. Schaut also einfach selbst und passt es eurem Geschmack an!

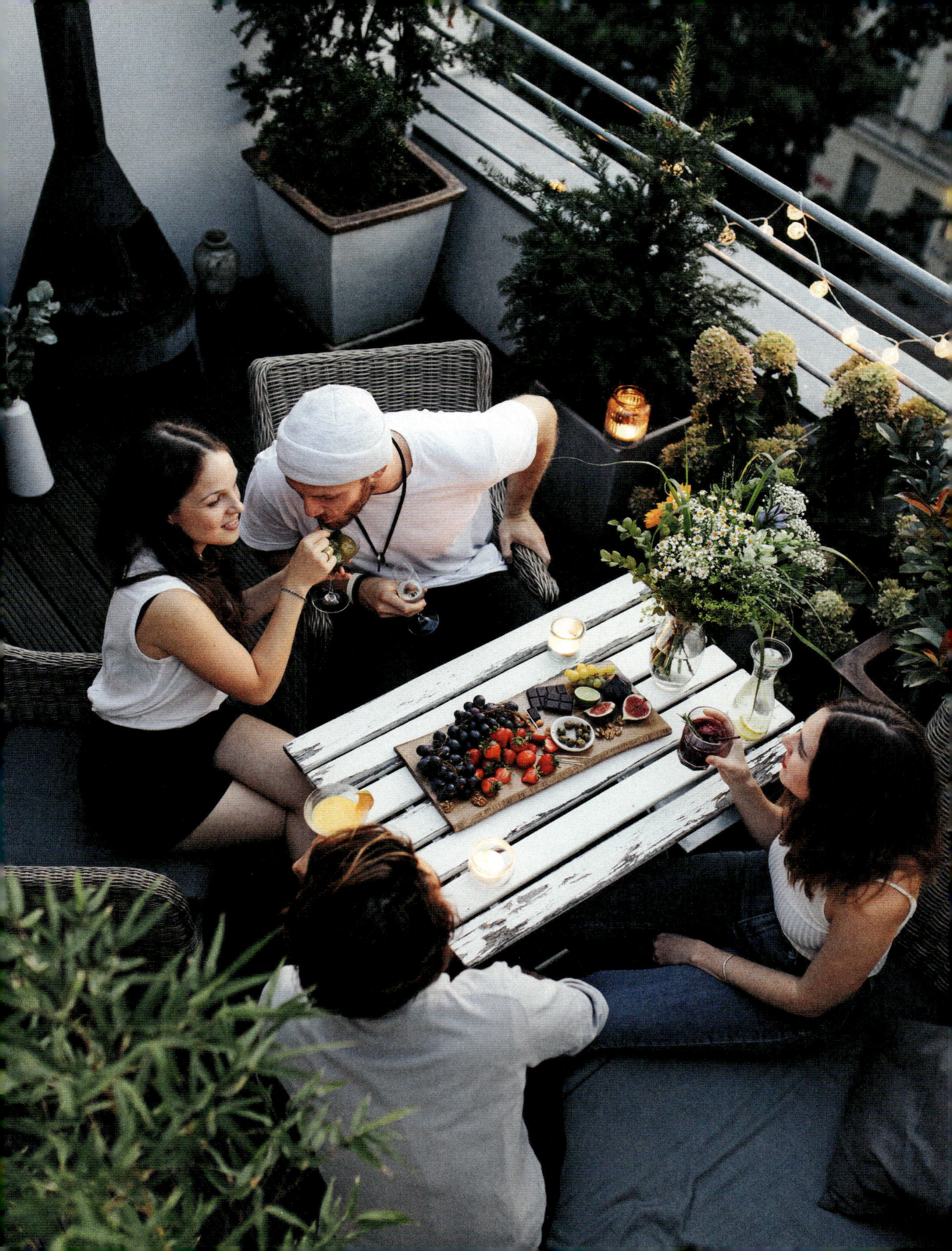

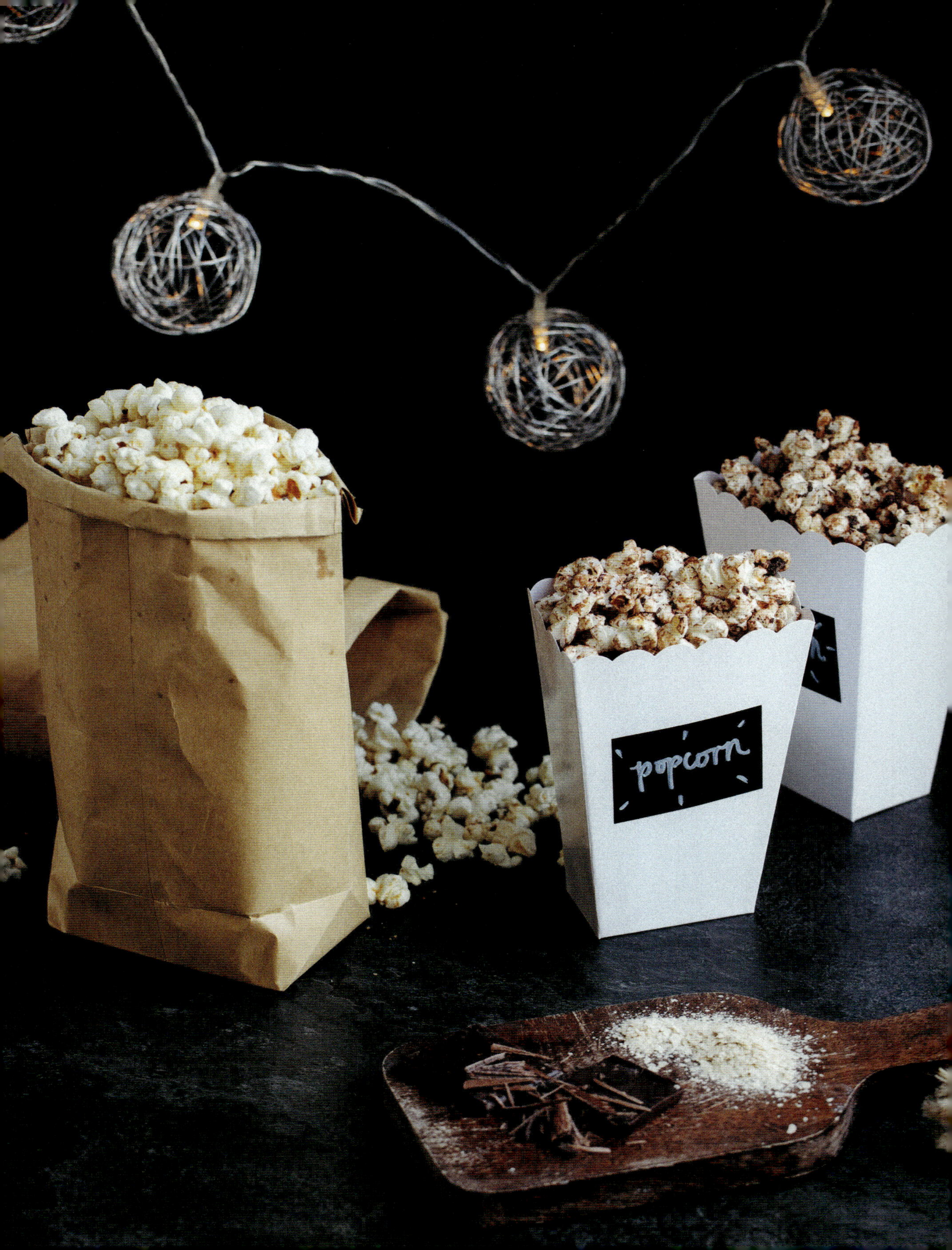
popcorn

Popcorn

In nicht mal fünf Minuten und günstiger als im Kino, hat man eine große Schüssel Popcorn, der man seinen ganz individuellen Geschmack geben kann. Hier meine Varianten: süß – mit dunkler Schokolade und Meersalz – eine fabelhafte Kombination! Und herzhaft mit »Käse«. Allerdings kein echter Käse, sondern Hefeflocken. Sie sind ein wahres veganes Wundermittel, das ihr im Reformhaus oder online bekommt.

Dunkle-Schokolade-Meersalz-Popcorn

Für 1 große Schüssel

1½ EL Kokosöl
100 g Maiskörner
50 g dunkle Schokolade
1 Prise Meersalz

Das Kokosöl in einem großen Topf erwärmen und den Mais zugeben. Bei mittlerer Temperatur einige Minuten abgedeckt anbraten, bis alle Maiskörner gepufft sind.

Währenddessen die dunkle Schokolade mit einem Messer zerkleinern und zusammen mit dem Meersalz über die noch heißen, gepufften Maiskörner geben und mit einem Löffel alles gut miteinander vermengen.

»Käse«-Popcorn

Für 1 große Schüssel

2½ EL Olivenöl
100 g Maiskörner
4 EL Hefeflocken
½ TL Meersalz

1½ EL Olivenöl in einem großen Topf erwärmen und den Mais zugeben. Bei mittlerer Temperatur einige Minuten abgedeckt anbraten, bis alle Maiskörner gepufft sind.

Hefeflocken, Meersalz und das restliche Olivenöl über die noch heißen, gepufften Maiskörner geben und mit einem Löffel alles gut miteinander vermengen.

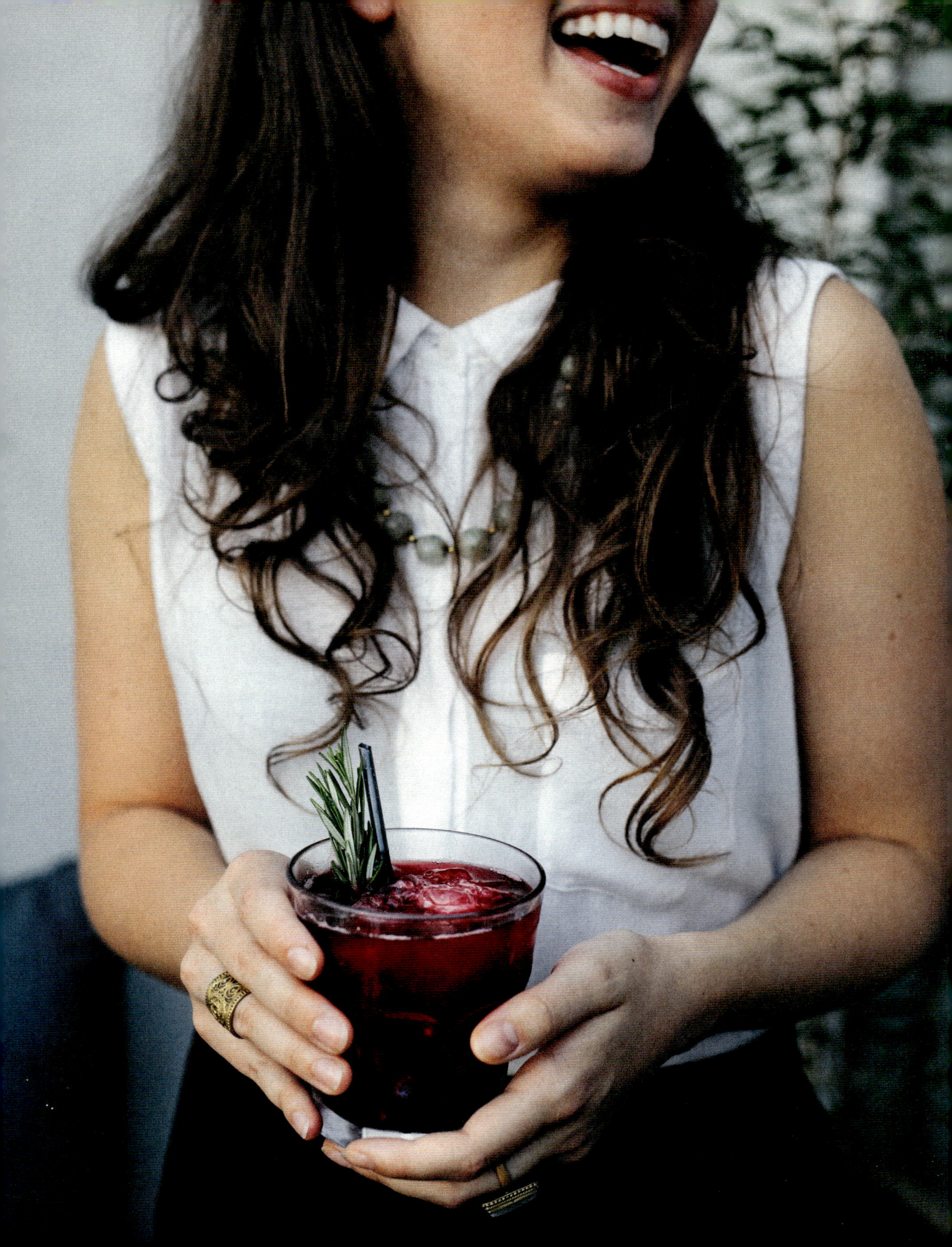

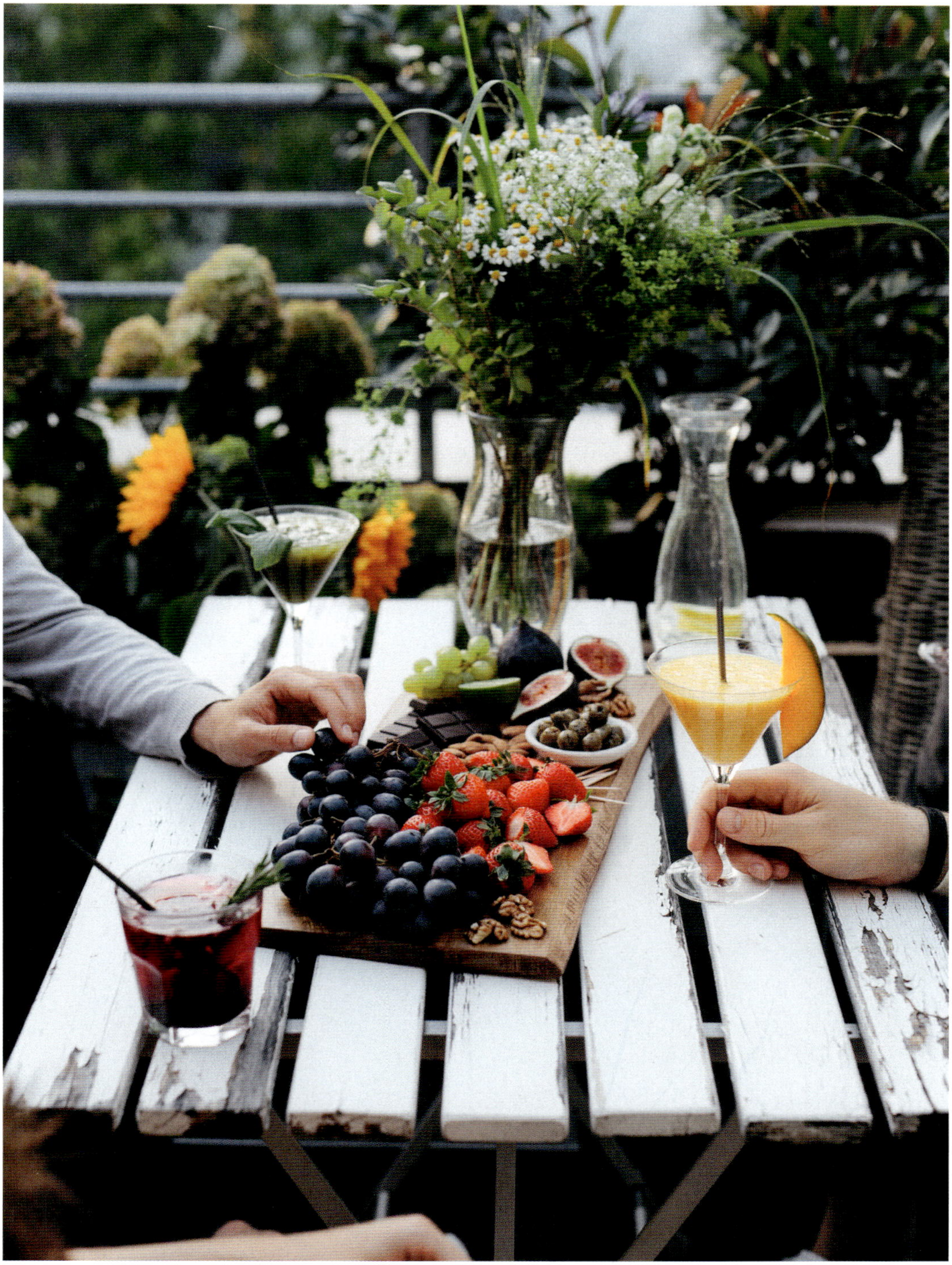

NATÜRLICH SÜSS

Ich habe eindeutig einen Hang zu Süßspeisen. Ginge es nach mir, wäre dieses Kapitel doppelt so lang. Wenn manche Leute »vegan backen« hören, sind viele zunächst skeptisch. Also sage ich oft erst mal nichts. Wenn dann später Nachfragen kommen und ich zugebe, dass weder Ei noch Weizenmehl oder industrieller Zucker drin ist, sind viele positiv überrascht. Dennoch sollte man, obwohl Vollkornprodukte, Nüsse, Samen und natürliche Süße unumstritten gesünder sind, nicht gleich einen ganzen Kuchen oder zwölf Muffins auf einmal essen, auch wenn es noch so gut schmeckt.

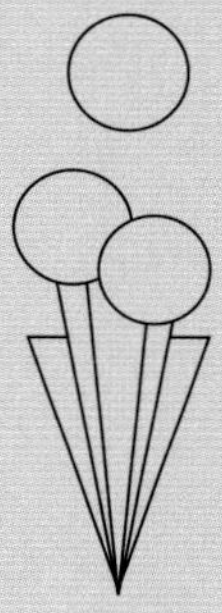

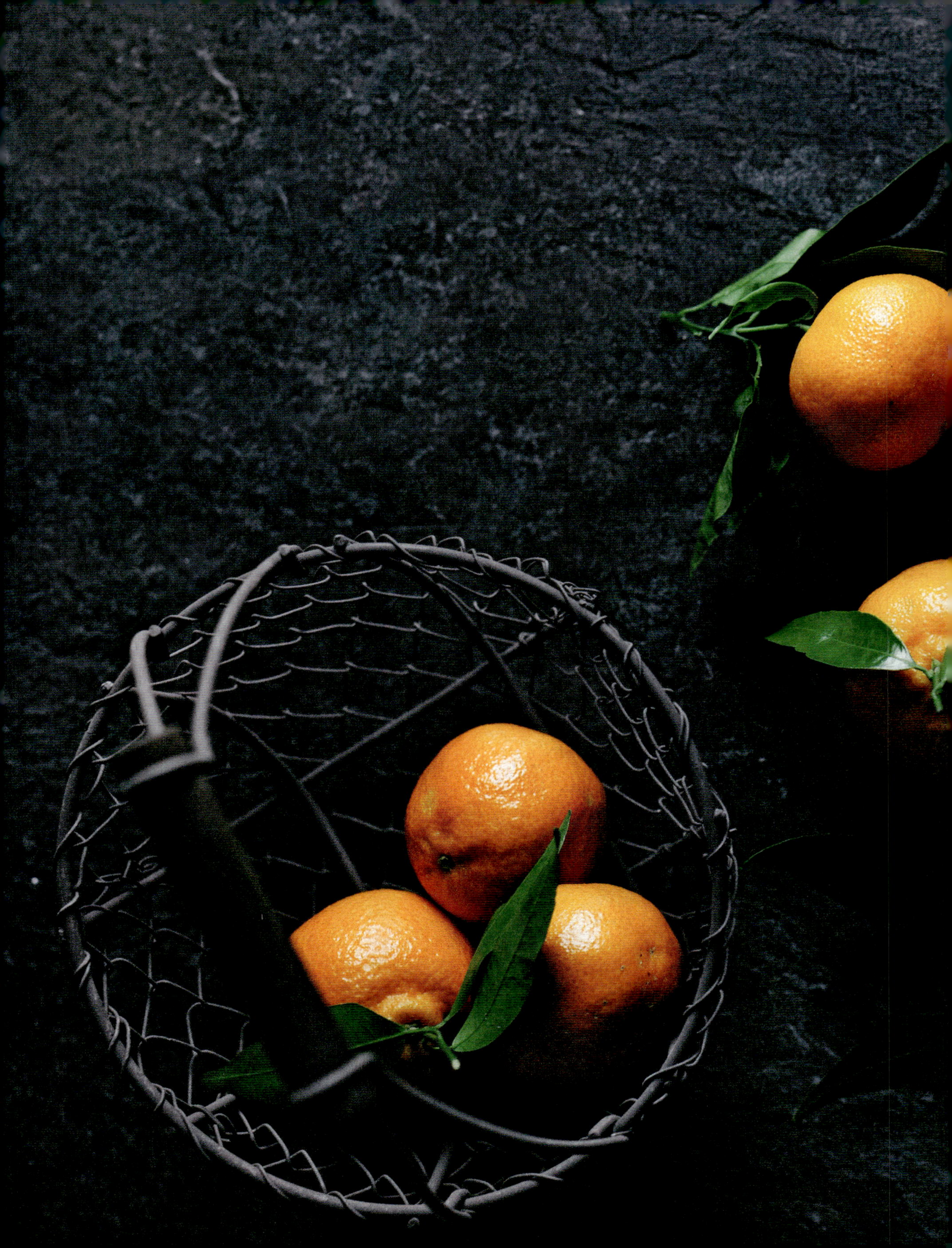

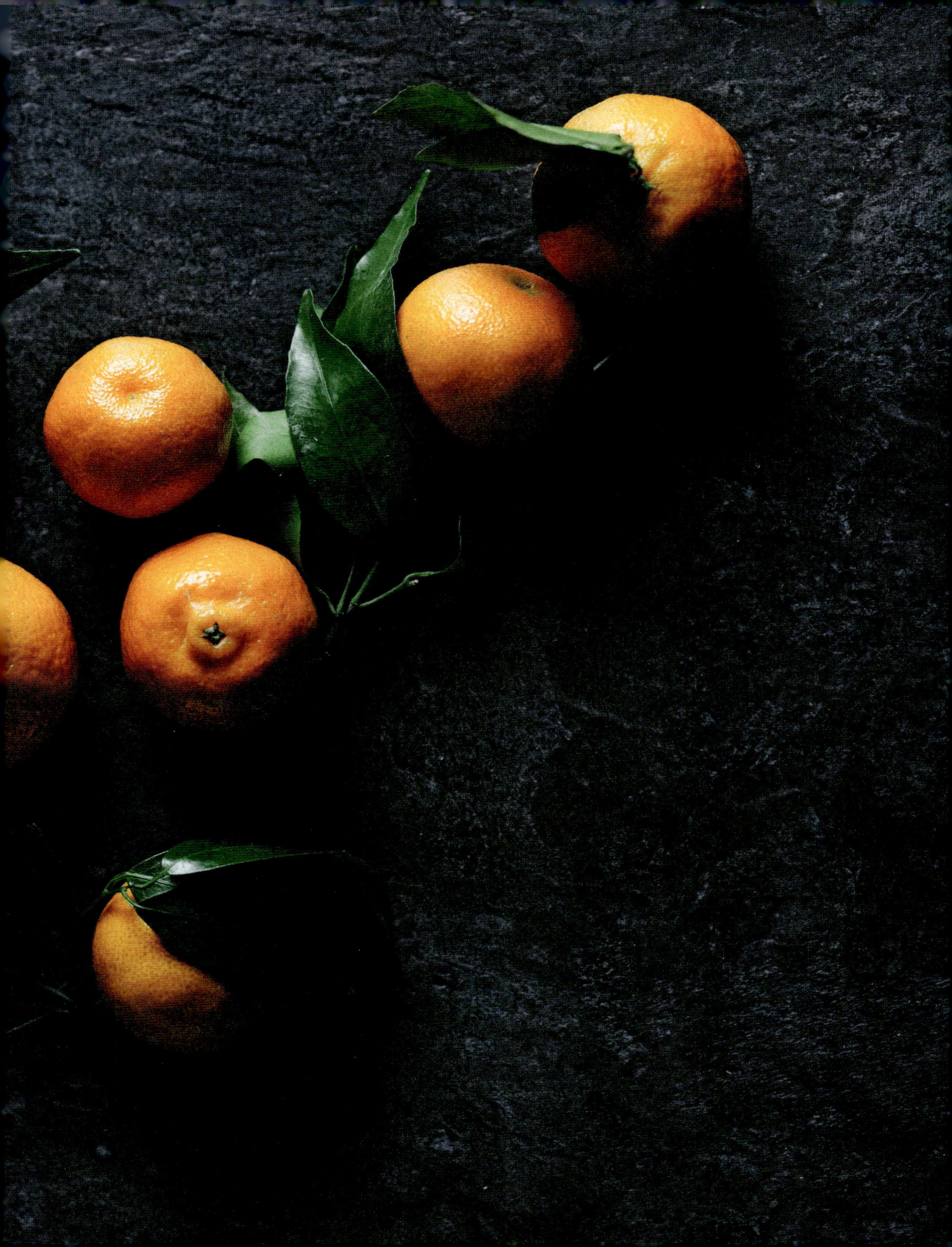

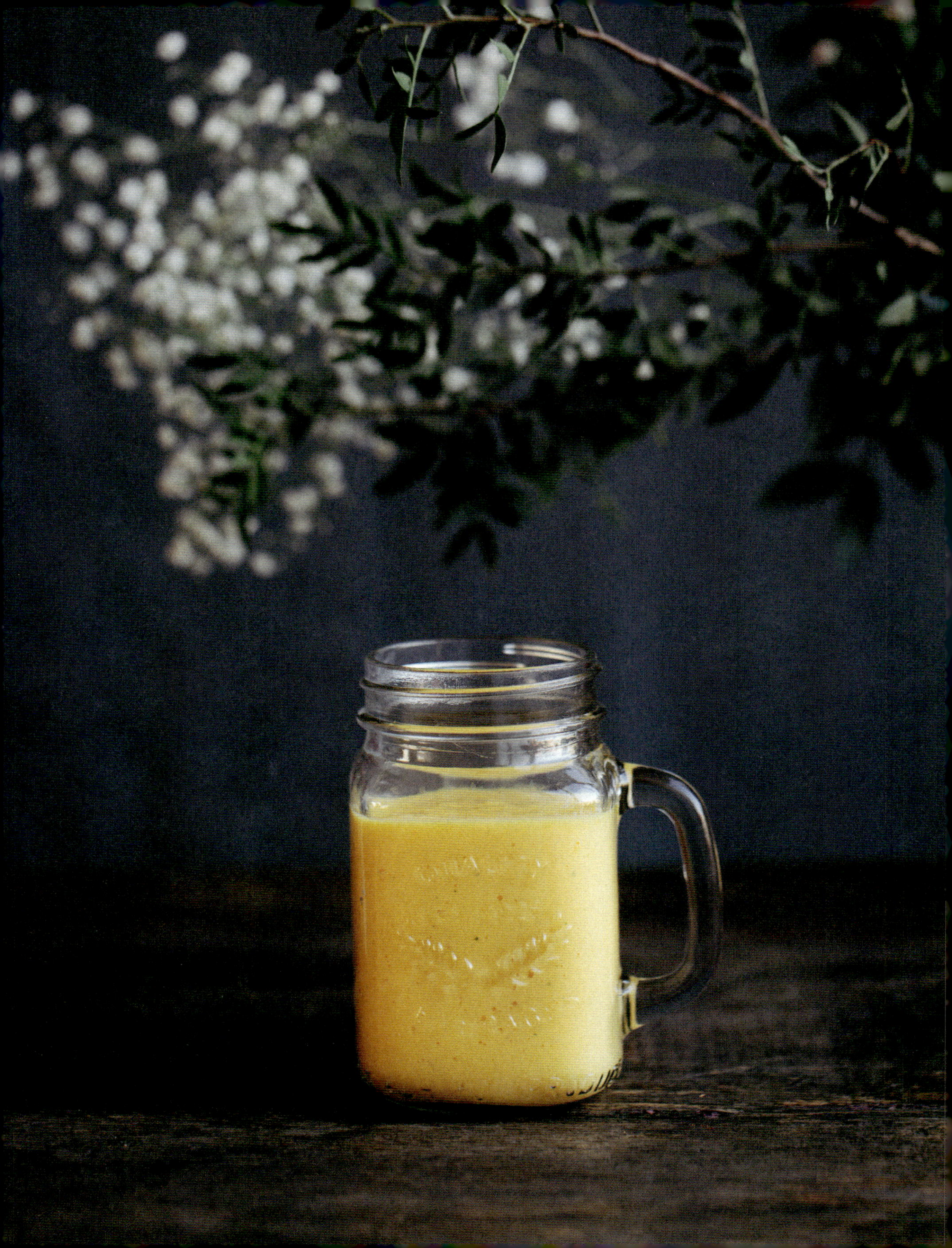

NATÜRLICH SÜSS

Mango-Minz-Lassi

Für 1 Glas

1 Mango
100 g Joghurt,
(Pflanzen- oder
Kuhmilch-Joghurt)
1 TL Zitronensaft
1 großes Minzblatt

**Zubereitungszeit:
nicht mal 10 Minuten**

Die Mango schälen und das Fruchtfleisch um den Stein herum auslösen.

Alle Zutaten in einen Mixer geben und pürieren. Den Lassi in ein Glas füllen und genießen.

Der Lassi eignet sich vor allem nach einem recht opulenten Essen, wenn man aber dennoch ein wenig Lust auf etwas Süßes hat, das nicht mehr so schwer im Magen liegt.

Wer eine extra Erischung braucht, kann zusätzlich 1–2 Eiswürfel in den Lassi geben.

NATÜRLICH SÜSS

Bananeneis mit Schokoguss

Als ich entdeckte, dass man Eis ganz leicht aus gefrorenen Früchten zu Hause selbst machen kann, wurde es sofort zu meinem neuen »Comfort Food«.

Gerade Bananen, die vielleicht schon ein wenig zu reif für den normalen Verzehr sind, eignen sich besonders gut. Schnell geschält, in Stückchen geschnitten und ins Tiefkühlfach gelegt, ebenso einfach ist dann die Zubereitung. Der besondere Kick in diesem Rezept ist die Schokoladensauce. Sie wird langsam fest und bleibt – wenn ihr euch beim Verzehr beeilt – an den richtigen Stellen warm und noch leicht flüssig.

Für 4 Personen

Für das Eis:
6–7 (etwa 600 g) Bananen
35 g dunkle Schokolade
½–1 TL Zimt
60 ml Pflanzenmilch

Für die Sauce:
1 EL Kokosöl
40 g dunkle Schokolade

Für das Topping:
4 EL gehackte dunkle Schokolade
1 Handvoll Walnüsse

Zubereitungszeit:
etwa 10 Minuten, plus 6 Stunden Kühlzeit

Die Bananen schälen, in Stücke schneiden und in einer Tüte oder in einem Gefäß mindestens 6 Stunden einfrieren.

Alle Zutaten für das Eis im Mixer zu einer homogenen Creme verarbeiten. Sollte der Mixer zwischendurch stocken, die Eismasse mithilfe eines Löffels von den Seiten abschaben. Dieser Prozess muss eventuell einige Male wiederholt werden. Das Eis braucht eine Weile, um sich zu formen.

Für die Sauce Kokosöl und Schokolade in einem kleinen Topf bei niedriger Temperatur erwärmen; dabei gut umrühren.

Das Eis auf Schälchen verteilen und mit der Sauce beträufeln. Mit Walnüssen und gehackter Schokolade bestreuen.

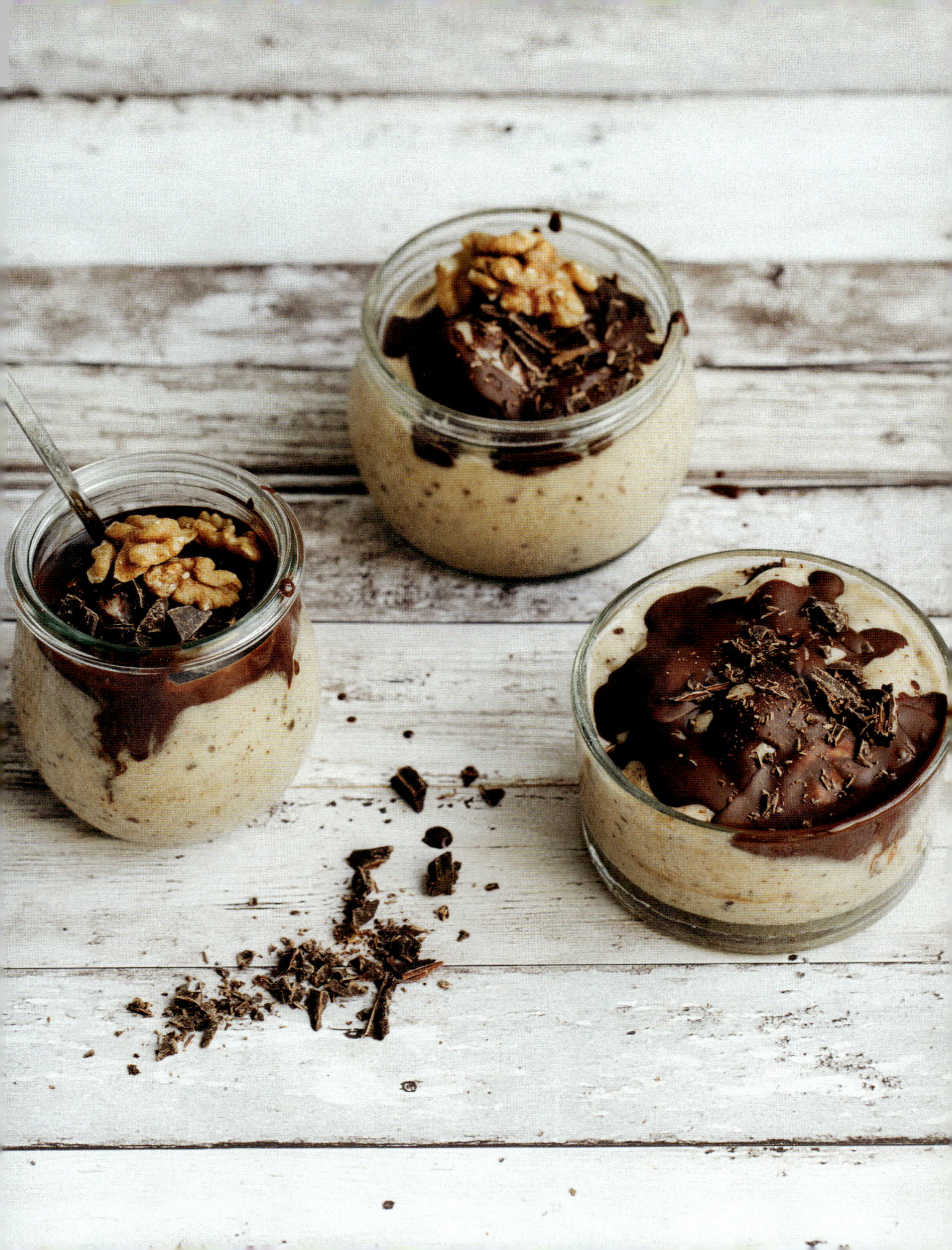

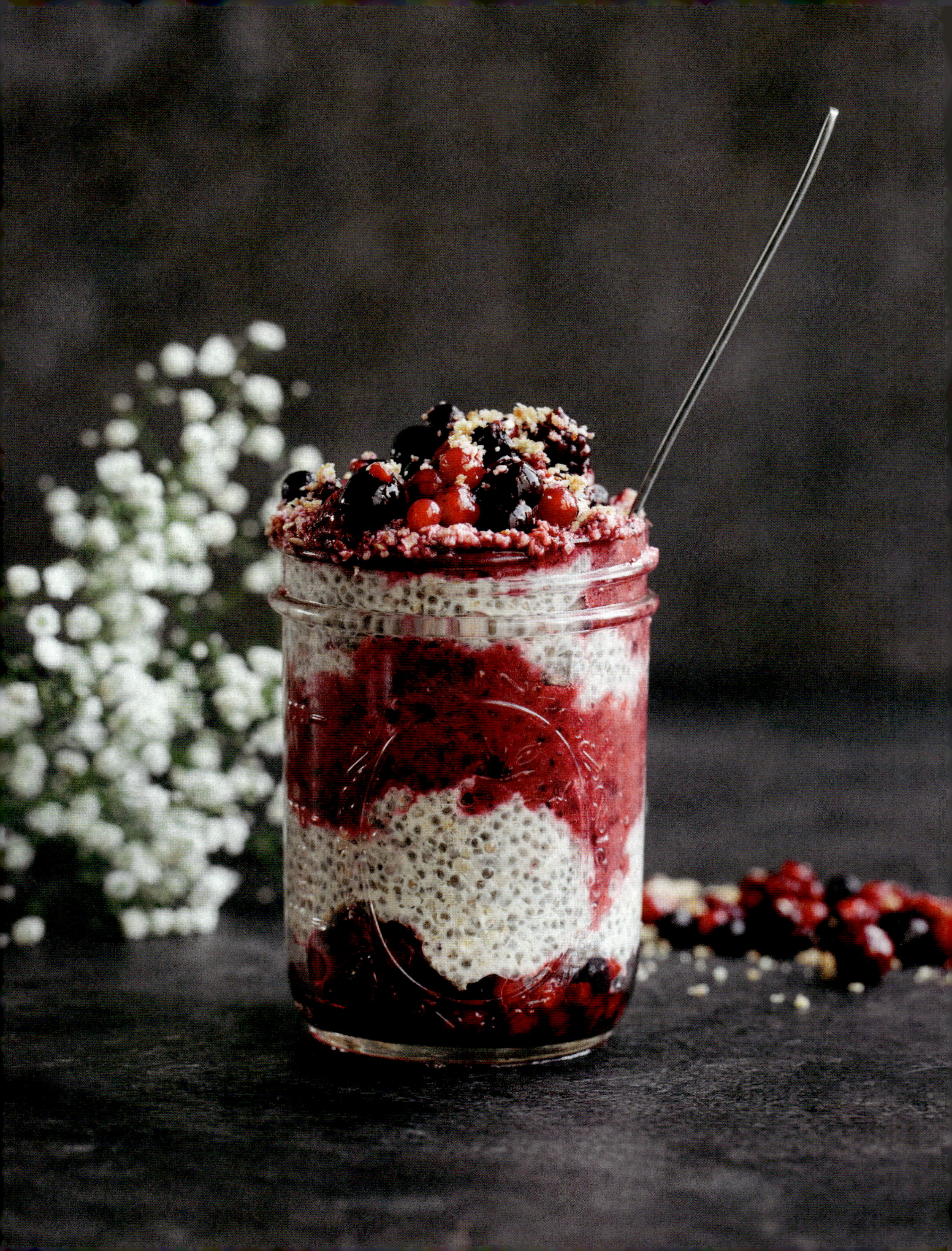

NATÜRLICH SÜSS

Geschichtetes Chia-Beeren-Dessert

Wer meinen Instagram-Account kennt, weiß, dass dies eines meiner liebsten Desserts, Snacks, Frühstücke ist. Die Basis besteht aus Chiasamen und ist mit einem selbst gemachten Beereneis geschichtet. Getoppt wird das Ganze mit einem »Rawnola« – also einem Granola, das nicht gebacken werden muss.

Die Portion ist für ein großes Glas, kann aber auch auf mehrere kleine Gläser aufgeteilt werden.

Für 1 Glas

Für die Basis:
40 g feine Haferflocken
30 g Chia-Samen
120 ml Pflanzenmilch

Für das Rawnola:
3 Medjool-Datteln
40 g Mandeln
3 EL Haferflocken
1 TL Kokosöl, flüssig

Für das Eis:
150 g Beeren (tiefgekühlt)
½ Banane
100 ml Pflanzenmilch

Zubereitungszeit:
etwa 25 Minuten

In einer Schüssel alle Zutaten für die Basis mit 100 ml Wasser vermengen und gründlich durchrühren. Mindestens 20 Minuten stehen lassen, sodass Haferfocken und Chia-Samen die Flüssigkeiten aufnehmen können. Gelegentlich umrühren.

In der Zwischenzeit für das Rawnola die Datteln entsteinen. Mit Mandeln, Haferflocken und Kokosöl im Mixer grob zerkleinern.

Für das Eis Beeren und Banane mit der Pflanzenmilch im Mixer zu einer cremigen Masse verarbeiten.

Basis und Eis nach Belieben abwechselnd in ein Glas schichten und mit dem Rawnola toppen.

Bei diesem Rezept könnt ihr viel variieren. Gerade beim könnt ihr einfach auch zu anderen Früchten greifen, zu Mango zum Beispiel, und auch beim Rawnola können die Mandeln mit anderen Nüssen getauscht werden. Einfach nach Lust und Laune anpassen!

NATÜRLICH SÜSS

Schwarzer Reis mit Mangopüree

Schwarzer Reis ist schnell zu meinem absoluten Lieblingsreis geworden. Er ist ungeschält und daher besonders nährstoffreich. Außerdem hat er einen leicht nussigen Geschmack, der sowohl zu herzhaften, als auch zu süßen Gerichten passt. Zusammen mit einem selbst gemachten Mangopüree wird er zu einem leicht exotischen und besonderen Dessert, für das man nur wenige Zutaten benötigt.

Für 6 kleine Schalen oder Gläser

200 g schwarzer Reis
150 ml Kokosmilch
½ TL gemahlene Vanille
1 Prise Meersalz
2 Mangos
2 EL Ahornsirup (optional)
1 EL Kokosraspeln

Zubereitungszeit: 60 Minuten

Den schwarzen Reis mit 500 ml Wasser und Kokosmilch in einen Topf geben. Zum Kochen bringen und bei mittlerer Temperatur etwa 50 Minuten köcheln lassen. Sollte die Flüssigkeit bereits verdunstet, der Reis aber noch nicht gar sein, ein wenig zusätzliches Wasser zufügen.

Nach der Hälfte der Kochzeit Vanille und das Meersalz zugeben.

Die Mangos schälen und das Fruchtfleisch vom Stein schneiden. In eine hohe Rührschüssel geben und mit einem Stabmixer fein pürieren. Optional an dieser Stelle den Ahornsirup zufügen und unterrühren.

Den fertigen Milchreis in Schälchen oder Gläser abfüllen und mit Mangopüree und Kokosraspeln verzieren. Am besten noch warm genießen.

Schwarzer Reis wird immer eine gewisse Bissfestigkeit haben, anders als z. B. weißer Reis. Das macht ihn aber auch geschmacklich so interessant und optisch macht er sowieso einiges her!

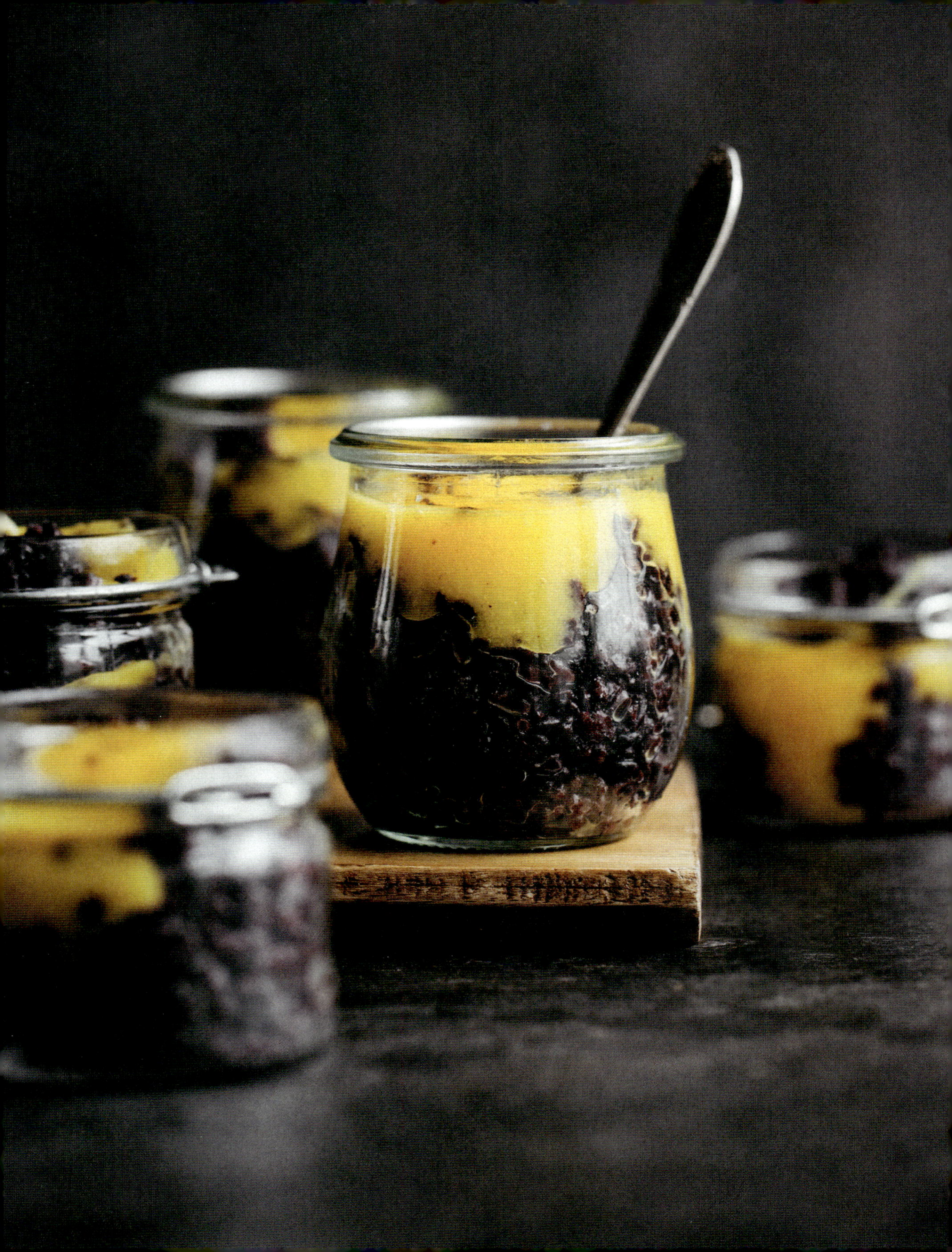

Doppelter Schokoladenkuchen im Glas

Dieses Rezept spiegelt wohl meine Schokoladenverliebtheit einwandfrei wider. Ein lockerer und fluffiger Schokoladenkuchen, gefüllt mit einer weichen Schokoladencreme. Meine eigene Interpretation eines Lava-Cakes, nur eben ein wenig unkonventioneller.

Für 4 Gläser

Für den Kuchen:
120 g Mandeln
160 g Dinkelvollkornmehl
4 EL Rohkakaopulver
2 TL Backpulver
2 TL Zimt
1 TL gemahlene Vanille
2 EL Olivenöl
70 ml Pflanzenmilch
60 ml Ahornsirup

Für die Schokoladencreme:
8 Medjool-Datteln
70 g dunkle Schokolade, plus 15 g für die Dekoration
1 EL Ahornsirup
3 EL Kokosöl

Außerdem:
4 ofenfeste Gläser (Ø 5–6 cm, mindestens 8 cm Höhe)
Kokosöl zum Einfetten

Zubereitungszeit:
45 Minuten

Den Backofen auf 180 °C vorheizen.

Für den Kuchen die Mandeln in einer Küchenmaschine einige Sekunden zu Mehl verarbeiten. In einer Schüssel zuerst alle trockenen Zutaten mischen, dann die flüssigen zufügen. Alles gut verrühren.

Für die Schokoladencreme die Datteln entsteinen und mit einer Gabel oder im Mixer zerkleinern. Schokolade, Ahornsirup, Kokosöl und Datteln in einen kleinen Topf geben, bei mittlerer Temperatur erhitzen und unter ständigem Rühren schmelzen lassen.

Die Gläser einfetten. 3 Esslöffel Kuchenteig pro Glas einfüllen. In der Mitte des Teiges eine Mulde formen und 2 Esslöffel der Schokoladencreme in die Mulde geben. Anschließend das Glas mit mehr Kuchenteig füllen. Dabei darauf achten, die Gläser jeweils nur zu zwei Dritteln zu füllen, da die Kuchen beim Backen stark aufgehen.

Die Gläser im Ofen 15–20 Minuten backen. Im Anschluss die restliche Schokolade mit einem Messer grob hacken, den Kuchen mit den Schokoladenstückchen bestreuen und vor dem Servieren leicht abkühlen lassen.

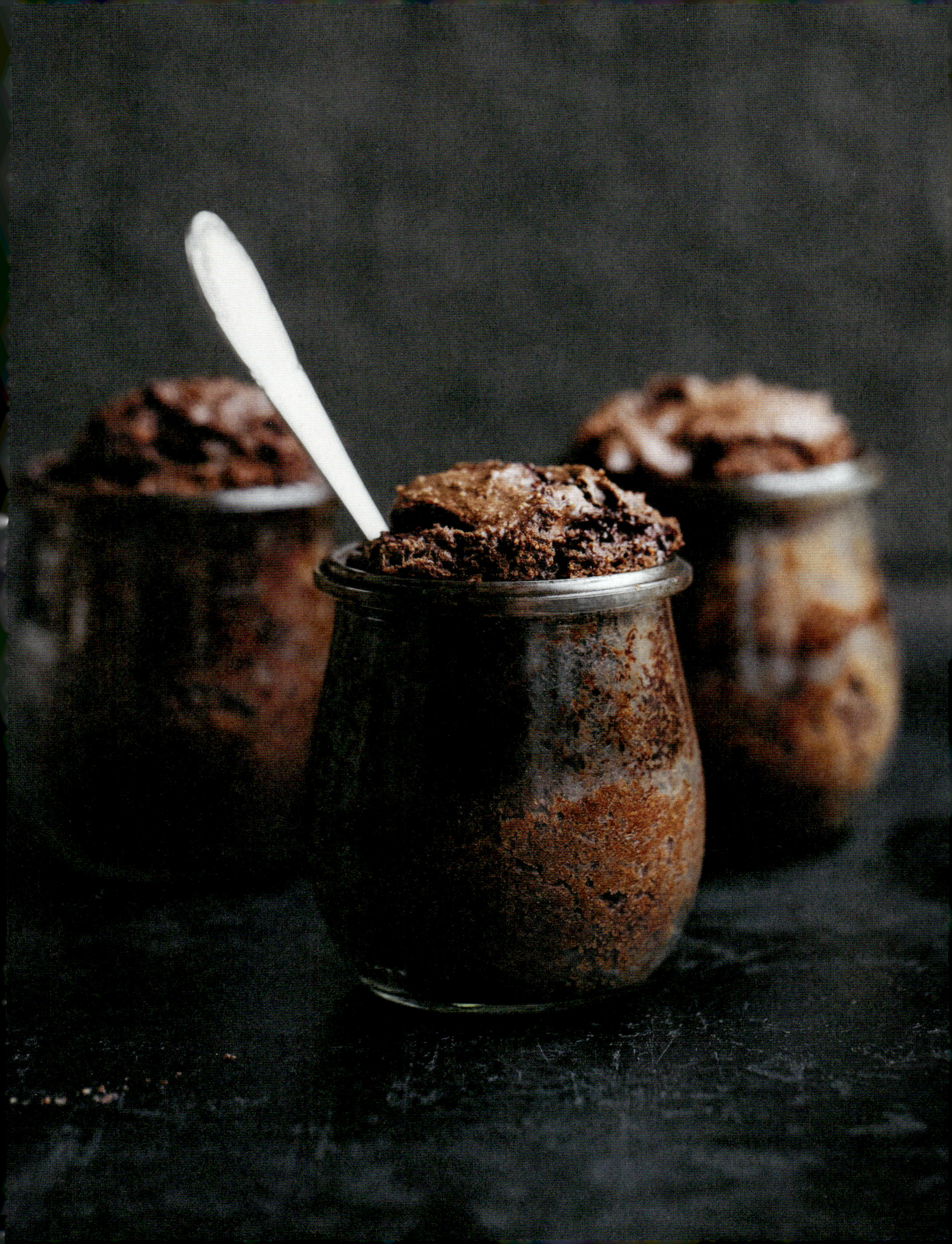

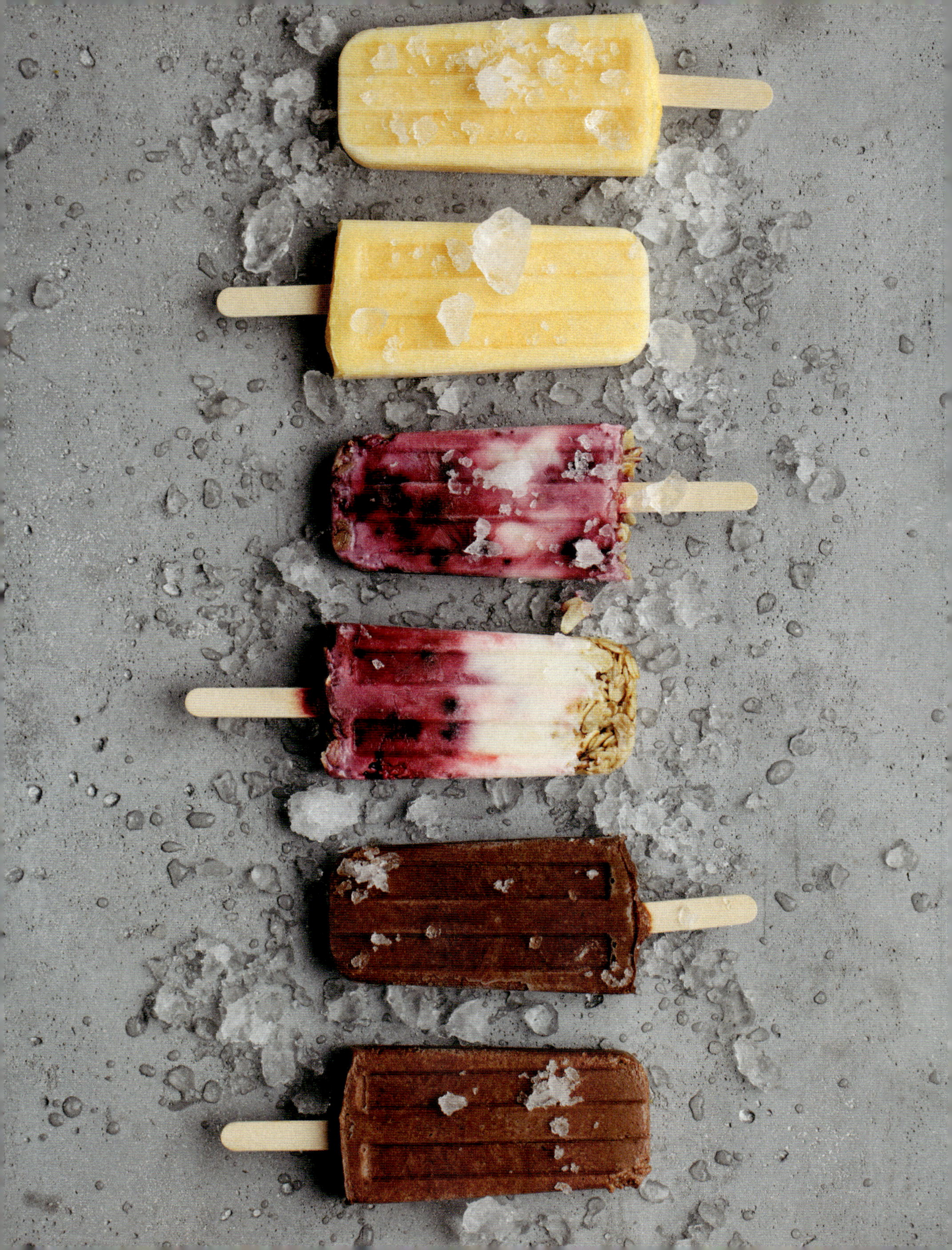

NATÜRLICH SÜSS

Ice Pops

Schon als Kind habe ich Gefallen daran gefunden, Eis am Stiel selbst zu machen. Während ich damals lediglich Apfel- und Orangensaft in die Formen füllte, bin ich mittlerweile etwas experimentierfreudiger geworden. Egal ob Schokoliebhaber, Kokosfan oder Fruchtfanatiker, es sollte für jeden etwas dabei sein. Und ganz ehrlich – was gibt es Besseres als gefrorene Smoothies am Stiel?

Joghurt-Frucht

Für 4 Stück

Für die Joghurtbasis:
200 g Joghurt (Pflanzen- oder Kuhmilchjoghurt)
1 Prise gemahlene Vanille
2 EL Ahornsirup
½ EL Zitronensaft
60 g Blaubeeren (tiefgekühlt)

Für den Granola-Crunch:
50 g Haferflocken
1 TL Ahornsirup
1 TL Kokosöl

Zubereitungszeit:
10–15 Minuten, plus 3 Stunden Gefrierzeit

Für die Joghurtbasis Joghurt, Vanille, Ahornsirup und Zitronensaft in einer Schüssel verrühren. Die Hälfte der Joghurtmischung in eine zweite Schüssel umfüllen und die Blaubeeren vorsichtig unterheben.

Für den Granola-Crunch Haferflocken, Ahornsirup und Kokosöl in einem Topf bei mittlerer Temperatur erhitzen und 2 Minuten anrösten.

Die Eisförmchen zuerst mit etwas Granola befüllen und mit einem Löffel etwas fest drücken, damit es später nicht auseinanderfällt.

Dann nach Belieben die pure Joghurtmischung sowie die Joghurt-Blaubeer-Mischung in die Förmchen schichten. Anschließend ein wenig zusätzliches Granola einfüllen.

Vor dem Servieren mindestens 3 Stunden ins Gefrierfach stellen.

NATÜRLICH SÜSS

Pfirsich-Kokos

Für 4 Stück

4 Pfirsiche
160 ml Kokosmilch
1–3 EL Ahornsirup

**Zubereitungszeit:
10 Minuten, plus
3 Stunden Gefrierzeit**

Die Pfirsiche in einen Topf geben und mit so viel Wasser auffüllen, dass sie gerade bedeckt sind. Das Wasser aufkochen und die Pfirsiche 2–3 Minuten darin köcheln lassen.

Die Pfirsiche dann aus dem Wasser nehmen und kurz abkühlen lassen. Jetzt lässt sich die Haut mit einem Messer ganz einfach abziehen. Die Pfirsiche teilen, die Steine herauslösen und das Fruchtfleisch in Viertel schneiden.

Pfirsichstücke, Kokosmilch und Ahornsirup in einem Mixer gründlich zerkleinern.

Die Fruchtmasse in die Eisförmchen füllen und anschließend mindestens 3 Stunden ins Gefrierfach stellen.

Schokofudge

Für 4 Stück

60 g Cashewkerne
60 g Mandeln
240 ml Hafermilch
8 Datteln
2 EL Kakaopulver
2 EL Ahornsirup

**Zubereitungszeit:
10 Minuten, plus
3 Stunden Gefrierzeit**

Die Cashews mindestens 5 Stunden, besser über Nacht, in Wasser einweichen.

Vor der Zubereitung das Wasser abgießen, die Cashews gründlich abwaschen und mit den restlichen Zutaten in einem Mixer auf höchster Stufe zu einer cremigen Masse verarbeiten.

Die Schokomasse in die Eisförmchen füllen und anschließend mindestens 3 Stunden ins Gefrierfach stellen.

Um die Eis-Pops aus den Formen zu nehmen, den Eisbehälter kurz unter lauwarmes Wasser halten, so lässt sich das Eis ganz leicht aus der Form lösen.

Die Form für die Eis-Pops findet man online, wenn man nach »Eis am Stiel-Formen« sucht. Aber nicht vergessen, auch Holzstiele zu bestellen, sonst wird es schwierig, das Eis zu halten.

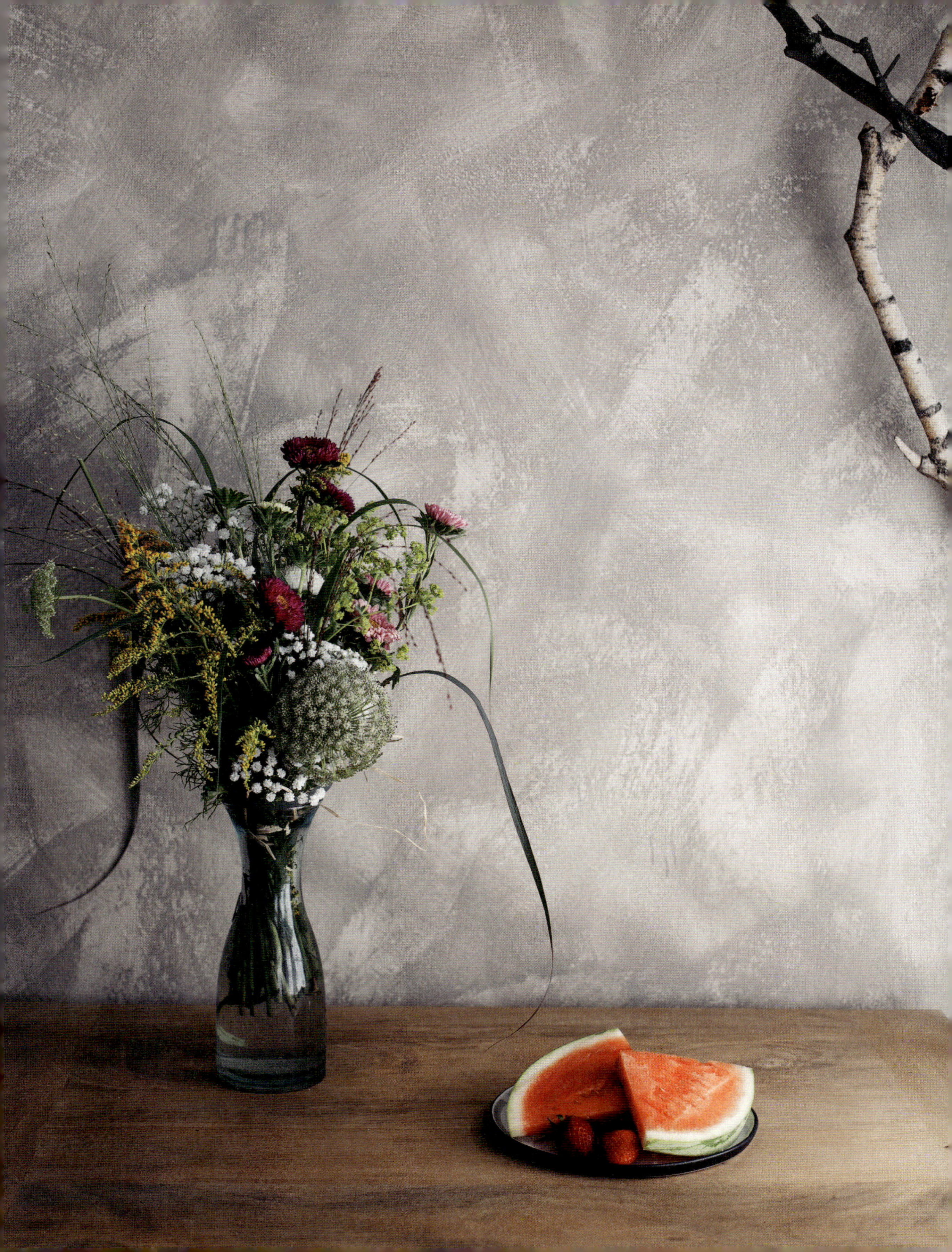

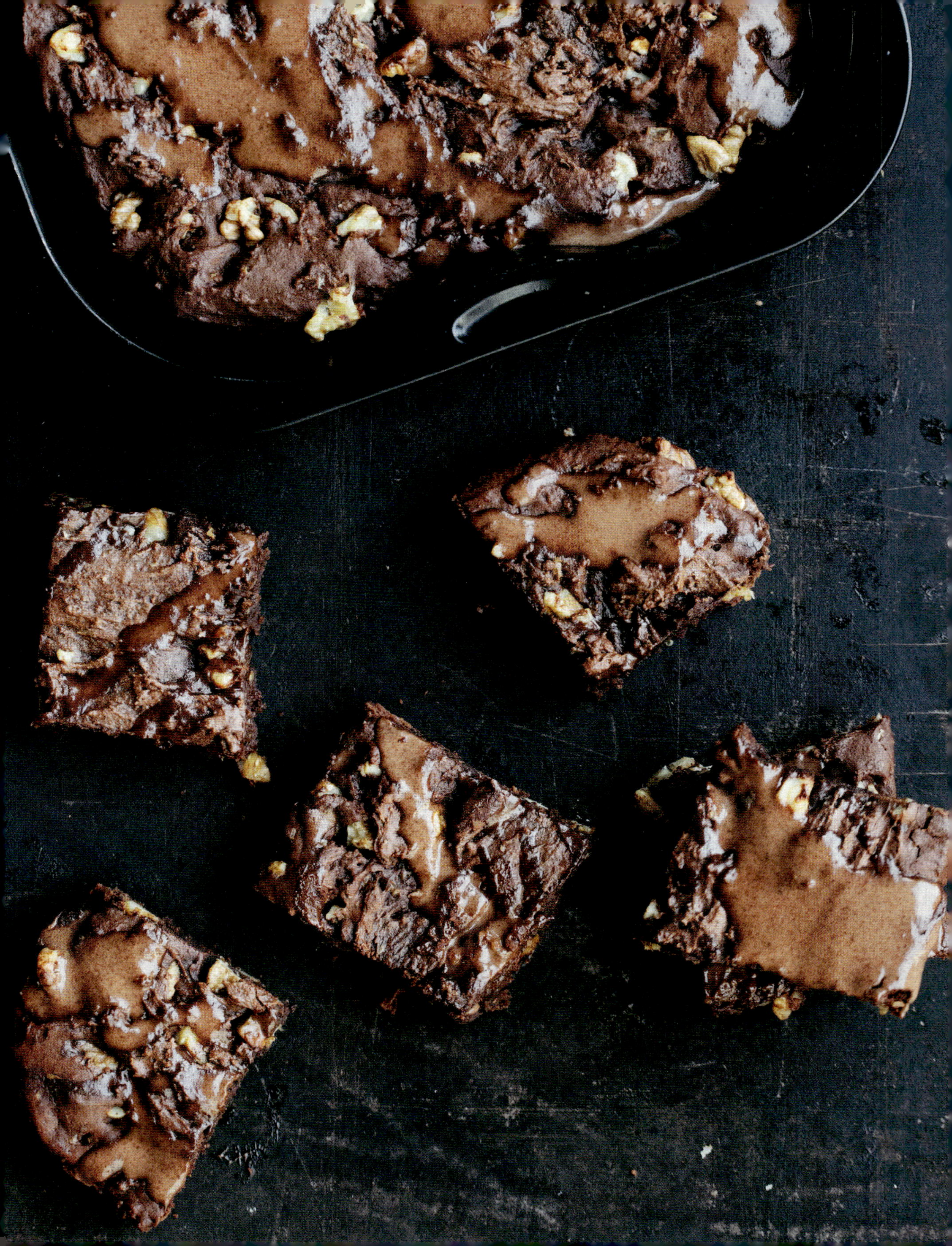

Schokoladen-Walnuss-Brownies mit Schokoladen-Ganache

Für etwa 12 Stück

Für die Brownies:
100 g Walnüsse
200 g Dinkelmehl
1 TL gemahlene Vanille
1 Prise Meersalz
1 TL Backpulver
150 ml Pflanzenmilch
160 g dunkle Schokolade
50 ml Olivenöl,
plus Öl für die Form
150 ml Ahornsirup

Für die Glasur:
100 ml Kokosmilch
25 g dunkle Schokolade
(mind. 75 %)
1 TL Ahornsirup

Außerdem:
Back- oder Auflaufform
(etwa 20 cm Länge)

Zubereitungszeit:
30 Minuten

Den Backofen auf 180 °C vorheizen. Die Form mit Olivenöl einfetten.

Für die Brownies die Walnüsse mit einem Messer grob zerkleinern.
In einer großen Schüssel alle trockenen Zutaten mischen und die Pflanzenmilch zugeben.

In einem kleinen Topf dunkle Schokolade und Olivenöl bei niedriger Temperatur zum Schmelzen bringen. Den Ahornsirup zugeben und alles mit den restlichen Zutaten mischen.

Den Teig gleichmäßig in der Form verteilen und im Ofen 15 Minuten backen. Die Brownies herausnehmen und abkühlen lassen.

Für die Glasur Kokosmilch, dunkle Schokolade und Ahornsirup in einem kleinen Topf bei mittlerer Temperatur erwärmen und gründlich mischen. Gleichmäßig über den Brownies verteilen.

Am besten die Brownies alle fix aufessen! Sie halten sich im Kühlschrank einige Tage, sind aber am ersten Tag am leckersten.

Blaubeer-Muffins

Mein Muffin-Teig besteht aus Dinkelmehl und Mandeln; glutenfrei werden die Muffins, indem ihr Dinkel- durch Buchweizenmehl ersetzt. Ich persönlich mag sie allerdings mit Dinkelmehl ein wenig lieber, da der Teig damit fluffiger wird. Gesüßt werden die Muffins mit Ahornsirup und Apfelsaft! Der Saft verleiht eine angenehme und milde Süße und passt super zu den Blaubeeren. Ach ja, und Blaubeeren zählen sowieso zu meinen Lieblingsbeeren.

Für 6 Stück

120 g Mandelmehl oder Mandeln,
150 g Dinkelmehl plus 20 g Mandeln zum Bestreuen
½ TL gemahlener Kardamom
¼ TL gemahlene Vanille
1 TL Backpulver
80 ml Apfelsaft
40 ml Pflanzenmilch
2 EL Zitronensaft
80 ml Ahornsirup
150 g Blaubeeren (frisch oder tiefgekühlt), plus 40 g für das Topping

Außerdem:
Muffinblech
Kokosöl für die Form

**Zubereitungszeit:
50 Minuten**

Den Backofen auf 175 °C vorheizen. Die Mulden des Muffinblechs mit Kokosöl einfetten.

Die Mandeln in einem leistungsstarken Mixer zu Mandelmehl mahlen.

Alle trockenen Zutaten in einer Schüssel mischen. Die feuchten Zutaten – bis auf die Blaubeeren – unterrühren, bis der Teig klumpenfrei ist. Erst dann die Blaubeeren zugeben und vorsichtig unterheben.

Den Teig zu ⅔ Höhe in den Mulden des Muffinbleches verteilen. Für das Topping die restlichen Mandeln grob hacken und mit den Blaubeeren auf die Muffins streuen.

Auf mittlerer Schiene im Ofen 35–40 Minuten backen, herausnehmen und vor dem Servieren kurz abkühlen lassen.

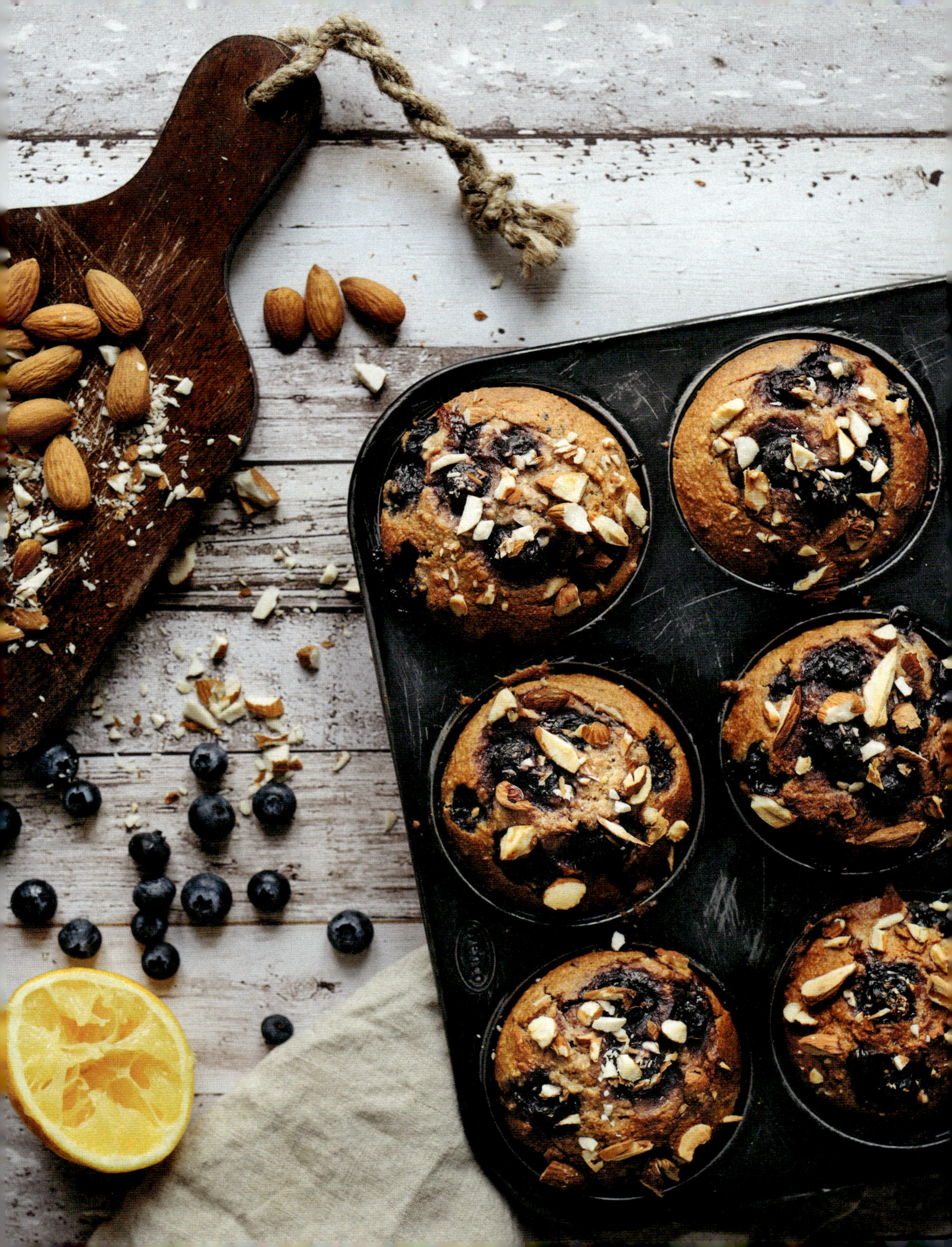

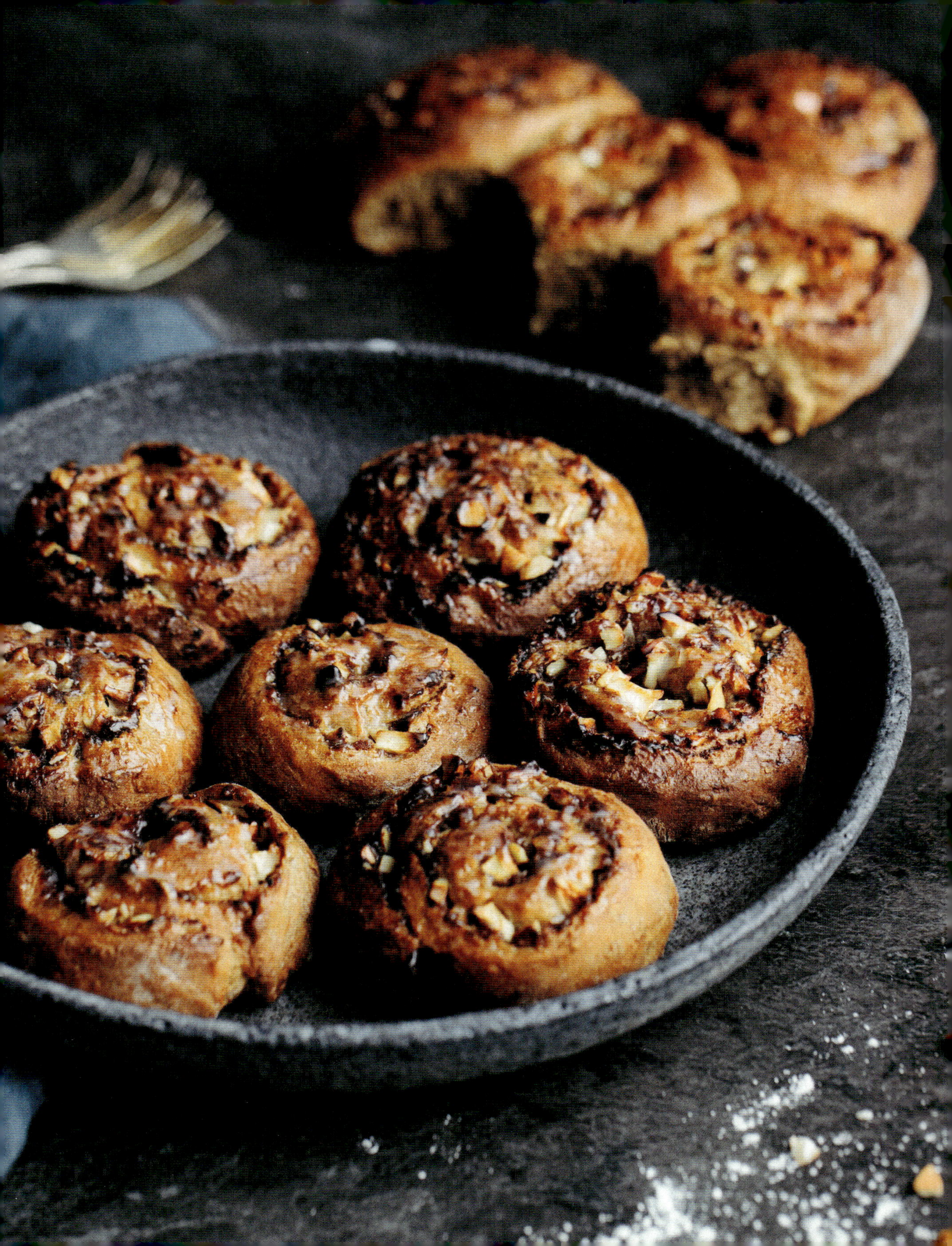

Zimtschnecken mit Nuss-Dattel-Füllung

In meiner Schule gab es einen Pausenkiosk, an dem ich zugegebenermaßen einen Großteil meiner Schulzeit verbrachte. Eingequetscht in einer Schülermasse stand man die komplette Pause so da, doch es gab einen Preis: warme Zimtschnecken.

Meine gesündere Variante der Zimtschnecken kann mit jenen aus meiner Schulzeit definitiv mithalten. Der Teig besteht aus Dinkelmehl, Mandeln und Apfelmus. Apfelmus sorgt für einen guten Zusammenhalt aller Zutaten und eine angenehme Süße, Dattelcreme und Mandeln ergeben eine köstliche Füllung.

Für 16 Zimtschnecken

Für den Hefeteig:
50 ml Pflanzenmilch
1 Pck. Trockenhefe
4 EL Ahornsirup
150 g Mandeln
400 g Dinkelmehl, plus etwas zum Bestäuben
1 Prise Salz
1 TL gemahlener Kardamom
1½ EL Zimt
½ TL gemahlene Vanille
300 g Apfelmus
3 EL Kokosöl

Weiter auf Seite 226

Für den Hefeteig die Pflanzenmilch kurz in einem Topf erwärmen, nicht kochen! Dann Hefe und Ahornsirup einrühren. Von der Herdplatte nehmen und mindestens 5 Minuten stehen lassen.

Die Mandeln im Mixer zu Mehl verarbeiten.

In einer großen Schüssel alle trockenen Zutaten miteinander mischen und eine Mulde in die Mitte drücken. Die Hefe-Milch in die Mulde geben und alles zunächst mit einer Gabel zu einem Teig verrühren. (Am einfachsten geht es allerdings in einer Küchenmaschine). Dann Apfelmus und Kokosöl zum Teig geben und mit den Knethaken des Handrührgerätes zu einem geschmeidigen Teig verrühren.

Den Teig zu einer Kugel formen, mit ein wenig Mehl bestäuben und 1 Stunde abgedeckt in einer Schüssel an einem warmen Ort aufgehen lassen.

Für die Füllung:
300 g Datteln
2 EL Kokosöl, flüssig
2 TL Zimt
1 Apfel
100 g gehackte Mandeln

Zubereitungszeit:
etwa 30 Minuten, plus
1 Stunde Ruhezeit, plus
30–40 Minuten Backzeit

Man kann die Zimtschnecken auch in einer großen Auflaufform dicht an dicht backen, sodass eine zusammenhängende Zimtrosette entsteht.

Die Arbeitsfläche mit Mehl bestäuben und den Teig im Anschluss zu einem etwa 1 cm dicken Rechteck ausrollen. Dazu den Teig am besten zwischen zwei Lagen Backpapier legen.

Für die Füllung die Datteln entsteinen und in einem Mixer zerkleinern. In einer Schüssel mit Kokosöl und Zimt mischen. Den Apfel waschen und in kleine Würfel schneiden.

Die Füllung gleichmäßig auf dem ausgerollten Teig verteilen, dann mit Apfelwürfeln und gehackten Mandeln bestreuen.

Den Teig von der längeren Seite her aufrollen. Dabei vorsichtig vorgehen, sollte der Teig an der Arbeitsfläche kleben bleiben.

Den Backofen auf 175 °C vorheizen.

Die Rolle mit einem Messer vorsichtig in 16 gleich große Stücke teilen. Diese Rollen auf ein mit Backpapier ausgelegtes Backblech legen. Dabei darauf achten, dass sie nicht zu dicht aneinander liegen, da die Zimtschnecken beim Backen aufgehen werden.

Die Zimtschnecken im Ofen 30–40 Minuten backen. Dann herausnehmen und abkühlen lassen.

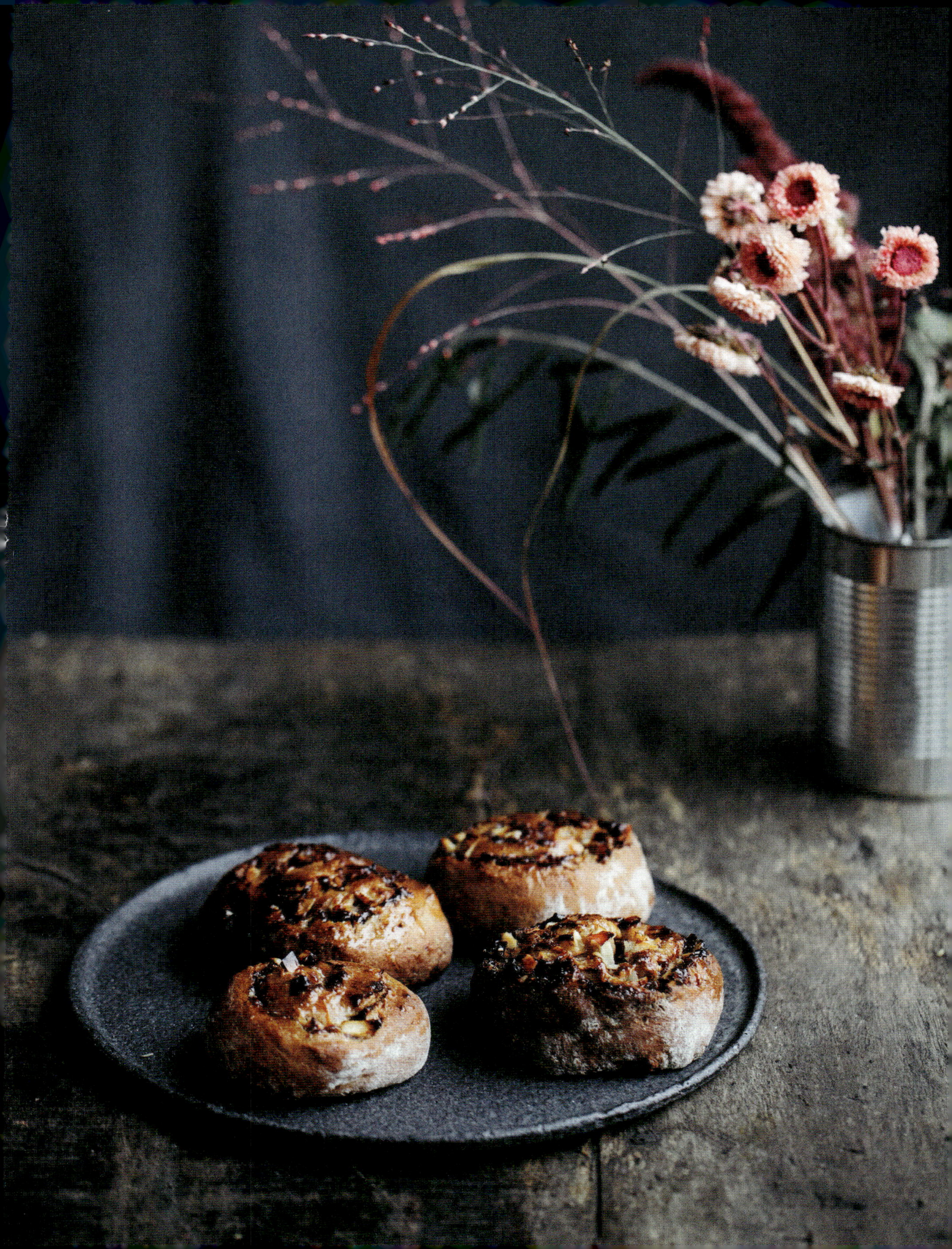

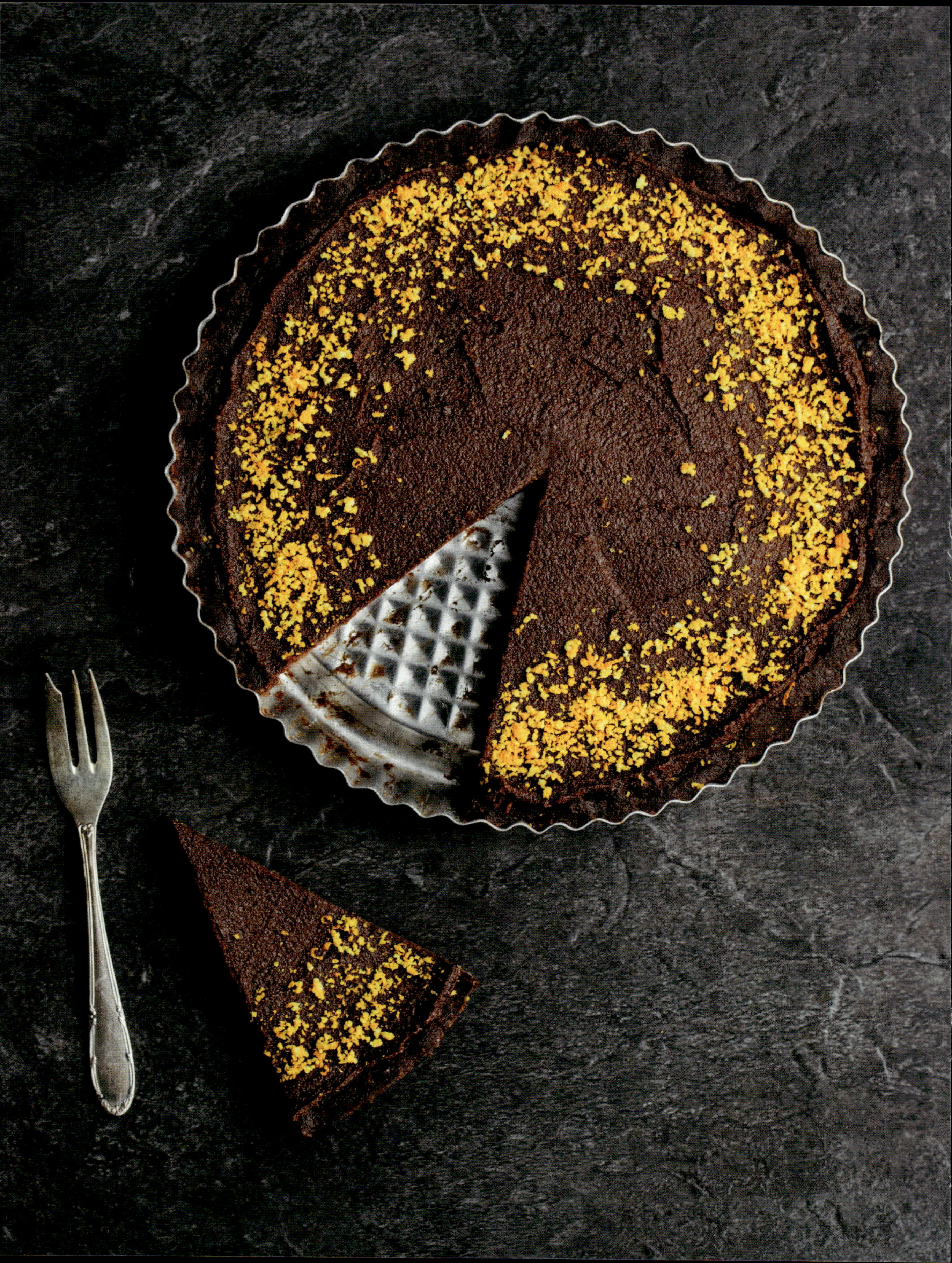

NATÜRLICH SÜSS

Schoko-Orangen-Tarte

Ich dachte lange, dass ich die Kombination von Schokolade und Orange nicht mag, bis ich es einfach mal bei dieser Tarte ausprobiert habe. Es stellte sich heraus, ich mag sie doch! Ich teile sonst immer gerne und nehme oft die Rezepttest-Überbleibsel mit zu Familie und Freunden, nur aus irgendeinem Grund hat es dieser Kuchen noch nie aus meiner Wohnung geschafft.

Für 1 Tarte

Für den Boden:
200 g Mandeln
80 g Haferflocken
12 Medjool-Datteln, entsteint
2 EL Kokosöl, plus etwas für die Form
1 Prise Meersalz
½ TL gemahlene Vanille
3 EL Rohkakaopulver

Für die Füllung:
200 g Cashewkerne
Saft und Abrieb von 1 Bio-Orange, plus etwas Abrieb zum Dekorieren
2½ EL Rohkakaopulver
3 EL Ahornsirup

Außerdem:
Tarteform, Ø 22 cm

Zubereitungszeit:
etwa 30 Minuten, plus 1 Stunde Kühlzeit, plus 4 Stunden Einweichzeit

Zur Vorbereitung die Cashews für die Füllung mindestens 4 Stunden, am besten über Nacht, in Wasser einweichen, dann abgießen und gründlich abwaschen.

Für den Boden die Mandeln in einem leistungsstarken Mixer zu Mandelmehl mahlen.
Die restlichen Zutaten sowie 50 ml Wasser zugeben und alles zu einer homogenen Masse verarbeiten. Sollte der Mixer zwischendurch stocken, den Teig mithilfe eines Löffels von den Seiten abschaben. Den Teig herausnehmen und die Masse kurz durchkneten. In eine Schüssel geben und etwa 15 Minuten in den Kühlschrank stellen; währenddessen die Füllung vorbereiten.

Für die Füllung die eingeweichten Cashews mit den restlichen Zutaten in einem Mixer zu einer Creme verarbeiten.

Die Tarteform mit Kokosöl einfetten und die Masse für den Boden hineingeben. Mit den Händen gleichmäßig verteilen und andrücken. Die Füllung gleichmäßig darauf verteilen.

Die Tarte etwa 1 Stunde in den Kühlschrank geben, damit sie fest werden und gut durchkühlen kann. Bis zum Servieren im Kühlschrank aufbewahren.

Alternativ sofort nach der Herstellung ins Gefrierfach geben und etwa 15 Minuten vor dem Servieren herausholen. Mit Orangenabrieb bestreuen.

Avocado-Limetten-Kuchen

Diese Kombination – Avocado und Limetten – mag vielleicht zunächst im Zusammenhang mit einer Süßspeise etwas ungewohnt klingen, aber auch als Kuchen verstehen sich diese beiden Zutaten besonders gut! Die Avocados sorgen für eine cremige Konsistenz und die Datteln für eine angenehme Süße, die Limette gibt dem Kuchen den Extra-Frischekick.

Für den Boden:
100 g Mandeln
80 g Haferflocken
3 EL Ahornsirup
2 EL Kokosöl, flüssig
1 Prise Salz

Für die Füllung:
6 Bio-Limetten
4 Avocado
15 Medjool-Datteln

Für das Topping:
100 g Blaubeeren (tiefgekühlt)
2½ EL Hafermilch
1 TL Ahornsirup

Außerdem:
Springform, Ø 18 cm
Kokosöl für die Form

Zubereitungszeit:
25 Minuten, plus 3 Stunden Kühlzeit

Die Form leicht mit Kokosöl einfetten.

Für den Boden Mandeln und Haferflocken in einem Mixer zu Mehl verarbeiten. Ahornsirup und Kokosöl sowie Salz zugeben und gut verrühren. Die Masse in die Form geben und gut an Boden und Rand festdrücken. Sollte der Teig nicht zusammenhalten, etwas Wasser zufügen.

Für die Füllung die Limetten auspressen und den Saft auffangen. Von 1 Limette die Schale abreiben. Die Avocados halbieren, den Kern entfernen und das Fruchtfleisch auslösen. Die Datteln entsteinen. Avocados, Datteln, Limettensaft und -abrieb in einen Mixer geben und zu einer geschmeidigen Masse verarbeiten. Auf den Boden geben und gleichmäßig darauf verteilen.

Für das Topping Blaubeeren, Hafermilch und Ahornsirup im Mixer zu einer glatten Masse verarbeiten und auf die Avocadofüllung geben. Gleichmäßig verstreichen, sodass die Füllung gut damit überzogen ist.

Den Kuchen mindestens 3 Stunden ins Gefrierfach stellen. Zum Servieren mindestens 15 Minuten vor dem Verzehr herausnehmen.

Der Kuchen kann, falls gewünscht, noch dekoriert werden. Zum Beispiel mit einer Handvoll frischen Blaubeeren, ein paar Minzblättern oder sogar ein wenig Limettenabrieb!

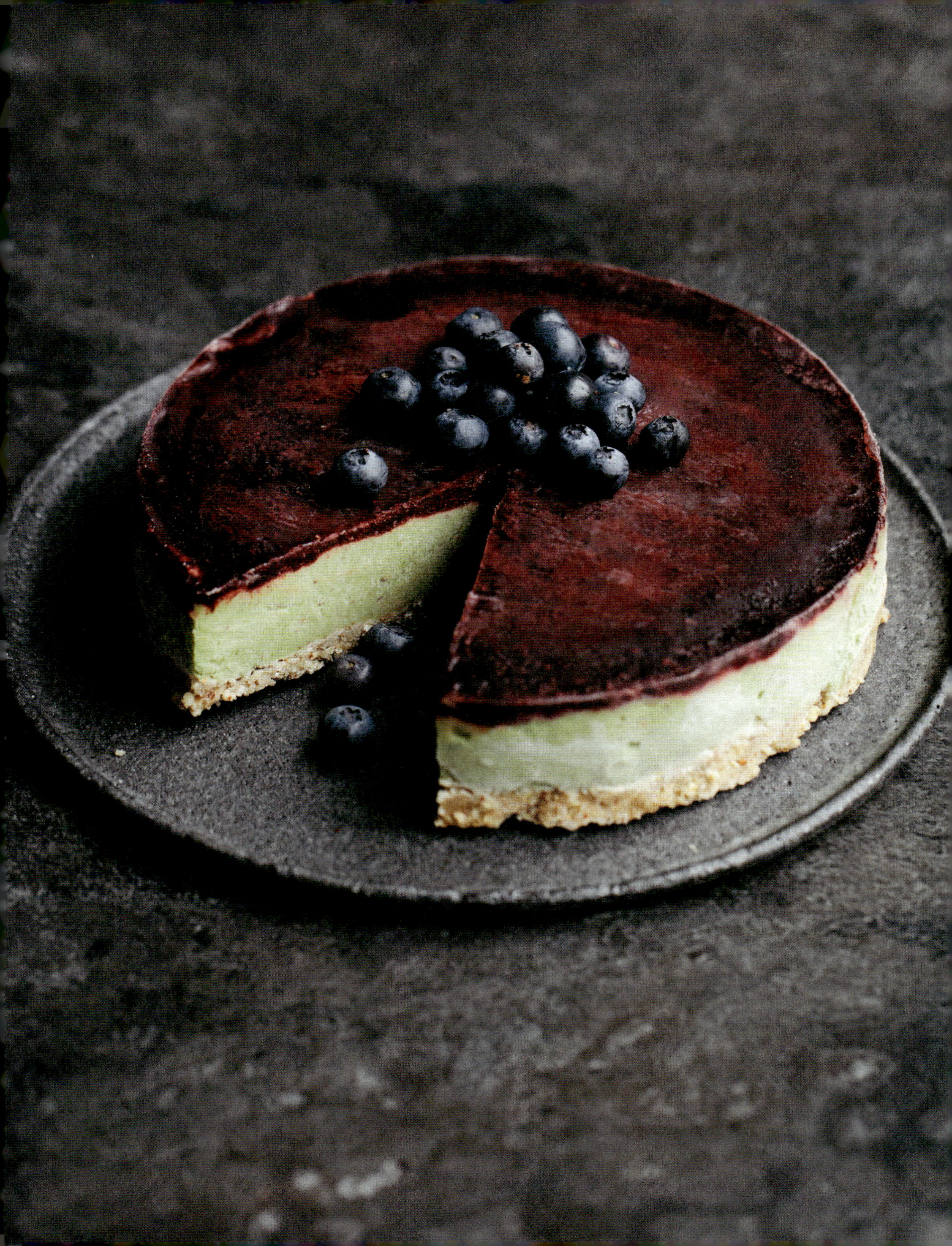

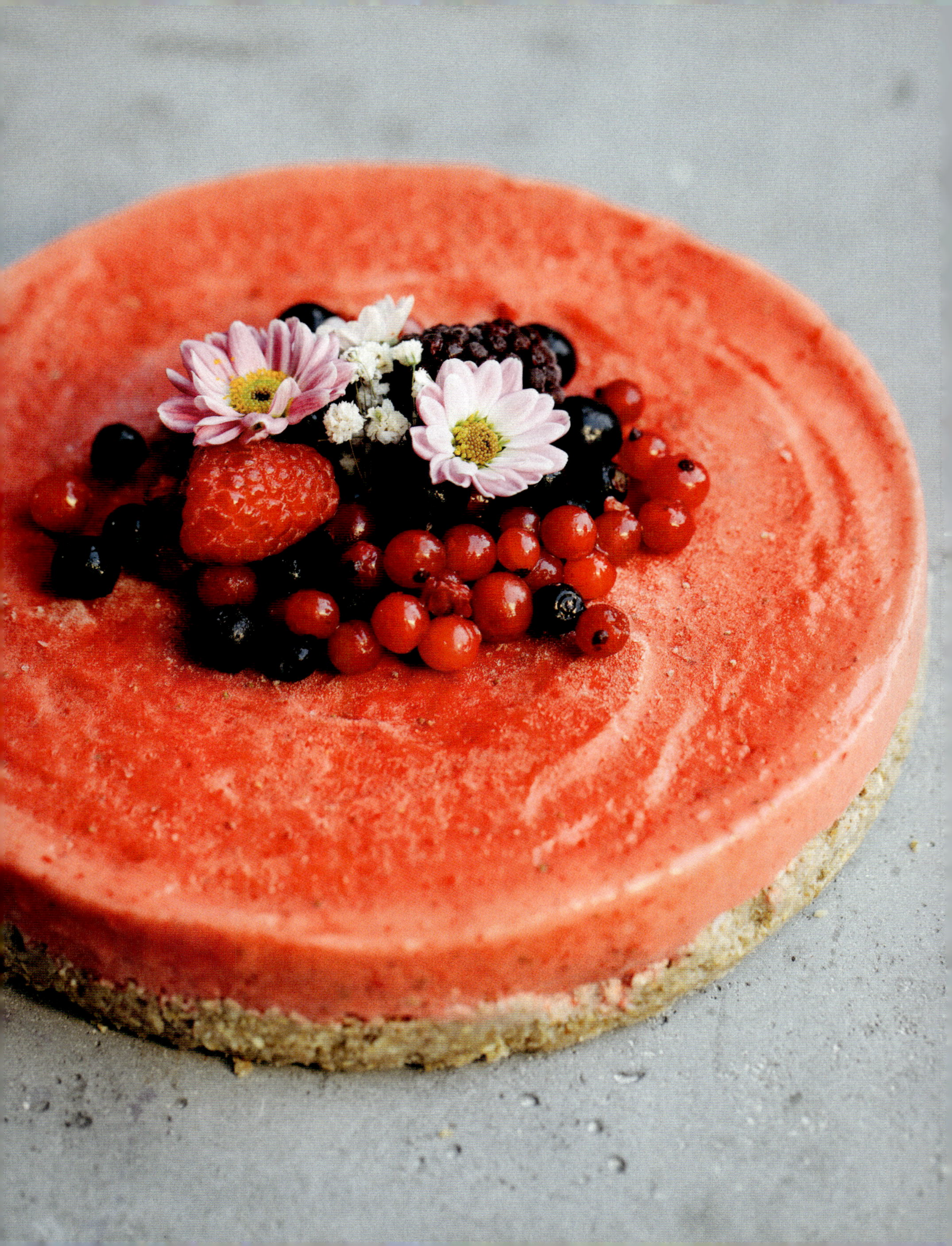

NATÜRLICH SÜSS

Erdbeer-Eiscreme-Torte

Das letzte Rezept des Buches ist tatsächlich eines der ersten, die ich jemals entwickelt habe und mit dem ich immer noch sehr glücklich bin. Diese Eiscreme-Torte ist – für mich – ein absoluter Sommertraum. Ich habe sie etliche Male gemacht, zum sommerlichen Tee und Kuchen, für Geburtstagsfeiern oder auch für mich ganz alleine. Ich könnte mir kein schöneres Rezept vorstellen, um diese kulinarische Kochbuchreise zu beenden. Danke.

Für den Boden:
3 EL Kokosöl
8 Medjool-Datteln
100 g Haferflocken
80 g Sonnenblumenkerne
1 Prise Salz

Für die Eiscreme:
400 g Erdbeeren (tiefgefroren)
150 g Joghurt (Soja- oder Kuhmilch-Joghurt)
½ EL Zitronensaft
3 EL Ahornsirup

Für die Dekoration:
frische Beeren
essbare Blüten

Außerdem:
Kuchenform, Ø 18 cm
Kokosöl für die Form

Zubereitungszeit:
15 Minuten, plus mind. 2 Stunden Kühlzeit

Die Form leicht mit Kokosöl einfetten. Die Datteln entsteinen.

Das Kokosöl in einem Topf kurz erwärmen, bis es flüssig ist. Alle Zutaten für den Boden mit 1 EL Wasser in einen Mixer geben und etwa 2 Minuten zu einer möglichst glatten Masse verarbeiten. Den Teig in die Backform geben und gut an Boden und Seiten andrücken, am besten funktioniert das mit den Fingern. Sollte der Teig zu trocken sein, ein wenig Wasser zufügen.

Für die Eiscreme Erdbeeren, Joghurt, Zitronensaft und Ahornsirup im Mixer zu einer cremigen Masse verarbeiten. Die Erdbeereiscreme auf den Boden geben und glatt streichen.

Den Kuchen mindestens 2 Stunden im Tiefkühlfach fest werden lassen. Vor dem Servieren etwa 15 Minuten antauen lassen und mit Beeren und Blüten dekorieren.

REGISTER

A

Ananas
Fruchtig Grün (Grüner Smoothie) 52
Süße Sommerrollen 187

Apfel
Apfel-Crumble 60
Bananenbrot 55
Früchte-Porridge 39
Fruchtsalat mit Cashew-Vanille-Sauce 192
Salat im Glas
Quinoa-Rote-Bete-Fenchel 184
Sehr Grün (Grüner Smoothie) 52
Zimtschnecken mit Nuss-Dattel-Füllung 225

Aubergine
Auberginen-Lasagne 162
Grüne Chia-Pizza 139
Herbst-Bowl 94
Limetten-Curry 101

Avocado
Avocado und Meerrettich 44
Avocado-Limetten-Kuchen 230
Chili-Bohnen-Mango-Salat 122
Frühlings-Bowl 90
Frühstücks-Smoothie 33
Gebackene Süßkartoffel mit Cashew-Käse 167
Grüne Pancakes 48
Guacamole 173
Limetten-Curry 101
Protein Grün (Grüner Smoothie) 52
Quinoa-Bohnen-Burger 153
Super grüne Pasta 98

B

Banane
Bananenbrot 55
Bananeneis mit Schokoguss 208
Bananen-Kakao-Shake 36
Bananen-Pancakes 47
Fruchtsalat mit Cashew-Vanille-Sauce 192
Frühstücks-Smoothie 33
Geschichtetes Chia-Beeren-Dessert 211
Protein Grün (Grüner Smoothie) 52
Schoko und Banane 43
Süße Sommerrollen 187

Beeren (nach Belieben)
Früchte-Porridge 39
Frühstücks-Smoothie 33

Geschichtetes Chia-Beeren-Dessert 211

Birne
Karamellisierte Birne 43

Blaubeeren
Avocado-Limetten-Kuchen 230
Bananen-Pancakes 47
Blaubeer und Rosmarin (Cocktail) 196
Blaubeer-Muffins 222
Fruchtsalat mit Cashew-Vanille-Sauce 192
Joghurt-Frucht (Ice Pops) 217

Blumenkohl
Geröstete Karotten mit Blumenkohlreis und grünem Pesto 137
Gerösteter Kurkuma-Blumenkohl 109
Kürbishälften mit Blumenkohlrisotto 149

Bohnen, schwarze
Quinoa-Bohnen-Burger 153

Bohnen, weiße
Auberginen-Lasagne 162
Chili-Bohnen-Mango-Salat 122
Rote-Bete-Bohnen-Dip 174

Brokkoli
Glasnudel-Salat mit Erdnussdressing 113
Limetten-Curry 101

Brombeeren
Fruchtsalat mit Cashew-Vanille-Sauce 192

Brot
Avocado und Meerrettich 44
Hummus und Pilze 44
Karamellisierte Birne 43
Schoko und Banane 43

Brötchen
Quinoa-Bohnen-Burger 153

Buchweizen
Herbst-Bowl 94

Buchweizenmehl
Bananenbrot 55
Bananen-Pancakes 47
Quinoa-Bohnen-Burger 153

Buchweizennudeln
Buchweizennudeln mit Kohlgemüse und Ingwer-Dressing 157

C

Cashewkerne
Cashew-Käse 75
Cashew-Vanille-Butter 68
Fruchtsalat mit Cashew-Vanille-Sauce 192
Gebackene Süßkartoffel mit Grünkohlchips mit Paprika 76
Limetten-Curry 101
Schokofudge (Ice Pops) 218
Schoko-Orangen-Tarte 229
Bananen-Kakao-Shake 36

Champignons
Herzhaftes Frühstücksporridge 51
Kürbishälften mit Blumenkohlrisotto 149
Pak-Choi-Suppe mit Zucchini-Karotten-Nudeln 105

Chiasamen
Geschichtetes Chia-Beeren-Dessert 211
Grüne Chia-Pizza 139

Chilischote
Chili-Bohnen-Mango-Salat 122
Süßkartoffel-Gnocchi mit Thymian-Zitronen-Ghee 158

D

Datteln
Doppelter Schokoladenkuchen im Glas 214
Erdbeer-Eiscreme-Torte 233
Frühstücks-Smoothie 33
Geschichtetes Chia-Beeren-Dessert 211
Haselnuss-Schoko-Creme 67
Mandel-Ingwer-Trüffel 191
Schokofudge (Ice Pops) 218
Schoko-Orangen-Tarte 229
Zimtschnecken mit Nuss-Dattel-Füllung 225

Dinkelgries
Süßkartoffel-Gnocchi mit Thymian-Zitronen-Ghee 158

Dinkelmehl
Bananen-Pancakes 47
Blaubeer-Muffins 222
Doppelter Schokoladenkuchen im Glas 214
Grüne Pancakes 48
Schokoladen-Walnuss-Brownies mit Schokoladen-Ganache 221
Süßkartoffel-Gnocchi mit Thymian-Zitronen-Ghee 158

Thymian-Muffins 183
Zimtschnecken mit Nuss-Dattel-Füllung 225

Dinkelnudeln
Super grüne Pasta 98

E

Ei
Bohnenfrühstück 56
Winter-Bowl 97

Erbsen
Frühlings-Bowl 90
Glasnudel-Salat mit Erdnussdressing 113
Super grüne Pasta 98

Erdbeeren
Bananen-Pancakes 47
Erdbeer-Eiscreme-Torte 233
Fruchtsalat mit Cashew-Vanille-Sauce 192
Hirsesalat 126
Sommer-Bowl 93

Erdnussbutter
Glasnudel-Salat mit Erdnussdressing 113

Erdnüsse
Glasnudel-Salat mit Erdnussdressing 113
Süße Sommerrollen 187

F

Feldsalat
Frühlings-Bowl 90
Grüne Pancakes 48

Fenchelknolle
Salat im Glas Quinoa-Rote-Bete-Fenchel 184

Feta
Hirsesalat 126
Salat im Glas Quinoa-Rote-Bete-Fenchel 184
Sommer-Bowl 93
Thymian-Muffins 183
Wassermelonensalat 125
Wildreissalat mit Sommergemüse 133
Winter-Bowl 97

G

Gin
Basilikum und Limette (Cocktail) 195

Glasnudeln
Glasnudel-Salat mit Erdnussdressing 113

Granatapfel
Grünkohl-Quinoa-Salat 119

Grünkohl
Grünkohlchips mit Paprika 76
Grünkohl-Quinoa-Salat 119
Winter-Bowl 97

Gurke
Fruchtig Grün (Grüner Smoothie) 52
Hirsesalat 126
Limetten-Thymian-Gazpacho-Shots 181
Sehr Grün (Grüner Smoothie) 52
Wassermelonensalat 125

H

Haferflocken
Apfel-Crumble 60
Avocado-Limetten-Kuchen 230
Erdbeer-Eiscreme-Torte 233
Früchte-Porridge 39
Frühstücks-Smoothie 33
Geschichtetes Chia-Beeren-Dessert 211
Hafermilch 71
Joghurt-Frucht (Ice Pops) 217
Kokos-Pekannuss-Granola 30
Nuss- und Samen-Brot 40
Schokoladen-Granola 29
Schoko-Orangen-Tarte 229

Hanfsamen
Geröstete Karotten mit Blumenkohlreis und grünem Pesto 137
Petersilien-Hanf-Pesto 79

Haselnüsse
Haselnuss-Schoko-Creme 67
Nuss- und Samen-Brot 40
Salat im Glas Quinoa-Rote-Bete-Fenchel 184

Himbeeren
Fruchtsalat mit Cashew-Vanille-Sauce 192
Frühstücks-Smoothie 33

Hirse
Frühlings-Bowl 90
Herzhaftes Frühstücksporridge 51
Hirsesalat 126

Hokkaido-Kürbis
Grünkohl-Quinoa-Salat 119

Kürbishälften mit Blumenkohlrisotto 149
Kürbis-Vanille-Suppe mit Zartbitterschokolade 142
Limetten-Curry 101

I

Ingwer
Buchweizennudeln mit Kohlgemüse und Ingwer-Dressing 157
Dal 102
Goldene Milch 59
Kürbis-Vanille-Suppe mit Zartbitterschokolade 142
Limetten-Curry 101
Mandel-Ingwer-Trüffel 191
Pak-Choi-Suppe mit Zucchini-Karotten-Nudeln 105
Süße Sommerrollen 187
Süßkartoffel-Gnocchi mit Thymian-Zitronen-Ghee 158

J

Joghurt
Erdbeer-Eiscreme-Torte 233
Joghurt-Frucht (Ice Pops) 217
Mango-Minz-Lassi 207

K

Kakao
Bananen-Kakao-Shake 36
Doppelter Schokoladenkuchen im Glas 214
Haselnuss-Schoko-Creme 67
Mandel-Ingwer-Trüffel 191
Schokofudge (Ice Pops) 218
Schokoladen-Granola 29
Schoko-Orangen-Tarte 229

Karotte
Auberginen-Lasagne 162
Buchweizennudeln mit Kohlgemüse und Ingwer-Dressing 157
Geröstete Karotten mit Blumenkohlreis und grünem Pesto 137
Glasnudel-Salat mit Erdnussdressing 113
Kürbis-Vanille-Suppe mit Zartbitterschokolade 142
Pak-Choi-Suppe mit Zucchini-Karotten-Nudeln 105
Sommer-Bowl 93

REGISTER

*Wildreissalat mit
Sommergemüse* 133
*Wurzelgemüse mit Zwiebeln
und Rosmarin* 110

Kartoffeln
Grüne Chia-Pizza 139

Kichererbsen
Chili-Kichererbsen 178
Falafel auf Tomaten-Taboulé 145
Grüne Pancakes 48
Original Hummus 83
Limetten-Curry 101
Sommer-Bowl 93

Kichererbsenmehl
Falafel auf Tomaten-Taboule 145

Kidneybohnen
Bohnenfrühstück 56

Kirschtomaten
Avocado und Meerrettich 44
Grüne Pancakes 48
Hirsesalat 126
Polenta-Tomaten-Tarte 115
Wassermelonensalat 125
*Wildreissalat mit
Sommergemüse* 133

Kiwi
*Fruchtsalat mit
Cashew-Vanille-Sauce* 192

Kokosmilch
Dal 102
*Kürbis-Vanille-Suppe mit
Zartbitterschokolade* 142
Limetten-Curry 101
Mango und Kokos (Cocktail) 196
Pfirsich-Kokos (Ice Pops) 218
Salat im Glas
Quinoa-Rote-Bete-Fenchel 184
*Schokoladen-Walnuss-Brownies
mit Schokoladen-Ganache* 221
*Schwarzer Reis mit
Mangopüree* 212
Süße Sommerrollen 187

Kürbiskerne
Apfel-Crumble 60
Hummus und Pilze 44
Nuss- und Samen-Brot 40
Schokoladen-Granola 29

L

Lauch
Polenta-Tomaten-Tarte 115

Leinsamen
Grüne Chia-Pizza 139
Leinsamen-Cracker 177

Quinoa-Bohnen-Burger 153
Nuss- und Samen-Brot 40

Linsen, rote
Dal 102

M

Maiskörner
*Dunkle-Schokolade-Meersalz-
Popcorn* 199
»Käse«-Popcorn 199

Mandelmehl
Blaubeer-Muffins 222

Mandeln
Apfel-Crumble 60
Avocado-Limetten-Kuchen 230
Bananenbrot 55
Blaubeer-Muffins 222
*Doppelter Schokoladenkuchen
im Glas* 214
*Geschichtetes
Chia-Beeren-Dessert* 211
Mandelbutter 68
Mandel-Ingwer-Trüffel 191
Mandelmilch 72
Nuss- und Samen-Brot 40
*Protein Grün (Grüner
Smoothie)* 52
Schokofudge (Ice Pops) 218
Schokoladen-Granola 29
Schoko-Orangen-Tarte 229
*Zimtschnecken mit
Nuss-Dattel-Füllung* 225

Mango
Chili-Bohnen-Mango-Salat 122
*Fruchtig Grün (Grüner
Smoothie)* 52
Mango und Kokos (Cocktail) 196
Mango-Minz-Lassi 207
*Schwarzer Reis mit
Mangopüree* 212

O

Oliven
Grünkohl-Quinoa-Salat 119

Orange
*Fruchtsalat mit
Cashew-Vanille-Sauce* 192
Schoko-Orangen-Tarte 229

P

Pak Choi
*Pak-Choi-Suppe mit
Zucchini-Karotten-Nudeln* 105

Paprikaschote
*Buchweizennudeln mit
Kohlgemüse und
Ingwer-Dressing* 157
Chili-Bohnen-Mango-Salat 122
*Glasnudel-Salat mit
Erdnussdressing* 113
Grünkohlchips mit Paprika 76
*Limetten-Thymian-Gazpacho-
Shots* 181
Paprika-Walnuss-Pesto 80
*Wildreissalat mit
Sommergemüse* 133

Parmesan
Grüne Chia-Pizza 139
Herbst-Bowl 94
Herzhaftes Frühstücksporridge 51

Pastinaken
*Wurzelgemüse mit Zwiebeln
und Rosmarin* 110

Pecannüsse
Kokos-Pekannuss-Granola 30

Pfirsich
Pfirsich-Kokos (Ice Pops) 218

Pilze
Hummus und Pilze 44
*Kürbishälften mit
Blumenkohlrisotto* 149
Quinoa-Bohnen-Burger 153

Polenta
Polenta-Tomaten-Tarte 115
Winter-Bowl 97

Q

Quinoa
Grünkohl-Quinoa-Salat 119
Quinoa-Bohnen-Burger 153
Salat im Glas
Quinoa-Rote-Bete-Fenchel 184
Sommer-Bowl 93

R

Reis
Limetten-Curry 101
*Wildreissalat mit
Sommergemüse* 133

Reis, schwarzer
*Schwarzer Reis mit
Mangopüree* 212
Süße Sommerrollen 187
*Wildreissalat mit
Sommergemüse* 133

Reisblätter
Süße Sommerrollen 187

Reismehl
Grüne Chia-Pizza 139

Reisnudeln
Pak-Choi-Suppe mit Zucchini-Karotten-Nudeln 105

Riesenbohnen, weiße
Herbst-Bowl 94

Rosenkohl
Grünkohl-Quinoa-Salat 119

Rote Bete
Rote-Bete-Bohnen-Dip 174
Rote-Bete-Hummus 83
Salat im Glas
Quinoa-Rote-Bete-Fenchel 184
Wurzelgemüse mit Zwiebeln und Rosmarin 110

Rucola
Grüne Chia-Pizza 139
Herbst-Bowl 94
Quinoa-Bohnen-Burger 153

Rum
Mango und Kokos (Cocktail) 196

S

Schokolade, dunkle
Bananeneis mit Schokoguss 208
Doppelter Schokoladenkuchen im Glas 214
Dunkle-Schokolade-Meersalz-Popcorn 199
Kürbis-Vanille-Suppe mit Zartbitterschokolade 142
Schokoladen-Walnuss-Brownies mit Schokoladen-Ganache 221

Sesamsamen
Falafel auf Tomaten-Taboule 145

Shiitakepilze
Pak-Choi-Suppe mit Zucchini-Karotten-Nudeln 105

Sonnenblumenkerne
Avocado und Meerrettich 43
Basilikum-Sonnenblumenkern-Pesto 80
Erdbeer-Eiscreme-Torte 233
Geröstete Karotten mit Blumenkohlreis und grünem Pesto 137
Grüne Chia-Pizza 139
Guacamole 173
Herbst-Bowl 94
Kokos-Pekannuss-Granola 30

Leinsamen-Cracker 177
Nuss- und Samen-Brot 40
Petersilien-Hanf-Pesto 79
Schokoladen-Granola 29
Super grüne Pasta 98
Thymian-Muffins 183
Wildreissalat mit Sommergemüse 133

Spargel, grüner
Frühlings-Bowl 90

Spinat
Bohnenfrühstück 56
Dal 102
Falafel auf Tomaten-Taboule 145
Fruchtig Grün (Grüner Smoothie) 52
Grüne Pancakes 48
Protein Grün (Grüner Smoothie) 52
Quinoa-Bohnen-Burger 153
Sehr Grün (Grüner Smoothie) 52
Super grüne Pasta 98

Stangensellerie
Auberginen-Lasagne 162
Kürbishälften mit Blumenkohlrisotto 149

Süßkartoffeln
Süßkartoffel-Gnocchi mit Thymian-Zitronen-Ghee 158
Süßkartoffel-Hummus 84
Gebackene Süßkartoffel mit Cashew-Käse 167

T

Tomate (siehe auch unter »Kirschtomate«)
Bohnenfrühstück 56
Falafel auf Tomaten-Taboule 145
Guacamole 173
Limetten-Thymian-Gazpacho-Shots 181
Quinoa-Bohnen-Burger 153

Tomaten, gehackte (aus der Dose)
Dal 102
Winter-Bowl 97

Tomaten, getrocknet
Auberginen-Lasagne 162
Herzhaftes Frühstücksporridge 51
Herbst-Bowl 94

Tomaten, passierte
Auberginen-Lasagne 162

W

Walnüsse
Apfel-Crumble 60
Bananenbrot 55
Bananeneis mit Schokoguss 208
Grüne Chia-Pizza 139
Grünkohl-Quinoa-Salat 119
Paprika-Walnuss-Pesto 80
Schokoladen-Walnuss-Brownies mit Schokoladen-Ganache 221
Süßkartoffel-Gnocchi mit Thymian-Zitronen-Ghee 158
Wassermelonensalat 125

Wassermelone
Wassermelonensalat 125

Weintrauben
Fruchtsalat mit Cashew-Vanille-Sauce 192

Weißkohl
Buchweizennudeln mit Kohlgemüse und Ingwer-Dressing 157

Weißwein
Kürbishälften mit Blumenkohlrisotto 149

Wodka
Blaubeer und Rosmarin (Cocktail) 196

Z

Zucchini
Herzhaftes Frühstücksporridge 51
Pak-Choi-Suppe mit Zucchini-Karotten-Nudeln 105
Thymian-Muffins 183
Wildreissalat mit Sommergemüse 133

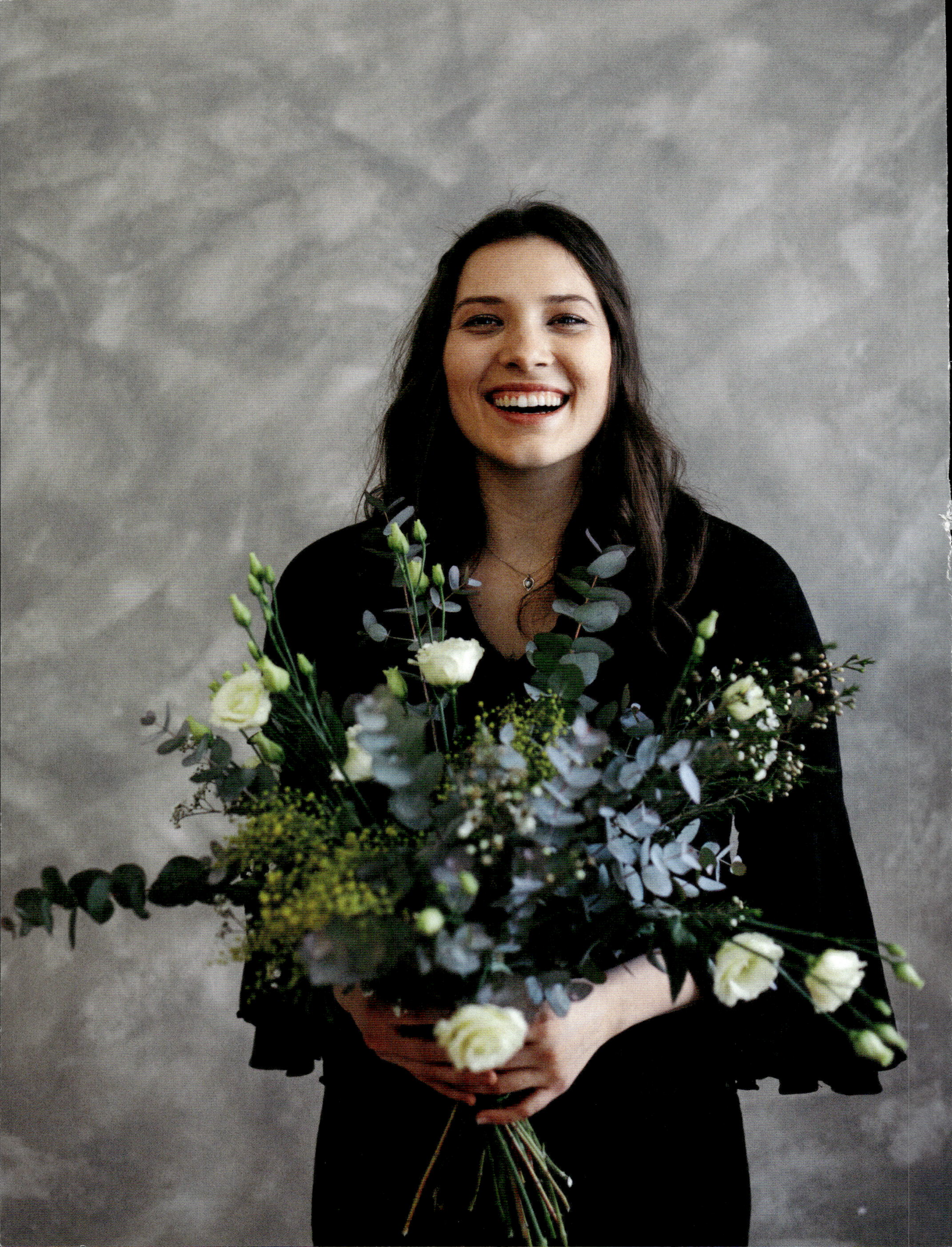

DANKE

Dieses Buch mag zwar außen nur meinen Namen tragen, aber es waren so viel mehr Menschen daran beteiligt, ohne die diese Seiten wohl nie gefüllt worden wären. Ein Buch zu machen ist Teamwork und ich bin sehr dankbar für jeden, der seinen kreativen Einfluss in diesem Buch hinterlassen hat.

Zu allererst Danke an meine Mama für dieses Leben, das ich mit dir teilen kann. Es gibt keinen Menschen, mit dem ich mehr lachen (und weinen) kann, als mit dir. Du hast immer an mich geglaubt, auch wenn ich es selbst nicht tat. Danke Mama – you are my guidepost for everything.

An meine Großeltern. Durch euch wurde mir die Liebe zum Essen schon früh mitgegeben, und ich bin so froh, all dies mit euch teilen zu können. Danke für alles.

An meine zweite Familie – meine wunderbaren Freundinnen.

Luise, Kate, Henriette und Roxy – ich weiß nicht, was ich ohne eure unentwegte Unterstützung und Liebe, die ihr mir in diesem letzten Jahr geschenkt habt, machen würde. Ihr seid mein Halt und mein Glück und ich bin so unendlich dankbar euch an meiner Seite zu wissen.

An Lina und Lulu, ihr habt dieses Buch (und mein Leben) so unglaublich bereichert. Ohne euer Können, Ausdauer und Ruhe wäre dies nur ein halbgefülltes Buch. Danke, dass ich diesen Prozess mit euch teilen konnte und ihr an meiner Seite wart. Diese Tage und Stunden in der Küche mit lauter Musik, Tanzeinlagen und Weihnachtsfilmen werden mir für immer in wunderbarer Erinnerung bleiben.

An meine Lektorin, Julia Sommer von Edel Books. Danke, dass du an mich und dieses Buch geglaubt hast. Diese Kochbuchreise war eine der tollsten (und herausforderndsten) meines Lebens und ich hätte mir keine bessere Person an meiner Seite dafür wünschen können. Danke für deine Leidenschaft, Inspiration und Freundschaft.

An meine tollen Freunde, ohne die mein Leben (und dieses Buch) nur halb so schön wären. Julia, Niklas, Sophia, Samuel, Evelyn, Nora, Leonie, Michelle, Helena, Anna, Jori, Malaika, Luzi, Saskia, Katharina und Finn. Danke, dass ihr unermüdlich meine Rezepte verkostet habt – auch die, die nichts geworden sind – und euch dabei geduldig fotografieren habt lassen. Ich bin so froh euch zu haben und dieses Erlebnis mit euch teilen zu können!

And to Jack. Thank you for believing in me from the very beginning. Thank you for taking me in, guiding me through this crazy new journey and subtly showing me that I can indeed do it on my own. You are an inspiration to me and I'm so thankful for this friendship.

An Ezgi für dieses tolle Cover. Danke, dass du mein Essen und mich so wunderbar eingefangen hast.

To my agents Annemarie, Simon, Gordon and everyone else at WME. Thank you for your guidance, passion and hard work.

Danke an Janina Lentföhr bei Groothuis. für die wunderschöne Gestaltung und an das tolle Team von Edel Books. Danke für eure harte Arbeit!

Und zu guter Letzt – Danke an euch. Meine wunderbaren Leser! Ohne euch und eure konstante Unterstützung, Feedback und lieben Worte, wäre es gar nicht erst zu diesem Buch gekommen. Ich bin so dankbar für die Möglichkeit, meine Kreationen mit so vielen Menschen zu teilen.

DANKE.

Edel Books
Ein Verlag der Edel Germany GmbH

Copyright © 2017 Edel Germany GmbH,
Neumühlen 17, 22763 Hamburg
www.edel.com

Texte, Fotografien und Rezepte Pauline Bossdorf
Projektkoordination und Lektorat Julia Sommer
Rezeptlektorat Julia Sommer und Julia Bauer
Coverfoto Ezgi Polat
Assistenz Foodstyling / Rezeptentwicklung Lina Luna Trautschold /
Luizza Grimm
Fotografien Innenteil Pauline Bossdorf, außer Porträtbilder auf den Seiten 8, 12, 23, 64, 65, 85, 120, 160, 238 Roxana Reiss und Seite 165 Lina Luna Trautschold

Layout und Umschlaggestaltung Janina Lentföhr für Groothuis.
Gesellschaft der Ideen und Passionen mbH | www.groothuis.de
Lithografie Frische Grafik | www.frische-grafik.de
Druck und Bindung optimal media GmbH, Glienholzweg 7, 17207 Röbel / Müritz

Alle Rechte vorbehalten. All rights reserved. Das Werk darf – auch teilweise –
nur mit Genehmigung des Verlages wiedergegeben werden.

Printed in Germany
ISBN 978-3-8419-0512-3